先秦时期文化的发展探究

刘 彦 著

中国书籍出版社
China Book Press

图书在版编目（CIP）数据

先秦时期文化的发展探究 / 刘彦著 . -- 北京：中国书籍出版社，2022.7

ISBN 978-7-5068-9112-7

Ⅰ.①先… Ⅱ.①刘… Ⅲ.①文化史—研究—中国—先秦时代 Ⅳ.① K220.3

中国版本图书馆 CIP 数据核字（2022）第 133743 号

先秦时期文化的发展探究

刘 彦 著

责任编辑	毕 磊
装帧设计	李文文
责任印制	孙马飞 马 芝
出版发行	中国书籍出版社
地　　址	北京市丰台区三路居路 97 号（邮编：100073）
电　　话	（010）52257143（总编室） （010）52257140（发行部）
电子邮箱	eo@chinabp.com.cn
经　　销	全国新华书店
印　　刷	天津和萱印刷有限公司
开　　本	710 毫米 ×1000 毫米　1/16
字　　数	234 千字
印　　张	13.25
版　　次	2023 年 1 月第 1 版
印　　次	2023 年 1 月第 1 次印刷
书　　号	ISBN 978-7-5068-9112-7
定　　价	78.00 元

版权所有　翻印必究

前 言

文化问题是世界关注的热门话题,但是,国内外学术界对于文化的概念,迄今为止仍无统一的界定。不过学界基本认为,即文化可分为物质、制度、精神三个方面或层次。物质是文化之源;制度是社会发展到一定程度之后人为的规范;精神就是意识形态,或说价值观,是文化的集中体现,也是文化的最高层次。有一种解释:物质文化和制度文化都可名之为"显性文化",精神文化可名之为"隐性文化",文化史的一个任务,就是通过显性文化,探讨精深微妙的隐性文化,透过一个民族的文化各种表现形态,认识这个民族的精神实质。

新的文化的诞生和创造,都是以旧的某种文化的消亡和毁灭为前提的,尽管它离不开继承,但继承中有扬弃,有消亡。这就是事物发展的辩证法。

旧的文化尽管在消失,在消亡,但它对人类心灵的影响仍存在,对新文化创造的影响仍存在。新离不开旧,这也是事物的辩证法。所以,保存、发掘、研究已消亡的文化,仍有重要的意义。同时,中国文化源远流长,欲理解中国文化,舍其历史无由。而欲理解中国文化史,界定文化的概念,梳理中国文化史的发展脉络、特质及其研究状况,又是十分必要的。

本书第一章为先秦时期的文化概述,分别对中国文化起源之谜、新石器时代文化的多元发展、先秦时期文化研究的动机几个方面进行了论述。第二章为先秦时期哲学思想的发展,主要阐述了先秦哲学思想产生的历史契机、先秦哲学思想发展的脉络轨迹两方面内容。第三章为先秦时期文学的发展,分别从先秦文学起源的两大因素、先秦文学概述、先秦文学发展的历史阶段、先秦文学作品几个方面对先秦时期文学的发展进行了深入分析。第四章为先秦时期艺术的发展,分别从先秦时期的乐舞艺术、先秦时期的绘画艺术、先秦时期的青铜艺术、先秦时期的陶器艺术、先秦时期的建筑艺术几个方面展开论述。第五章为先秦时期宗教的发展,分别从中国原始人类的宗教观念、先秦宗教的发展与时代特征两方面展开论述。

在撰写本书的过程中，作者得到了许多专家学者的帮助和指导，参考了大量的学术文献，在此表达真诚的感谢。本书写作时尽力争取内容系统全面，论述条理清晰、深入浅出，但由于作者水平有限，书中难免会有疏漏之处，希望广大同行及时指正。

作者

2022 年 3 月

目 录

第一章　先秦时期的文化概述 1
第一节　中国文化起源之谜 1
第二节　新石器时代文化的多元发展 8
第三节　先秦时期文化研究的动机 15

第二章　先秦时期哲学思想的发展 17
第一节　先秦哲学思想产生的历史契机 17
第二节　先秦哲学思想发展的脉络轨迹 24

第三章　先秦时期文学的发展 62
第一节　先秦文学起源的两大因素 62
第二节　先秦文学概述 64
第三节　先秦文学发展的历史阶段 74
第四节　先秦文学作品 88

第四章　先秦时期艺术的发展 135
第一节　先秦时期的乐舞艺术 135
第二节　先秦时期的绘画艺术 142
第三节　先秦时期的青铜艺术 157
第四节　先秦时期的陶器艺术 164
第五节　先秦时期的建筑艺术 170

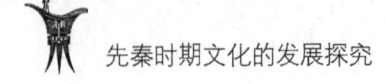

第五章 先秦时期宗教的发展···173
　　第一节 中国原始人类的宗教观念···173
　　第二节 先秦宗教的发展与时代特征·······································176

参 考 文 献···203

第一章 先秦时期的文化概述

先秦是中国历史上最长的一个时段。其下限为公元前221年秦始皇统一全国，其上限则至史前，具体到哪里，是难以说清楚的。先秦文化发展的历史，是一个由野蛮走向文明的进程。本章节分别对中国文化起源之谜、新石器时代文化的多元发展、先秦时期文化研究的动机几个方面进行了论述。

第一节 中国文化起源之谜

中国人从哪里来？中国的国家和民族是如何形成的？至今，这些有关中国文化起源的问题依然是难解的谜。20世纪20年代以来，探索中国文化的起源，一直是学术界的研究热点，至今方兴未艾。

论述文化的起源，我们自然要追溯到旧石器时代。旧石器时代是人类的童年时代，旧石器时代原始人创造的文化是我们人类的文化之源。考古学家习惯上把人类开始出现一直到农业、畜牧业、制陶业出现以前的这一漫长时代称作旧石器时代。就世界范围来讲，旧石器时代始于200多万年前，止于1万年前，占迄今为止的人类历史总长的99.8%以上。旧石器时代的人类所创造的文化就叫做旧石器文化。

旧石器时代，人类的体质在演化上经历了直立人阶段、早期智人阶段和晚期智人阶段。与人类体质的演化相适应，旧石器时代文化也被考古学家划分为早期、中期、晚期三个阶段。

一、直立人创造的文化

（一）元谋人

1965年5月1日，几位地质工作者在云南元谋盆地进行野外考察时，在位于盆地边缘的上那蚌村附近的小丘梁上发现两枚人牙化石，为同一个体的左右上内侧门齿。这两枚人牙化石呈铲形，代表一个青年男性个体，被命名为直立人元谋亚种（Homo erectus yuanmouensis），俗称元谋猿人或元谋人。发现元谋人牙齿化石的地点，有一套连续的河湖相沉积，可分四段28层，元谋人牙齿化石发现于第四段22层中。根据古地磁学方法测定，这套连续的河湖相沉积物形成于距今310万~150万年间，根据元谋人牙齿化石所在的层位来推算，元谋人生活的年代为距今170±10万年前。

在发现元谋人牙齿化石的同一地点的同一层位中，还发掘出少量的石器、大量的炭屑和哺乳动物化石。炭屑直径最大的15毫米，最小的仅1毫米，分布不均匀，有的地方很集中，有的地方很分散，星星点点，从其分布看，炭屑应是自然火的散落灰烬。与元谋人共存的哺乳动物化石，有泥河湾剑齿虎、桑氏缟鬣狗、云南马、爪蹄兽、中国犀等29种，其中上新世和早更新世的动物占38.8%，这表明元谋人的生存时代不会晚于早更新世。从植物孢粉分析看，当时的植物以松属为主，此外还有落羽杉科、杷木属、榆属等，而草本植物如藜科、艾属等草甸植物也较多。根据动物化石和植物孢粉分析，我们可以知道，元谋人生活在温暖、湿润的森林—草原环境之中。

在元谋人化石层中出土了三件石器，均为用石英岩制成的刮削器，依照形状，可分为两刃、复刃和端刃刮削器。两刃刮削器是用石片砸击修理而成的，正反两面可见碎屑剥落的痕迹，一侧有细而浅平的小石片疤，刃口锐利。复刃刮削器用小石块复向加工而成，左侧和前端为凹刃，右侧为凸刃，修理痕迹明显。端刃刮削器也是用小石块复向加工而成，修理得很好，器身保留有自然面，前端加工成缓弧形凸刃，是典型的端刃刮削器。

元谋人的文化归纳起来有两个特点：一是石质工具的类型以刮削器为主；二是石器的修理采用锤击法中的复向加工。另外元谋人两刃刮削器的一侧系砸击而成，过去考古学家认为东非坦桑尼亚奥杜威峡谷第二层发现的距今约120万年前的石器是最早使用砸击技术制成的石器，现在看来，元谋人的两刃刮削器是目前所知时代最早的砸击标本，这件两刃刮削器为研究砸击技术的起源提供了有价值的材料。

元谋人的石器发现得很少，我们还很难判断元谋人的生产水平。尽管如此，元谋人化石和石器的出土仍有其重要的意义，距今170万年前的元谋人是目前确认的中国境内最早的古人类，其制造和使用的石器当然是目前所知中国境内古人类最早的文化遗物。众所周知，有了人及人的创造，也就有了文化，研究中国古代文化，追根溯源自然就会上溯到元谋人及其文化遗物。目前撰写中国文化史，应该从元谋人及其文化遗物写起。

（二）蓝田人

1963年在陕西蓝田县城西北约10公里的泄湖镇陈家窝村出土了一个猿人的下颌骨化石。1964年在陕西蓝田县城以东10多公里的九间房公王岭又发掘出一枚猿人牙齿化石和一个头盖骨化石。陈家窝和公王岭相距29公里，我们所说的蓝田人及其物质文化实际上包括上述两个地点的材料。1983年对公王岭和陈家窝的地层剖面进行古地磁法测定结果为：公王岭蓝田猿人化石层位的年代距今约115万~110万年，陈家窝蓝田猿人化石层位的年代距今约65万年。另外有些学者认为，公王岭蓝田猿人的生活年代在距今80万~70万年前。

在公王岭蓝田猿人化石出土地点的层位里共发掘出20件石制品，另外在公王岭及其附近几公里范围内与猿人化石同时代的地层中还采集到50多件石制品。公王岭蓝田猿人使用的石器原料主要是石英岩、脉石英和石英砂岩的砾石，石器种类有石核、石片、刮削器、球形石、砍砸器、手斧等。石核比较粗大，都有自然台面，从打击点、放射线和半锥体阴痕等人工特点分析，它们是用锤击法打片后留下来的石核，并且石核的利用率不高。石片也比较粗大，石片是从石核上用锤击法生产的，打击点较集中，形状不规则。刮削器可分单直刃、单凸刃、端刃、圆端刃刮削器，除圆端刃刮削器用小石块制成外，其余均用石片加工而成。球形石表面保留小部分砾石面，其余部分布满小石片疤，系多向锤击打成。砍砸器均用粗大砾石采取锤击法打制而成，有单刃和复刃两种。手斧发现两件，是将整块石英岩砾石采用交互锤击法打制成的，呈三角形，后部保留砾石面，下部宽厚易于手握，器身布满小石片疤，从形态上看，与欧洲旧石器时代早期的阿布维利文化的手斧相似。从生产技术上看，公王岭蓝田人打制和加工石器均采用锤击法，且以单面加工为主，许多石片未经第二步加工就直接使用，修制技术简单粗糙，器型不太规整，原料的利用率很低，这说明公王岭蓝田人的文化还比较原始。但我们也要看到，公王岭蓝田人的石制工具类型已较多，且有一定程度的分化，打制石片和修制石器已具备某种程序和方法，这又反映出其文化也有一定的进步性。

综合公王岭和陈家窝两地的材料看，蓝田人在蓝田地区至少生活了几十万年。公王岭蓝田人生活的时代介于元谋猿人和北京猿人之间，从空间分布上也位于二者之间，这样就把我国旧石器时代早期文化进一步连接起来。蓝田人在时空上是中国旧石器时代早期文化的一个重要环节。

从蓝田人使用手斧、球形石等器物判断，蓝田人文化与时代稍晚的晋南匼河文化存在一定的传承关系。

（三）北京猿人

北京猿人遗址位于北京房山周口店的龙骨山。与北京猿人化石共存的石器，出土的总数已超过10万件，这使我们对北京猿人文化的特点有比较清楚的认识。

北京猿人制造石器的石料基本上采自遗址附近，采取石料的范围半径不超过5公里。石料主要有石英、水晶、砂岩和燧石。北京猿人主要用砸击法、锤击法和碰砧法打制石片，他们对不同的石料采用不同的方法打制。砸击法主要用于打制石英原料，用这种方法产生的两极石核和两极石片，在全部石制品中占有很大的比重。锤击法主要用于打制砾石和石英。碰砧法主要打制砂岩。值得注意的是，北京猿人修理石器也是使用砸击法、锤击法和碰砧法。

北京猿人的石器可以分为两大类：第一类是用于制造石器的工具；第二类是用于从事生产活动的工具。

第一类工具主要有砸击石砧、砸击石锤、锤击石锤等。石砧是砸击石核打制石片时使用的垫石，为整块砾石，一面有坑疤，坑疤呈盆状和条状。其中有条状坑疤的石砧为北京猿人文化所特有，条状坑疤是将大而厚的砸击石片再砸薄的过程中形成的，在堆积中发现了许多小而薄的砸击石片，可以印证石砧的条状坑疤，这也反映出北京猿人砸击技术的进步。石锤的作用是用其一端或两端打制石片或修理石器。砸击石锤为椭圆形砾石，锤击石锤多为条形砾石。

第二类工具有刮削器、尖状器、石锥、砍砸器、雕刻器等。刮削器出土的最多，体积都较小，长度一般为30~50毫米，重量不超过20克。刮削器又可分为单刃、双刃、端刃和复刃刮削器。尖状器用石片制成，体积较小，长度为20~40毫米，重量不超过10克。尖状器的修理比较细致，大多用锤击法加工，采用背面加工和错向加工，形制规整，可分为正尖、角尖和双尖尖状器。正尖尖状器的器尖位于器物的正上端，器尖修理精致，两侧边缘修理得比较对称。石锥有长尖和短尖之分。长尖石锥用薄而长的石片加工而成，加工出单肩或双肩，加工较为精致。短尖石锥器身较短，加工较为粗糙。砍砸器为砾石、石核或大块石片加工而成，是大型工具，采用碰砧法和锤击法加工，以后者为主，加工方式多样，有背面加工及错向、复向和交互打击等多种修理方法。砍砸器可分为单边、双边、多边、尖刃和盘状砍砸器，其中盘状砍砸器是北京猿人使用的较有特色的石器，器身周边经过加工，刃缘连续无明显转折，器物呈圆盘状。雕刻器是北京猿人使用的较为特殊的工具，用途尚不明。雕刻器的加工方法是在器身及刃缘基本修理好之后，在器身的一端或一角打制出一条平直的凿形刃。雕刻器可分为笛嘴形雕刻器、角雕刻器和平刃雕刻器三种。

北京猿人的石器工艺有自己显著的特点，我们可以做出如下的归纳：（1）采用砸击、锤击和碰砧法打石片，其中砸击法是主要的打片方法，用该方法打石片在世界上同时代遗址中十分罕见。（2）以石片工具为主，石核工具很少。（3）工具种类较多，工具组合以刮削器为主。（4）有些工具，如端刃刮削器、石锥、雕刻器为同时代遗址中少有，这些工具通常见于较晚期的遗址中。（5）修理工具的方法也采用了同打片一样的三种方法，即砸击、锤击和碰砧法，其中砸击修理法为北京猿人所独有，在世界各地旧石器时代早、中、晚期的遗址中均未见到。另外碰砧修理法在旧石器时代早期也只有北京猿人使用。（6）以小型工具为主，长度在40毫米以下，重量在20克以下的工具占工具总数的70%。

二、早期智人创造的文化

20世纪70年代，考古学家对山西阳高许家窑遗址进行了多次发掘，发掘出20件人骨化石和上万件石器。许家窑人的化石属于10多个不同的个体。许家窑人对石器原料的选择较多，石料主要有石英、火石、火山岩、石英岩、变质灰岩、硅质岩等，均为就地取材。许家窑人采用锤击法和砸击法打石片，石片小而薄。

打片后的石核呈原始棱柱状和漏斗状。原始柱状石核是从打制的台面周围边缘剥落石片，学者认为原始柱状石核是旧石器晚期常见的典型棱柱状石核和铅笔头形石核的母型。石质工具的种类有刮削器、尖状器、石锥、雕刻器、砍砸器和石球。刮削器数量最多，占工具总数的一半多，用片状毛坯制成，器体较小，亦较轻，修理细致，刃口较锐，有单凸凹刃、双凸凹刃、复刃、端刃几种。尖状器用小石片制成，最大的只重13克，最小的仅重1克，修理工作很细致，刃缘比较匀称，有正尖形和角尖形两种。石锥也用小石片制成，长度在20毫米左右，短尖，有双肩，刃缘匀称，形制规整。雕刻器较小，长度在19~30毫米，系用小石片制成，前端有凿形口，一侧边修理成凸刃或直刃，可分为笛嘴形雕刻器、角雕刻器和平刃雕刻器。砍砸器用砾石和石核制成，加工较粗糙，刃口厚钝，刃缘曲折。石球是许家窑文化最有特色的石器，许家窑遗址出土了上千件石球，大小不一，最大的石球重1500多克，直径100多毫米，最小的石球重不到100克，直径在50毫米以下。

三、晚期智人创造的文化

我国南方地区晚期智人创造的文化，最典型的是富林文化。富林文化因四川汉源富林遗址而得名，遗址位于大渡河和流沙河汇合处的第二阶地上，1972年进行了系统发掘，发掘出5000多件石器、少量的动植物化石以及用火遗迹。

富林文化的石器原料绝大多数是燧石，打石片采用锤击法和砸击法，但以锤击法为主。富林文化最重要的特点是小石片、小石核和小工具占绝大多数，长度超过30毫米的标本绝少。

用锤击法打下的石片短、宽、薄，台面小，打击点清楚，呈不规则形、梯形和三角形，其中梯形石片与北京周口店第15地点的梯形石片非常相像。用砸击法打下的长方形石片与北京猿人的同类石片基本一致。

富林文化的生产工具有刮削器、尖状器和雕刻器。刮削器数量最多，占工具总数的79%，其中大多数是单刃刮削器。尖状器有正尖尖状器和角尖尖状器。刮削器和尖状器均以背面加工为主，修理加工精致，刃部锐利。雕刻器加工较粗糙，多为笛嘴形雕刻器，个别的为平刃雕刻器。

富林文化的年代大约在距今20000年左右，目前在中国南方还没有发现与富林文化面貌相近的重要遗址，仅在川西和黔西北的一些地点发现过与粗大石器共存的小型石制品。富林文化的发现使我们了解到南方地区也存在着与北方以小石器为主的文化传统很接近的文化。富林文化在石器工艺上与北方旧石器时代晚期的山西峙峪文化、内蒙古的萨拉乌苏文化、河南的小南海文化等有很多的相似之处，同属小石器传统，这种传统当源于北京猿人文化。

考古学家在世界屋脊的青藏高原也发现了晚期智人留下的文化遗迹。

在西藏定日县苏热山南坡采集到40件石制品，石器原料主要是片麻岩，石核的台面先经修理，用锤击法打片，打下的石片呈三角形或梯形。工具有刮削器和尖状器。刮削器可分单刃和两刃刮削器，以背面加工为主，亦有错向加工。尖状器沿两边修理成粗短钝尖。定日地点的石器风格，如用锤击法打片、工具为小型、以背面加工为主、刮削器居多、存在尖状器等特点，与我国北方以小石器为主的文化相近，尤其与甘肃镇原张家湾的石器和辽宁喀左鸽子洞的石器更为接近。

中国文化起源的研究，曾经长期围绕本土说和外来说的争议展开。探索中国文化起源，从一开始，面临的首要问题就是：中国文化是土生土长的，还是其他文化迁徙派生的？1921年，瑞典地质学家安特生（Johan Gunnar Andersson, 1874—1960）在河南渑池仰韶村发掘了后来号称"彩陶文化"的新石器文化——仰韶文化。这之前，西方学者一直认为中国没有新石器文化，仰韶文化的发现使这一说法不攻自破。仰韶文化的发现再次引发了关于中国文化起源的本土说和外来说的争议，自此，中外考古学者试图通过不断涌现的考古新发现来解决这一问题。然而，在仰韶文化发现以前，中国文化起源的本土说和外来说之争就存在，不仅西方学者大都提倡外来说，某些著名的中国学者也相信中国人和中国文化都不是土生土长的，他们主要是通过文字、语言、风俗、制度等方面的异同进行论证。仰韶文化的发现是本土说和外来说之争的转折点，笔者以此为界把本土说和外来说之争分为前后两期。前期，仰韶文化发现以前，即1921年以前，外来说的种类众多，说法不一，论证方法是比较法，尤其是文字的比较，几乎每一种外来说都以文字的类似作为主要论据，在论证中，猜测比附的成分很大。后期，仰韶文化发现以后，即1921年以后，外来说集中单一，论证方法是考古学的一系列方法，以考古新发现作为论据，结论也随着考古发现的更新而不断修正和发展。

第二节　新石器时代文化的多元发展

新石器时代最重要的特征是原始农业的出现，陶器的制造、磨光石器的广泛使用以及村落出现及氏族制度的形成等。在我国，石器时代的结束距今三千五百年左右，它的延续时间长达七八千年之久。可分为早、中、晚三大时期，即前仰韶文化时期（公元前10000—前6000年）、仰韶文化时期（前5000—前3000年）、龙山文化时期（前4000—前2000年）。龙山文化时期的末期，已经压在夏、商、周三代"文明"历史的开端处了。

一、黄河中游地区

仰韶文化一般认为是从老官台文化发展而来。老官台文化，主要分布在今陕西渭水流域。老官台文化时期，农业已相当发达，人们已经知道养狗、养猪。石器是磨制石器，粮食脱壳用的是石杵。老官台文化和发现于河北磁山、河南裴李岗的文化遗址被称为"前仰韶文化"。在这个属于前仰韶文化的大时段里，近年又有新发现。如在河北省徐水县境内发现的南庄头遗址，在河南中部舞阳县贾湖发现的与裴李岗文化类型颇为接近的贾湖遗址等。南庄头遗址的时间距今一万年上下，比磁山遗址时间早；贾湖遗址出土的众多文物中，一件骨制的多音阶的笛子，特别引人注目。看来前仰韶文化到底"前"到何时，尚有很大的发现空间。

仰韶文化因其遗址最早发现于今河南省渑池县仰韶村而得名。其分布，以渭水、汾水、洛水等黄河支流地区为中心，北到长城沿线的河套地区，南达湖北西北部，东至河南东部，西到甘肃、青海交界地带。遗址至今经发掘的有千余处，其中的十几个大型重要遗址中，尤以发现于今陕西境内的半坡、姜寨遗址为著名。因为分布地域广大，延续时间漫长，仰韶文化又分许多类型，如半坡类型、庙底沟类型、秦王寨类型等。

仰韶文化的典型器物是彩陶。较早时期的陶器一般采用捏塑或泥条盘筑的制造方法，稍后普遍采用慢轮制造法。烧制时涂有颜色，早期多为红地黑彩或紫彩，后来的制作，发展为原地红花，或先加白衣或红衣为地，再饰以黑红两色花纹。图案有装饰性几何花纹，也有象形图案如人面纹、鱼纹等，其中鱼纹数量多，变化也大，形象十分逼真。经过约九百至一千度的炉火烧制，色彩十分鲜艳，有很高的审美价值。仰韶彩陶造型已很讲究，有的塑成人形，有的塑成羊形或鸟形等。先民在实用的器物上，开始依照着想象的法则，来装点自己的生活了！另外一个十分重要的现象是陶器上划的符号，有人认为是文字的起源，也有人认为是从结绳记事向图画文字发展的中间环节。同时，仰韶文化时期社会处在何种阶段，是一个颇有争议的问题。大多数学者的意见是，早、中期处在母系氏族时期，晚期开始向父系氏族社会转变。从丧葬制度看，早、中期墓葬是以女性为中心的；同时，儿童不入公共墓地，表明有成丁风俗的存在。当时，还流行着一种"二次葬"的习俗，即人死之后，先将其安放一个地点，等到血肉腐烂后再正式下葬。有学者推测，这可能显示的是这样一种宗教意识，即血肉属于世俗，只有等到它腐烂后，人才能进入灵魂的世界。

半坡遗址代表着仰韶文化较早时期的文化类型。其房子是梯形圆柱体，顶部是平的。房屋是用几根木柱支起来的，屋子的底部低于地面，是半地窖式。室内有火塘，还有土床，铺垫了比较厚的草泥。让人惊奇的是房屋的木柱，粗的直径达45厘米。那时候没有金属制的器械，先民是如何砍伐这些粗大的木头呢？更让人惊奇的是房屋建造使用了板材，最长的保守估计也有2米，木板的宽度10~15厘米，厚度1.5~2厘米。先民如何将木料制成这样的板材，尚无从回答。还有席子一类的编织物，其花纹与今天竹苇编织物花纹一样。这时的陶器制造也相当发达，发现的器物中有一种打水的双耳陶罐，器物的主体部分是圆形，底部则是锥形，打水时陶罐一到水面就自动倒下，水灌满后，自动下沉并竖起来。设计的思路高超而巧妙！半坡时期的典型遗址，还有陕西的姜寨（一期）、北首岭、元君庙，甘肃的秦安大地湾，山西的芮城东庄村，湖北郧县大寺等。

稍后于半坡类型的是西王村类型、庙底沟类型、秦王寨类型和后网类型等。这时期，农业生产技术有明显进步，半坡时期的先民还只知道砍倒烧光，到庙底沟时期，就进入锄耕农业阶段了。彩陶制作，也达到了高峰，绘画和制作的结合很完美。在一件陶缸上，人们发现了一幅表现力很强的图画，考古学家称之为"鹳鱼石斧图"：一只鹳鸟，圆睁着眼睛，长长的嘴上叼着一条鱼，旁边竖立着一件大石斧，斧柄面有花纹。鸟的图像非常大，占据了画面的主要位置，被它叼在嘴上的鱼毫无反抗能力；斧子在中国古代则象征的是权力。专家分析，绘画象征了权力财富和杀伐。"鹳鱼石斧图"反映的内容，表明当时的社会已经不那么原始了。

还有引人注意的现象是仰韶文化时期女性的打扮。庙底沟遗址发现的一件彩陶盆上，画有女性头像，颈上戴几串大小不等的珠子，大概是玉制的；脸是圆圆的，两只线条很细的眼睛；头发用长簪子盘起来。这是中国最早的美人图！仰韶文化时期人类的平均寿命是20.1岁，或者21.8岁，寿命普遍很短，先民生活还是很艰辛！

到仰韶文化的后期，也就是公元前3500年以后，进入了"铜石并用"的时代。彩陶制作在这一时期有逐渐衰落之势，同时与仰韶文化区域相邻的考古文化，如大汶口文化，大溪文化和马家窑文化则蓬勃兴起，大有后来居上之势。也在这一时期，分房居住的情况出现了，表明家庭结构发生了变化，一夫一妻制度的家庭已经形成。甘肃秦安大地湾遗址是此期重要的发现。该遗址是个宗教性建筑，堂室中有火塘，地面和灰塘和其他墙壁都用石灰抹过，地面特别光滑结实，有专家戏称之为"水泥地面"！地面上有一幅相当大的宗教图画：两个人围着灰塘交叉跳舞。观此，让人有无限的遐想。

二、黄河下游地区

我们称之为第二系的考古文化，分布在黄河下游地区，包括山东、江苏北部，及河北一带，以山东半岛为中心。这一系列的文化谱系是北辛文化到后岗一期到大汶口再到龙山文化。黄河下游的文明发展，很长时间与中游地区是各自独立前行。这可能主要与华北平原的形成有关。远古时代，在泰沂山地和太行山脉、嵩岳山地之间，是一片不太深的内海，华北平原主要是由黄河水带来的泥沙和风力带来的沙尘填成的。这需要很长的时间。平原的形成有先后。在很长时间里，太行山以东的华北平原和泰沂山地以西的华北平原，还是两部分，中间存在着低洼之地，不利于交通。这使今山东地区的远古文化在很长时间内保持着自己的独特性，直到殷商之际，山东文化自成一体的总体格局才被打破。

这一系最早的北辛文化遗址，其时间上限与前仰韶文化的老官台文化差不多，磁山文化与裴里岗文化，都属于北辛文化这个时段的早期遗址。北辛文化之后是后岗文化，后岗遗址发现于今河南安阳。我们知道，在河南安阳发现了很多商代的文物。后岗一期文化，正好也发现在安阳一带，但时间上要早得多。后岗文化遗址的时间与半坡型相同，当陕西半坡村的古代先民在用破开的木板造房屋时，后岗一期文化也已经起步前行了。后岗一期文化的分布北边到河套平原，东边到山东半岛，呈犄角状分布。

后岗一期的一个重要的发现，是河南省濮阳市西南的西水坡45号大墓，其时间距今约六千五百年左右。墓葬中发现了中国最早的宗教遗迹。大墓中的主人是一个壮年男性，头朝南，仰卧。墓的东、西、北三面有三个龛（在墙上挖的小洞），龛里有小孩子的尸骨，有男有女，女孩可能是殉葬品。这样早的人殉现象，已让人颇感意外，更让人惊奇的，是墓主人尸骨旁边的随葬物：左侧（西边）用蚌壳摆了一条虎，右侧（东边）则是一条龙，也是用蚌壳摆的。龙、虎之外，还有鹿。大墓的北边，还有一个合体的蚌壳龙虎，在虎的背上，骑着一个人，在龙的北边靠近处，还有一条作奔跑状的虎。就是说，在壮年人的身边，除了陪葬的小孩子之外，还有龙、虎、鹿三种图案。这是一个十分重要的发现。龙、虎、鹿意味着什么？张光直先生认为，蚌壳摆成的图像，就是后来道教文献记载的龙、虎、鹿"三蹻"[①]。后来的道士们是讲骑鹿的，李白《梦游天姥吟留别》中就有"虎鼓瑟兮鸾回车"和"且放白鹿青崖间"的句子。如果真的像张光直所说，那么大墓遗物告诉我们，这是中国最早的道士！此外，有学者还将龙虎的图案与古代东方青龙，西方白虎的"四象"之说联系起来考虑，并且认为，后世的"二十八宿"的星象，也可以溯源于此。

值得注意的是大墓所在的濮阳之地。这一带是传说的五帝之一颛顼的活动地域。帝颛顼有所谓"帝丘"，据《左传》记载春秋时尚在。帝丘，也就是丘陵。古代中国人祭天，与玛雅人、巴比伦人一样，都在高地上进行。可能最早是在高山，如传说中的昆仑，后来随着人类生活区域的扩大改在人工建筑的高丘上，这人工的高丘，就是后来常见于古代典籍上的"郊祀"之"郊"，郊实即"高"，其意思是高土堆，高土堆上再建一些建筑，用来祭祀天地神灵，又称为圜丘。西水坡大墓是一个很重要的发现。距今6500年前还很原始，但宗教已经很发达！在古代国家政权形成之前，神事活动实在有着引导群伦生活的作用，或者可以说，政权就孕育、诞生在古代的宗教生活中。仰韶文化时代前期就有这样一个大规模宗教遗址，就是很好的证据。同样现象，在下面要讲的红山文化遗迹中还会见到。

到后冈二期文化，远古文明进入大汶口文化、龙山文化时期。在后冈二期到

---

① 张光直. 濮阳三蹻与中国古代美术上的人兽母题[J]. 文物, 1988,（第11期）: 36-36.

大汶口文化一期中间,有一个刘林期(以发现于江苏邳县刘林村而得名),刘林期盛行一种拔牙习俗。女孩子们要拔掉门牙后的虎牙,为此从小就在嘴里含着一个陶制的小球,把后槽牙磨掉。大汶口龙山文化地区,盛行一种剥人头皮的习俗,喜欢用人的头盖骨做器物,这一习俗一直延续到商代。同时,刘林期已有男女合葬的墓葬的发现,表明一夫一妻制的家庭已经出现。大汶口文化的陶器以鬶、背水壶、盂、高脚杯、大口尊等为代表,红色陶器减少,黑色和灰色陶器增多。

  大汶口文化有两个现象值得注意,一是人口迁移。大汶口文化人群的一部分,曾迁徙到河南偃师等仰韶文化地区。另一种现象是战争或征服。发现于江苏省北部新沂县花厅村的大墓中,有用人殉葬现象。与西水坡宗教目的的殉葬不同,花厅墓的人殉表示一种征服或奴役。根据墓葬的陪葬的玉器,专家判断:墓葬主人来自良渚文化地区,主人脚底下殉葬者身边的随葬物,却属于大汶口文化,表明墓主人是在用来自大汶口文化地区的人殉葬。考古学家据此认为:良渚人在大汶口文化时期曾向北征服,他们的殉葬者就来自被征服的大汶口文化人群。大墓的时代大约在公元前三千五百年左右。这个时期,村落开始出现,而且开始出现了防御袭击的城墙。此时还发现了刻画记号和图画文字,用牛羊鹿等肩胛骨占卜的风俗流行。

  这一系文化的高峰是龙山文化,龙山文化以发现于今山东省章丘县(原历城县)龙山镇城子崖而得名,而典型的龙山文化分布在泰沂山地周围。龙山文化时期的制陶业有巨大进步,广泛使用快轮制坯法,陶窑的结构改进,炉温度提高,能够烧制出黑色光亮的陶器。黑色的陶制高脚杯,厚度薄如蛋壳,锃光透亮,是这时期制陶技术的最高成就。这时期出现了水井,编织业中麻布的制作更加精细,丝织品出现。建筑方面夯筑技术发明,土坯墙出现,石灰抹墙的技术广泛使用,还有用小孩子为墙奠基的不良习俗。同时,社会等级制度趋于明显。龙山文化的中心地带也正是后来的齐鲁之地,儒家文化产生于这里,是有其深厚的文化根基的。

三、长江下游地区

  长江下游地区最早的考古文化同时发祥于杭州湾南北地区,杭州湾以南的今浙江境内,有河姆渡遗址的发现;以北的江苏太湖周围,则有马家浜、菘泽、良渚三个前后相继文化遗址的发现。河姆渡和马家浜的先民,开创了中国干栏式建筑的先河,其榫卯技术是最早的,而且十分成熟。这一次考古文化发展的高峰,是良渚文化的出现。它的出现,是否为杭州湾南北两个曾各自发展的考古文化进一步融合的结果,学术界尚未取得完全一致的看法。良渚文化的代表是玉器,玉器品种多,最有代表性的是玉琮和璧。祭天地时它们被用作礼器来沟通天人。《周礼》记载,仓璧礼天,玉琮祭地。良渚文化遗物中有一只玉琮,上面画的是一个半人半兽的人物,人长着梯形的脸,胳膊上挂着玉器,两腿交叉坐,像后来佛教的咖趺坐,两个脚却形如鸟爪。这件玉器发现于浙江余杭县境内的反山,一个人工堆积的土丘,丘顶是一个方形平台,应是祭祀上天的场所。平台上发掘出十二个贵族大墓,玉器及这些大墓主人的随葬品。这样的山在良渚文化区内还有瑶山、汇观山等,其中瑶山和反山之间相距不过五公里。值得注意的是山上的十二座大墓。据说都是贵族墓,或许更准确地说,他们是些会做法事的巫,他们生前在此事神,死后埋在这里,用后来的文献上的话说,叫做"宾天"。这一点又与下面要谈到红山文化有相似之处。良渚文化宗教气息浓郁。

四、江汉地区

分布在长江中游地区的考古文化,经历了大溪文化到屈家岭文化,再到石家河文化三个时期。在屈家岭文化之前,还有发现于湖南澧县彭头山的新石器遗址,出土了大量的陶器和稻米,是中国境内的已发现的最早水稻种植,时间为公元前6000年左右。彭头山文化之后,是大溪、屈家岭文化时期。屈家岭文化的分布,西起四川的衢塘峡,北部到荆山,东到洪湖,南到洞庭湖。这个文化区域的北部深受仰韶文化的影响,这是因为汉水历来是一个交通要道。这一系文化在埋葬方式上有一个很大的特点,即"屈身葬",即把身子团坐在陶器里埋葬。"屈身葬"表明这里的居民与中原不是同一人群。之后,是石家河文化。

从彭头山到石家河文化尽管明显受到过仰韶文化的影响,却不能改变其"土著"文化的性质。但是,到了公元前3000年左右,却发生了一个重大变化。这一时期,一支来自黄河中游地区的北方文化,经过南阳盆地,突然闯入这里,于是本地长达两千余年的文化在这一北来文化势力的冲击下,其人群发生迁移,于是当地的土著文化,趋于衰微。有学者据此推测,这支北来的文化人群,就是在夏商之际南迁的自称为颛顼之后的楚人,也就是诗人屈原的同族。不论如何,这样的发现，都提供的是一个强势文化人群如何扩展自己范围的实例。

在新石器时期，中原地区文化向其他地区扩张，其他地区的文化也向中原地区扩张，各文化区之间不断碰撞、渗透和融合。但是，各地区新石器文化的发展有着不平衡性，这就决定了各文化之间的影响和扩张也是不平衡的。总体而言，在新石器时代，中原地区对其他地区的影响是主要的，处于主流地位；其他地区对中原地区的影响是次要的，处于非主流地位。仰韶文化和龙山文化在中原地区出现后，很快扩展到黄河下游的海岱地区和长江中下游地区，而长江中下游的两个文化区分别受黄河中下游的两个文化区影响。中原地区新石器文化，一直被看作是起源中心，但也受到了海岱、江汉等地区新石器文化的影响。在中原地区仰韶文化和龙山文化遗址中，发掘了大量大汶口文化和屈家岭文化的墓葬和遗存。大汶口文化的墓葬或遗物，在河南的郸城、商水、淮阳、周口、平顶山、禹州、郑州、上蔡、西华、扶沟、项城、沈丘、新郑、鄢陵、临汝、偃师、洛阳、孟津、渑池、太康、鹿邑、荥阳等市县的五十多处遗址中都有发现，其中，较早的发现是在郑州林山砦和荥阳点军台两处仰韶文化遗址中发掘出大汶口文化类型的陶器，以及在偃师市滑城遗址中发现的大汶口文化墓葬。以上遗存证明了海岱地区的大汶口文化对中原的龙山文化的影响。江汉地区的屈家岭文化也曾向中原地区大举进军，约公元前3400年，占领了原属仰韶文化地盘的南阳盆地，因而，在河南的淅川、内乡、南阳、社旗、方城、新野、桐柏等市县，都发现了屈家岭文化遗址。在河南的郸城段寨、禹州谷水河、郑州大河村、偃师滑城、陕县庙底沟等遗址的仰韶文化晚期或龙山文化早期遗存中，都先后发现过一些具有鲜明屈家岭文化特征的陶器。当然，尽管在某些时间内，其他地区新石器文化的某些因素比中原地区更先进，得以向中原扩张，对中原地区的新石器文化有一定影响，但是，相比中原地区对其他地区的影响，从时间之长、空间之广和内容之深等各方面看，都小得多。各地区文化的扩张和影响也证明，新石器文化既是多元的，又是以中原地区为核心的。

总之，中国新石器文化处于由"多元"向"一体"融合的发展过程中。在此进程中，新石器文化呈多元性广泛分布在中华大地上，同时又以中原地区为核心不断进行文化的汇聚和辐射，中原地区文化随之越来越强大，最终直接孕育出夏商周三代文明。

第三节　先秦时期文化研究的动机

在当前，对于先秦时期的文化成果，我们有重新体认和进一步深入研究的必要，20世纪以来，我们民族在思想文化方面经历了天翻地覆的巨变。在思想的解放，在民族的觉醒，在吸收世界先进文化方面，我们确实取得了巨大的进步，产生了众多推动社会向前发展的新成果，然而我们也不能不看到，同时也存在着许多不容忽视的问题，其中最突出的便是如何认识本民族的文化传统的问题。五四运动作为20世纪初我国的思想解放运动，在冲决旧思想的罗网，批判旧传统方面确实做出了重要的贡献，从而为我国吸收世界先进文化与先进思想开辟了道路，并引起了社会的伟大变革；但也必须承认，五四运动的先驱在对待民族传统文化方面确实存在着过激的做法，其中也出现过全面否定传统的偏激言论和行为。发展到极点，则是在20世纪20—30年代形成的"古史辨"派。"古史辨"派打破了传统的信古之风，一度形成了疑古的潮流，在古史和古文献方面影响尤甚，形成了所谓"东周以前无史"的观点，对汉代以前的古籍则几乎达到无书不疑的地步。这样一来，所谓民族文化传统就成了一片空白，民族虚无主义也由是而生。"疑古派"们实际上犯了恩格斯批评过的那种错误，即在倒洗澡水时，把脏水和盆里的孩子一起倒掉了。

这种"矫枉过正"的思潮，在五四运动之后的半个多世纪一直延续下来，发展成了文化上的极"左"思潮。20世纪60—70年代，中国文化史上迎来了一场空前浩劫，其涉及范围之广、影响之深前所未有。它不仅在社会上造成了对本民族传统文化的蔑视和人伦道德观的扭曲，而且形成了文化传承上的"断代"现象。1949年前的知识分子生活在动荡的年代，饱经战乱，学问原本就做得很苦。1949年后成长起来的知识分子，由于受到政治运动的不断冲击以及教育上"左"的思潮的影响，因而在前半生学习的内容中，传统文化的分量就极少，还要在不断的政治运动中一次次地被批判。这就造成了接连几代人对传统文化的生疏、隔阂与无知，以至于常常听人问起"学古典的东西干什么""有什么用处"等种种令人啼笑皆非的问题。传统的继承就如学术的传承一样，它需要代代人薪火相传，并在传承中不断创造发展。对本民族文化传统无知的直接后果，是培养出文化修养浅薄的一代传人。在20世纪80年代开展的对传统文化的讨论中暴露出来的许多问题和奇谈怪论，正是这种教育的直接结果。我们不可小看这种文化断层所造成的恶果。对本民族文化传统认识十分浅薄的人，如何承担得起民族复兴的重任？更如何谈得上自立于世界民族之林？

改革开放以来，经过拨乱反正，经过20多年艰苦卓绝的努力，我们的各项事业都取得了令世人瞩目的巨大变化，学校的教学增加了不少有关传统文化方面的内容，应当说总的方向是正确的。但这种改革的力度还很不够，尤其是在教育方面，应当在加强民族文化的基础教育上下大功夫。首先应在加强中小学教育上下功夫，应当使学生从小学开始就能由浅入深地接受一些优秀传统文化的教育，尤其是那些极具民主性的精华，代表本民族智慧结晶的作品，应当让年轻一代多接触多了解。这对于培养民族情感、弘扬民族精神、激发爱国热情具有十分重要的作用。据作者了解，目前的中文系大学生在上大学之前所接受的教育中，传统文化知识的内容是很少的，先秦部分尤其不足。大学教育也同样有许多值得研究和改进的地方。许多研究生学习古典文学，往往选择唐宋以后的各段，选择前半段的人数很少，而同时，许多大学缺少前半段的学科带头人，这是很值得关注的问题。

21世纪的人类社会，将是一个高度发达的社会。面对复杂的自然与社会问题，面对层出不穷的新观念，人类需要有更高的智慧来解决现实中的种种新问题。因此，有学者预言，21世纪的人类社会将会出现一个新的文化轴心时代。以习近平总书记的党中央正致力于领导民族振兴的伟大事业。民族振兴既是政治的解放和经济的发展，又是民族优秀文化传统的复兴和新生。我们相信，经过20世纪中西文化的碰撞、交流与整合，具有丰厚文化底蕴的中华民族，一定能够在继承民族优秀传统文化的基础上，在重新构建中华新文化的伟大实践中，为世界文化新轴心时代的到来作出独特的贡献。

第二章 先秦时期哲学思想的发展

先秦时期的认识史，是不断从神学和神学的宗教幻想中解放出来的历史。原始社会，先民在认识自然和劳动生产中积累了一定的自然科学知识，但这些自然科学知识却是和宗教幻想、巫术紧密地交织在一起的。先民把他们不能认识的事物或现象归于神和神的威权，并对神的威权顶礼膜拜，后来的先民带着这种对神权的崇拜走进阶级社会的门槛，于是形成了夏商千余年的神权统治。西周春秋以后，神权动摇，无神论的观念兴起，朴素的唯物主义和辩证法思想逐渐发展。到了战国，唯心主义的思想派别与具有唯物主义思想的派别，具有辩证法因素的思想派别和相对主义的派别"百家争鸣"，为即将出现的多民族的统一大国提供思想指导，形成了中国思想史上最有朝气、最有活力的自由思想大辩论，这是世界上任何一个国家和中国历史上任何一个朝代都不能比拟的。"百家争鸣"，促进了我国古代思想的交流和互相吸收，为后世留下了极为丰富和宝贵的思想资料。它的遗泽，不仅浸润了中国古代思想家的成长，也为世界哲学的发展提供了可贵的借鉴。本章主要阐述了先秦哲学思想产生的历史契机、先秦哲学思想发展的脉络轨迹两方面内容。

第一节 先秦哲学思想产生的历史契机

一、先秦哲学思想的萌芽

（一）中国原始人类的原始思维

根据人类认识的发展过程及其规律，哲学作为理论形态的世界观和方法论，它是在奴隶社会的一定历史阶段开始形成并产生出来的,中国哲学的形成和产生也不例外。显而易见,哲学也同其他事物的产生和发展一样,并不是到了奴隶社会就会一下子产生或者自然生长起来,它必然有其最初的萌芽形式。也就是说,哲学作为特定的理论形态,其萌芽形式理所当然地存在于它产生以前的各种社会形态中。

毫无疑问,原始人类在不断认识自己周围的客观世界的同时,也在不断地认识着主观的自己,并且试图对自身的存在作出自以为恰当的解释。比如,为了说明人的精神活动并解释生死现象,灵魂和鬼神等观念也随之产生出来。在远古时期的人们看来,人死后自己的肉体将变成鬼,而精神却会变成神。他们认为,"鬼者,归也","归"就是归土之意。从仰韶文化时期的西安半坡村遗址的公共墓地中,我们发现,由于当时的人们"想象"人死归于地下后,也会像活人在地面上的生活那样,因而在埋葬死人时总是要随葬生产工具和生活用品,公共墓地不过是"想象"中的"死人的村落"。显然,这种灵魂观念正是鬼神信仰的基础。

在中国原始部落起源的古老传说中,有许多部落族群是人与神,或者是人与兽,或者是人与鸟相交感而产生出来的氏族。比如,传说中殷之先祖"契",是其母简狄取玄鸟卵吞之而有孕;周的始祖"弃",则是其母姜原"出野见巨人迹……践之而身动如孕者"[①]。中国古代传说中的人物也大多为半人半兽形象。伏羲氏为蛇身人首;炎帝为人身牛首;蚩尤兄弟八十一人,皆兽身人首;颛顼子梼杌,为人面虎足猪牙,等等。这些传说都是以远古图腾崇拜的形式保留下来的,因而为今天的研究提供了宝贵的线索。在这里,我们所说的所谓"图腾",实际上就是指原始社会中特定人群共同信仰的部落保护神的图像或者符号。这种保护神的图像或者符号往往是某种动物或者植物,思维较发达的部落的人也可能会以某种灵物或者动物、植物为原型,再添加进人的某种意志和想象,改造出"人神合一"的图腾形象。根据传说推断,在中国的上古社会很可能存在着众多的以图腾为标志的氏族、部落,比如,炎帝氏族部落可能就是以人身牛首的神为图腾崇拜的部落,因此,氏族、部落以及部落联盟很可能并没有因为其后来的联合形式而放弃过去的氏族、部落的图腾标志。显然,随着部落联盟成员的不断增加,图腾的内容也随之日益复杂起来。

---

① (西汉)司马迁. 史记 卷4[M]. 北京:光明日报出版社,2012. 07.

劳动既创造了思维，也创造了语言。原始人类在劳动过程中需要互相帮助、共同协作、彼此交流思想，而语言则是他们互相了解、彼此交流思想的工具。所以，原始人类认识能力的逐渐提高，首先依赖于劳动，同时也借助于语言。也正是由于劳动和语言的推动，原始人类才能够在对周围具体现象无数次的接触和认识过程中，通过抽象逐步把客观对象对象化而形成概念，出现原始思维。如果没有劳动，没有语言和思维，任何观念性的哲学等理论学科都是不可想象的。

（二）中国原始人类朴素实在的思想意识

原始人类在生产劳动中不仅开始了对自然的认识和改造，并随着人们的这种认识和改造自然的能力的逐步提高，支配和统治自然的能力也逐步增强，朴素实在的思想意识也随之处于孕育过程中。战国末期的思想家韩非在《五蠹》中形象地叙述过这样一则古代传说："上古之世，人民少而禽兽众，民食果蓏（读罗）蚌蛤，腥臊恶臭而伤害腹胃，民多疾病。有圣人作，钻燧取火，以化腥臊，而民说之，使王天下，号之曰燧人氏。"[①] 这个传说把原始人类在长期实践中钻燧取火的大众发明归之于"圣人"燧人氏，虽然具有神秘的性质，但是，它却以朴素实在的方式反映了人类在长期实践中认识、掌握和使用"火"的这种客观的"历史事实"，具有"朴素实在"思想的萌芽形式。

我国远古时期的原始人群至少经历了几十万年，到山顶洞人时，已脱离了群居的乱婚状态，进入"但知其母，不知其父"的母系血缘群婚阶段。这标志着人类社会已进入母系氏族公社时期。从山西朔县峙峪出土的骨片上发现众多刻画的痕迹，比较充分地证明了"刻木结绳记事"的传说。而在山顶洞人住地发现的骨针、磨光的鹿角等工具，以及钻有小孔的石珠、兽牙和海蚶（读啥）壳等装饰品，说明了此时人们的劳动经验和技能已经远远超过前人，尤其在母系氏族的繁荣阶段即仰韶文化时期更是如此。这时，我们的祖先已经进入新石器时代。

烈山氏就是放火烧山，以草木灰种地的那个氏族。由于烈山氏能够做到"植百谷百疏"，因而被后人尊奉为稷神。据传说所述，这时的原始人类已经能够"断木为杵，掘地为臼""民食谷物，释米加烧石上而食之"。所以，这一时期的人类已经逐步从采集经济向农业经济过渡，并且知道了熟食谷物的方法，因而充分反

---

① 唐代兴，唐梵凌. 论语思想学说导论[M]. 上海：上海三联书店，2019.09.

映了母系氏族时期人类认识和改造自然的艰苦斗争历程及其精神。

不言而喻，古代图画是象形文字的起源。在西安半坡村出土的陶器钵口沿上已有30种符号，诸如"Ｉ"型、"十"型之类，这些刻画在陶器或骨片上的记号，就是中国远古时期象形文字的原始萌芽状态。正是由于从事生产劳动的人们在实践中所作的记号从无到有、从少到多，才逐步形成统一、规范和简化的远古象形文字。而这一时期人们所创造的新石器，已经开始出现复杂多样而又比较方便、适用的石刀、石斧、石凿、石锛等锋利的生产工具，弓、弦、箭也逐步地被使用到狩猎活动中，纺织、制陶、缝纫等技术已广泛地得到推广。尤其值得一提的是，在仰韶文化时期，已基本上结束了原始人类穴居野处的生活。这时的人类已初步懂得了"筑土构木，以为宫室"，用以遮风避雨、迎暑御寒和防备猛兽蛇虫。这基本上反映了人类在长期的实践中已逐步学会了修建房屋，从而向穴居告别，当然也为父系氏族公社的产生创造了物质条件的情况。

原始社会后期，由于农业、畜牧业和手工业有了发展，男人开始由狩猎转向固定的农业、畜牧业和手工业，并逐渐上升到主导地位，母系氏族社会也随之逐步向父系氏族公社转变。我国的龙山文化（今天山东章丘龙山镇城子崖）就属于这一时期的遗址。

在父系氏族公社，社会进步表现在生产力方面就是农业和畜牧业的发展、手工业技术的提高。与此相适应，生产工具不断得到改进，寻找水源和防治水患等工作被提到日程上，扩大耕地面积和增加农作物品种日益常规化，加强田间管理与掌握农时也日渐精细和准确；在饲养家畜、家禽，制造舟楫，认识金属性能、掌握采矿、冶炼、锻造、制模的工艺技能等方面也出现了前所未有的进步。传说中的黄帝作为中华民族的始祖就属于这一时期存留下来的神祇。就是说，后世的人们把远古人类集体创造发明的诸如衣服、舟楫、车辆、文字、历法等等都归功于黄帝。但在实际上，黄帝只是代表人物，他的出现不过是如同母系氏族社会中代表的人物女娲氏、神农氏、燧人氏那样，人们仍然用这种方式代表性地反映我们的祖先创造了中华民族文明史的事实。

正是由于中华民族的祖先在漫长的原始社会中，在极其低下的生产力和生活条件下，依山吃山，靠水吃水，开天辟地，披荆斩棘，顽强劳动着、斗争着，用无尽的血汗、以不息的生命、以无数的实践同野蛮、愚昧作斗争，开拓着祖国的山河，启迪着人类的智慧，创造着中华民族的远古文化。中华民族的祖先的这种实践和认识世界的活动同其他民族一样，由不知到知，由知之不多到知之较多，由知之不够深刻、不够广泛到知之比较深刻、比较广泛，在控制自然、发展生产力、增进自身的知识和才能的道路上不断地摸索前进，才产生出大量的以客观事物为出发点的朴素、实在的思想意识。可以说，这种朴素、实在的思想意识是同人类自身的生产活动与生俱来的。当然，原始人类朴素、实在的思想意识同今天相比有很大的差别：

第一，它是以原始人类生产劳动的实践为源泉的。比如出现农作物栽培，就相应地产生了神农氏；有了用火烧烤食物，就出现一个相对应的燧人氏。

第二，它是以生产劳动的实践和日常生活中接触到的客观存在为依据的。比如，以不依赖于人而存在的山川原野、江河湖泊、动植物等等各种物质生活条件作为客观的东西反映在人们的头脑中，就孕育出原始朴素的唯物主义思想的萌芽。

第三，它是以自然界具体事物的变化为条件的。比如，季节、气候、山川、河流的变化、地壳运动和动植物的生长，就孕育出辩证法思想的萌芽。

第四，它认识并发现的事物本质及其规律，都是在社会的生产劳动中产生，又通过生产劳动为自己服务的，并以此为基础创造出最高的理想神祇。比如，在制造工具、种植谷物、驯养家畜、修建房屋、缝纫衣服、烧制陶器、制造舟楫等劳动中，产生出黄帝、炎帝等创世人物的观念及神祇。

第五，它是以极其朴素和直观的形式表达出来的对于外部世界的摹写，因而没有系统化的理论论证。总而言之，这些原始的朴素、实在的思想意识作为唯物主义和辩证哲学的前形态，虽然在今天看来是那样的幼稚而缺乏理性，既不具有世界观的性质，也不具有系统化的理论特征，并不是严格意义上的哲学，但它确实已经包含着朴素的唯物主义和辩证法的萌芽形式。如果我们否认了这种原始的朴素、实在的思想意识，后来成熟意义上的唯物主义哲学认识就成了无源之水、无本之木。

二、先秦哲学思想产生的历史根据

（一）宗法等级制度的形成

以血缘关系为基础的宗法等级制的政权结构，是建立在奴隶主占有主要生产资料和劳动工具，以及完全占有劳动者即奴隶本身的这种经济基础之上的。就是说，除国王以外的其他奴隶主贵族，一方面是最高统治者国王的亲属或者功臣；另一方面又是国王的臣下。全国的土地所有权都属于最高统治者国王，国王又把土地和奴隶分封或者赏赐给同姓亲族、少数异姓亲属和功臣。由此便形成了如《诗经·小雅》中所说的"溥天之下，莫非王土；率土之滨，莫非王臣"的局面。在此基础上，这些受到分封的奴隶主贵族再次把土地和奴隶分封或者赏赐给自己的亲属和属下。这种层层分封的制度，不仅使这些受封的地方成为可以各自经营的经济实体，还使这些封地也在事实上成为各自为政的政治实体。与此同时，为了便于灌溉、管理和确定"禄谷"，奴隶主贵族还把封地划分成为许许多多方方正正的地块，并在每一方块土地上又将其划分成"井"字形的小块，然后再把奴隶固定在其中从事劳作。在这种方块形的"井田"中，既能留出较宽的道路和修筑灌溉系统，也便于强化和监督奴隶劳动，还可以作为分封给下级奴隶主贵族的计算单位，亦即按每块土地折算"禄谷"，从而明确下级奴隶主所得赏赐的数量。

（二）奴隶制政权的建立

在我国奴隶制的全部上层建筑中，最核心、也是首要的东西当然是奴隶制的国家机器。也就是说，奴隶主阶级正是掌握并利用国家政权的力量来维护和巩固残酷的奴隶制剥削和压迫的。这种奴隶制经过夏、商的发展，至西周时期达到了顶峰。西周的大政治家周公旦不仅继承了夏、商以来的统治经验和各种官制、律令，而且还制定了具有严格规范的各种礼仪制度；不仅规定了处理奴隶主阶级和奴隶阶级之间各种关系的一整套法律、条令，而且还详细规定了处理奴隶主贵族内部上下级关系的各种准则，以及奴隶主阶级在婚姻、殡葬、音乐、舞蹈等方面仪式的规模大小，从而使奴隶制条件下的上下尊卑等宗法等级制度以既定的形式确定下来，成为界限森严的"礼制"、规范和维护着奴隶制的等级秩序。这种"礼制"还使奴隶制国家的奴隶主专政形成一个从上到下的统治网。其中，除国王把他的同姓亲族和异姓亲属、功臣等分封到全国各地为诸侯外，还把国都周围的土地也用同样的方法分封给许多奴隶主贵族,作为执掌中央各种具体职务的官吏的禄谷,诸如公、卿、大夫等,与此相适应,各诸侯国也从奴隶主贵族中任命各种官吏,管理自己封地内部日常的政治、经济、文化和军事等事务,并且,从国王到诸侯,以及各种官吏都实行父死由嫡长子继承的世袭制度。这种世袭制度就是历史上所谓的"世卿世禄制"。

(三)科学的发展

科学的发展也是古代哲学产生、形成和发展的重要条件。当时的自然科学主要是天文学、力学、数学和医学,等等。也就是说,随着社会生产的不断向前发展,人们在生产实践中对自然界的认识在不断加深,社会分工也在不断扩大,因而也不断产生出专门从事科学文化工作的知识分子阶层,这就为古代自然科学的产生、形成和发展创造了必要的条件。在这些自然科学的发展中,最主要的有如下四个方面。

首先是天文学的产生和发展。由于我国古代奴隶社会主要的生产部门是农业,而农业生产和自然界变化之间的关系又十分密切,因此,自然科学中首先发展起来的是天文学。无论从历史资料还是从考古成果上看,我国从夏代开始就已经积累了相当丰富的天文历法知识,到了商代,天文历法又有了进一步发展。根据今天已经出土的甲骨文卜辞记载,商代已经做到了把一年分为十二个月。值得注意的是,这种天文历法不仅有大小月之分,而且还有闰月等规定。与此同时,对某些恒星也有了一定的认识,并能够准确地观测到一些星体的位置。

其次是数学的应用和发展。由于农业生产、建筑工程、水利灌溉工程的计算和天文历法推算的需要,数学在商代就已经有了较高的水平,不仅有复位数,能够进行一般的算术运算,还能够绘制出比较复杂的几何图形。

再次是从建筑中产生出来的力学。原始社会进入的奴隶社会后,随着生产和社会分工以及商业的发展,商品交换集散地的城镇建设有了相当的规模,尤其是国家政权的所在地,大多是有一定规模的大都市,而这些大都市中的大型建筑的建设需要力学知识,还有大型的农业、水利设施的建设也需要力学知识,因而力学的产生和发展也是顺理成章的事情。

最后是人们在长期同疾病作斗争的过程中总结出来的经验也不断积累起来,造就出独具特色的中华医药学。在这一时期,医学和药学虽仍然停留在神医人医相伴的阶段,但是如果没有这种医药学,也就不可能有后来在世界上独领风骚的中华医药学。

上述自然科学各部门的发展到了西周时期又都有了长足的进步。也正是由于这些自然科学的产生和发展,再加上社会发展的迫切需要,不仅促进着人们抽象思维能力的极大提高,而且也促进着我国远古时代哲学思想孕育并成长起来。

第二节 先秦哲学思想发展的脉络轨迹

一、夏商至春秋时期的哲学思想

(一) 阴阳说和五行说

周代,特别是春秋战国时期,是一个思想极为活跃的时期,随着文明的进步,也产生了很多关于万物起源的理论,其中对后来传统科学文化影响较大的有阴阳和五行学说。

阴阳说和五行说诞生于商周之际,到春秋战国时期已经具备比较完整的形态。《周易·系辞上》说:"一阴一阳之谓道。"[1]这里"阴"代表消极、柔弱、退守、安静等性质和具有这些性质的事物,"阳"代表积极、刚强、进取活泼等性质和具有这些性质的事物,而阴和阳也都是相对而言的。天为阳,地为阴,天地交感,产生了雷、火、风、泽、水、山,这八种自然物即是自然界一切总的根源,它们相互交感又产生了其他事物。任何事物都受阴阳的总的规律所制约,阴阳即是一切事物运动变化的内在原因。这里包含着原始、朴素的唯物主义和辩证法思想。五行说则认为世上万物都是由水、木、火、土、金五种物质元素所构成。又有"五行相生"与"五行相克"的说法。即是说这五种元素不是各不相关的,它们之间存在一种对应关系,有可以相互转化的一面,也有相互制约的一面。这里同样包含了朴素的唯物主义和辩证法思想。阴阳五行说在春秋战国时期开始结合在一起,成为解释世上事物产生和变化的一种理论。此外,此时期的学者也将水看作万物之本原。大约同一时期的宋钘和尹文则有另外一种看法,他们认为万物本原是一

---

[1] 凌继尧. 中国艺术批评史 [M]. 沈阳:辽宁美术出版社,2014. 7.

种称之为"精气"的东西,即所谓"凡物之精,此则为生。下生五谷,上为列星"。他们甚至认为一切精神世界的东西也是这种精气所生成。精气究竟是什么,他们并没有说明,只是说那是"其小无内"和"其大无外"的。《管子·四时篇》中,提出了"风、阳、阴、寒"四种气流转而形成四时,并且产生四种构成万物与人体的基本要素。风是春天的气,产生木与骨;阳是夏季的气,产生火与气;阴是秋季的气,产生金与甲;寒是冬季的气,产生水与血。此外五行中的土兼配四时,它产生了人体的肌肤。这样,由气到四时、五行,便构成了一个完整的自然体系。

春秋战国时期,人们不仅积极地探索物质世界的本原,而且对于物质是否无限可分,也非常感兴趣。战国后期的惠施提出了"小一"的概念,"其小无内,谓之小一。"《墨经》中又有一个"端"的概念。这是说不能再分割为两半的东西就叫端。小一和端都可以看作是我国古代朴素的原子概念。不过这种思想在我国古代未曾展开,没有形成比较系统的原子思想。战国时期的公孙龙则是主张物质是无限可分的。古人难以认识物质世界连续性与间断性的辩证统一,他们各执一词亦不足为怪。在以后的几千年,在我国古代哲学家中影响最大的还是把物质世界本原看作是连续性的"气"的元气说。关于时间、空间和物质是否有生有灭的问题,也是周代哲学家们所关心的课题。战国时的《尸子》一书就说:"上下四方曰宇,往古来今曰宙。"[①] 这就是给出空间(宇)和时间(宙)的概念。周代的政治家、思想家们或按照本阶级、本阶层的利益,或按照本集团的要求,对社会各种事情做出解释,提出主张,形成了自己的思想流派,其中最具影响的是儒家、道家、墨家和法家。

(二)天人论

1. 天论

从先秦有关载籍可以看出,周虽然大体上与夏、商两代一样信奉天帝,服天命,但周人以"监于有夏""监于有殷"中,特别是从殷人亡国的事件中,深刻认识到"天命靡常",认识到"皇天无亲,惟德是辅",他们体认到仅仅信奉天帝天命还不够,还应辅以人事,社会的兴衰隆替与是否尊尚礼法、是否注重人事、是否强调德性具有更直接的关系。这也可以说,西周已经出现了对"天命"的怀疑态度,尽管如此,但信奉天命、天帝、天神仍是主流思想。如此不惮辞费地交

---

① 孙云,孙镁耀. 新编哲学大辞典[M]. 哈尔滨:哈尔滨出版社,1991. 01.

待"天"字的来源以及"天帝""天命"观念的形成及变化是为了给出先秦道家"天论"的先秦道家诸子中（尤以老、庄为突出代表），"天论"在他们的道论中占有重要地位，"天"范畴是他们的一个重要范畴。

《老子》中虽有"事天""配天""天将救之""天之所恶"，但都并不是视天为有人格、有意志之天。"事天""配天"是指从事或符合于自然之道。所谓"天救""天恶"并不是说"天"有好恶、有意志，本来是"天地不仁"，人若遵从天道，则得天利，违逆天道，则得天惩。这其实并不是天仁、天利、天惩，而是人自利、自惩也，人世社会间利害得失不在天，而在人类自身的行为是否合乎自然之天道。概括老子"天"范畴，不外以下数层意涵。

其一，自然之天是与人相对的无人格、无意志之天，如"天地不仁""天道无亲""不争""不言"等。

其二，"天"是自然存在，不依人的意志为转移，具有规律性、长久性、客观性，如"天法道，道法自然""天长地久""全乃天，天乃道，道乃久，没身不殆""人法地，地法天"，人必须遵从天道。

其三，"天"具有包容性、均平性、无为性。如："人之道，损不足以奉有余"，而"天之道"则是"损有余而补不足"，"知常，容。容乃公，公乃全，全乃天"。"天"作为"道"的具象化，具有包容大全、万有的公平性、包容性，"天地相合，以降甘露，民莫之令而自均"。天道自然无为具有无为性，与人道之有为恰相对应。

老子后学中，唯庄子对老子之天论作了最详尽最广泛、最深刻地发挥。通观庄子之"天论"，《庄子》一书中有两处明确地对"天"给以界定。

无为为之之谓天。（《天地》）

何谓天？何谓人？牛马四足，是谓天；落马首，穿牛鼻，是谓人。（《秋水》）

所谓"无为为之之谓天"，就是说以无为的态度去为就是天，就合于道，在这里"天"庶几与"道"同等；而"牛马四足，是谓天"是指"天"即本性如此，自然如此，本来如此，一事一物的本性，本然状态即是"天"。显然这里的"天"是与"人"即人为造作对举而说的，因此"天"亦即指非人为的方面。这两处界定，大体上规定了我们如何理解庄子天论的两大方面：

其一，从"天"与"人"即"自然"与"人为"的关系看，庄子"天"范畴的一个极重要的含义就是"自然"。显然庄子的"天"范畴是对老子"自然之天"

的一个深化、发展，因为这里的"天"已不再是自然天体、宇宙。要理解这个"天"范畴，必须把它放在"天""人"对举中来看，庄子认为"牛马四足"就是"天"，显然这里的"天"是指事物的本然、本性即事物之自然状态，而"落马首，穿牛鼻"就是"人"，这里的"人"是特指破坏了事物之本性、本然的人为。对于牛马而言，"牛马四足"是牛马内在之天性，是牛马之自然，而"落马首，穿牛鼻"则是外在于牛马而强加于牛马的人为，这就是"天在内，人在外"。庄子明确反对以外在的人为强行破坏事物内在之本性、本然的做法，倡导"无以人灭天"。应该说庄子这里明显地体现了天人相分、天人对举的思想。而且《庄子》全书中充满了对"失其性""易其性""伤其性""离其性""反其性""苦其性""灭其情"等以人灭天的行为的批判。庄子确乎是明于天人相分的，当然这里的"天人相分"思想并非普遍意义上的，从本原、根源上讲，本是天人不分的，但由于人的私意造作，以人为强加于物，这就造成了天人相分相异。总之，在"天""人"对举关系中的"天"就是"自然"，是非人为的事物之本性、本然。

其二，从"天"与"道"的关系来看，庄学派是把"天"与"道"作同等看待，两者共同之处就是"自然"。《天地》篇有"道兼于天"说，实际上这也就是说"道"合于自然，也即是老子的"道法自然"。把"天"规定或释为自然，也即是老子的"道法自然"。把"天"规定或释为自然，则"天"就具有最高本体的地位。在老子那里，"天"从属于"道"，"天"与"道"还不是同一个层次上的范畴，"天"是自然之"天"，"道"是抽象之"道"。而在庄子这里，庄学派已经把"自然之天"抽象为"自然"，这样，"道""天""自然"这三个本有区别的范畴在庄学中已融通为一了，"天"不再只是自然之天体，而是"道"或者说庄子之"天"已经超越了自然之天体而达到了"道"。《庄子》书中的"天游""天乐""天府""天理""天均""天倪""天机""天门""天行""天食"诸范畴，均是从不同方面述说自然之道的，而不仅仅是述说自然天体、宇宙的。所谓"天门"就是指自然之总门，众妙之门，"天机"者，自然之生机也，"天钧"即自然均衡、变化之理，"天食"即自然之饲养，"天行"即顺乎自然而行，"天游"即自然之逍遥游，"天府"即自然之府库等等，这些范畴是在"道"或在本体论意义上使用的。在老子那里，道即自然，在庄子这里，道即自然即天也，庄子天论实论道也。当然庄子之"天"毕竟是从自然之天抽象而来，因此"天"与"道"还是有所区别，在《庄子》书中还有不少地方就是指自然之天体，如"无所逃于天地之间""上际于天""天无私覆"等等均是指自然之天。这一点是需要特别辨明的。

综合以上所述，庄学派在区别自然与人为的前提上明确地提出了天人相分的思想，反对以人灭天特别是他们从自然之天中抽象出"自然"性作为"天"的特定含义，使得"天"范畴有了本体论意味（或可称本体之天），使"天"庶几与"道"同等，这无疑是对老子思想的一大发展、深化。此外，老庄以外的先秦道家诸子大体都是秉承老、庄之天论而立说的，都认识到"天"就是"自然之天"，就是非人为的"自然"，"天命""天神""天帝"的观念在这里被予以批判地否定。一句话，道家之天论较之于此前传统的天命论、天帝论思想具有鲜明的哲学突破性的特点。

2. 人论

先秦道家的人论，主要立足于"人"与"天"的关系，注，重"人"的自然特征方面，追求"天人合一"的精神境界，力主"人""天"之间的和谐、适应，既不主张以天制人，也反对"以人灭天""以故灭命"，特别注重人的精神境界的提升和理想人格的培养。可以说先秦道家对于人在宇宙中的位置，对于人的精神境界方面等的认识是有着深刻的合理性的。

老子的人论突出表现在"人大说"与"圣人说"。"人大说"突出了人在宇宙中的卓越地位，对传统的"天命""天帝"观念是一次重要的批判与突破。"圣人说"强调以道为原则的理想人格的培养，对于提升人的精神品格、协调"人"与天的关系都具有重要意义。

老子以下的道家诸子中，庄子的人论最突出最深刻地发展了老子的人论思想。首先，庄子及其后学对老子的"人大说"作了更加具体的阐释。在庄学派看来，老子的所谓"人大"主要是指人的精神及其境界的博大浩大，在形体上人则是渺小的、软弱的，受制于自然天地的有限存在。

3. 天人合一论

作为中国文化核心观念和最高境界的"天人合一"论，应该说是先秦时期诸家诸子的共同理念，但先秦诸子中，明言"人与天一也"的思想当属先秦道家为最早。

在先秦道家诸子中，老子最先表达了或论述到天人合一的思想。如《老子》

第二十五章云："人法地，地法天，天法道，道法自然。"① 在这里，天与地合而为自然之天即宇宙天地，或者说"天""地"合而为与"人"相对的"天"，而道即自然则是通贯"天""人"的"一"，"天地"遵从自然之道，人也遵从自然之道，"天地"与"人"合于自然之道。

如果说老子是最先论及天人合一思想，那么庄学派则是最先明确提出"人与天一也"的说法。如《山木》篇云："无受天损易，无受人益难。无始而非卒也，人与天一也。""何谓人与天一邪？""有人，天也；有天，亦天也。"《达生》篇谓："夫形全精复，与天为一。"郭象注曰："凡所谓天，皆明不为而自然耳。"成玄英疏曰："夫人伦万物，莫不自然，爱及自然也，是以人天不二，万物混同。""夫形全不扰，故能保完天命；精固不亏，所以复本还原。形神全固，故与玄天之德为一。"《德充符》谓："自其异者视之，肝胆楚越也；自其同者视之，万物皆一也"。"一"是什么？一者，气也，道也。《知北游》云："通天下一气耳"，《齐物论》谓："道通为一"。② 道家诸子中把"天人合一"思想提高到一种极高精神境界者当属庄子，《大宗师》云："其一也一，其不一也一，其一与天为徒，其不一与人为徒。天与人不相胜也，是之谓真人。"③ 庄学派讲人与天一，同时又讲人与天不相胜。人与天不相胜而相合，这正说明庄学派并不是讲以人合天，而是主张天人合于"自然"、合于"道"，也可以说是"以天合天"。这里的"以天合天"并不是指以人之天合于天，而是指以人之天（自然）合于天之天（自然），也就是说人天合于"自然"。"以人合天"则可能蔽于天而不知人；"以天合天"则既要知人亦要知天。前者表现出的是天对人的宰制性；后者强调的是天人之间的融合性、协调性。"天人合一"思想在道家，尤其是在庄子那里是一种物我同体肯定、天人浑融不分的超越境界，是需要通过人的努力去实践、去证成的理想状态。从实际上看，天人本是一源的，即"人与天一也"。但一有了人，天人之间的分化、矛盾、冲突是必然的，不可避免的：牛马四足是谓天，落马首、穿牛鼻是谓人；无为为之是谓天，有为为之是谓人；天之道，损有余而补不足。人之道，则不然，损不足以奉有余。这就是道家的天人之分。道家明于天人之分，不是为了以人胜天，天与人本不相胜，而是为了使天人彼此相合。合于什么呢？合于道、合于自然。如何能

---
① 朱哲. 先秦道家哲学研究 [M]. 上海：上海人民出版社，2000.09.
② 同上.
③ 同上.

达到"天人合一"境界，或者说如何做到天人彼此相合呢？从天合于人的方面看，道家所谓天道自然无为，"天无私覆，地无私载"，天道自然均平这都是先秦道家所认识到的天有益于人的方面，或者说天道的这种特性是道家从"自然"之天的诸般特性中特别挑选出来的内容，这显然并不是"自然之天"的全部，道家所以这样做就是为了使天能符合于人；从人合于天的方面看，人应当"法天贵真"，自然无为，人应当归宗反体，回真返璞，返本还原借以重建人的本原本真的纯朴天性，借以摆脱外在的物之役、情之累和内在的心之滞和意之染对人本真之性的障蔽和戕害。上述所论，正说明先秦道家"天人合一"论是天人彼此融合论，而不是天人相胜论。这里特别要辨明的是"天人合一"实有两层含义，即自然与人为合一，自然界与人类合一。

综上以观，先秦道家的"天人合一"论就是其道论，"合一"之"一"就是"道"，即"自然"。他们既看到了天、人同大，天、人不相胜的一面，同时又认识到了两者融合、共通的方面。"合"有动态的意思，"天人合一"就是双方彼此融合、协调的过程，也是个人精神境界不断提升的过程。先秦道家是从天人本原之"合"的观照中，看到了实际的"天人相分"，又从实际的"天人相分"中去求真际的"天人相合"。可以说，这种"天人合一"论是本原论过程论和理想境界论的三者统一。

（三）朴素唯物主义和朴素辩证法

从原始社会到奴隶社会的漫长年代里，虽然生产力发展缓慢，生产力水平极为低下，但是，人们的生产活动还是在不断地反复进行着；尽管人们对于自然界的认识有许多虚构的成分，也有不少错觉，然而由于人们终日在生产中同外界接触，并直接作用于自然界，因此，人们还是从反复比较和检验中不断深化和发展了自己的正确认识。而这些正确认识不仅对自然现象进行了概括，而且还在许多情况下将其附会到对于社会的认识中，这又孕育了朴素唯物主义自然观和朴素辩证法的产生和发展。当然，由于远古先民们"道法自然"的思想和对自然界及其自然力的神秘理解仍然居于支配地位，因而在一定程度上又使这种朴素唯物主义和朴素辩证法思想也披上了神秘主义的外衣。这既是中国古代哲学产生的重要原因，也是中国古代朴素唯物主义和朴素辩证法具有浓烈的神秘主义色彩的重要根源。这种朴素的唯物主义和朴素的辩证法思想，在商周之际最典型的代表就是《易经》和《洪范》中所阐述的思想。

1. 《易经》

（1）朴素唯物主义

《易经》的朴素唯物主义观念即"观物取象"的思想，其基本原理大致是：以八种具体物质形态作为宇宙万物的构成成分，即从多样性的物质世界中抽象并概括出世界的统一性。这八种具体物质分别为：天（乾卦，其卦象为☰）、地（坤卦，其卦象为☷）、风（巽卦，其卦象为☴）、雷（震卦，其卦象为☳）、水（坎卦，其卦象为☵）、火（离卦，其卦象为☲）、山（艮卦，其卦象为☶）、泽（兑卦，其卦象为☱）。《易经》认为，在这八种具体物质中，天和地是宇宙的总根源。天是父，地是母，天地配合而产生雷、水、山三个儿子，风、火、泽三个女儿。再由它们交互配合，演化出世界上的万事万物。十分清楚，这八种具体的物质形态都是人们在同自然界的斗争中经常遇到的，也是人们进行农业生产的必要条件。因此，《易经》所提出的这八种具体的物质形态显然是人们在长期的生产实践和同自然界打交道的基础上概括出来的，因而属于典型的原始朴素的唯物主义自然观。如果我们仅仅因为《易经》是一本占卜方面的书，就一口咬定它是纯粹的唯心主义，就不那么合适了。当然，我们也不否认，在远古时期，由于生产力水平极其低下，科学技术十分落后，人们在强大的自然力面前无能为力，因而不得不祈求神灵的保护，或者祈求神灵给自己以预示，再加上奴隶主阶级从自身的利益出发，也热衷于宣扬"上帝"的权威，并且还把自己的前途和命运，以及希望等等都寄托在神灵的保护上，才使得占卜之风盛行起来，以至于后世的人们也要借助这种方法预测吉凶，这除了它自身的某些原理能给予人们以某种"启发"以外，我们也不能否认它具有浓烈的唯心主义色彩。

（2）朴素的辩证法思想

与此同时，《易经》还从纷繁复杂的自然现象和社会现象中抽象出阴（其卦象为 ⚋）和阳（其卦象为 ⚊）这两个最基本的范畴，再进行神秘的逻辑推演，然后对某一特定对象做出结论，或者进行预测。显而易见，《易经》的这种方法不仅对自身的理论体系，而且对于后世的哲学和具体科学都具有深远的影响。在这里，阳代表积极、进取、刚强、阳性等特性，以及具有这些特性的事物；阴则代表消极、退守、柔弱、阴性等特性，以及具有这些特性的事物。在《易经》看来，世界就是这两种对立的物质势力（阴 －－ 和阳 ——）在其运动过程中不断变化和发展的结果。《易经》的这种朴素的辩证法思想主要包括如下三个方面。

第一，万物交感的观念，即事物对立统一的矛盾观念。这就是说，《易经》首先把纷繁复杂的自然现象和社会现象抽象为"阴"和"阳"这一既对立又统一的范畴，使万事万物都具有相反相成的性质，然后再以此说明现实世界和万千事物的复杂多样性。《易经》认为，阴和阳这一对矛盾既对立又统一。比如，在天和地的对立统一中，天是乾，具有阳性、男性、进取、刚强等等属性；地是坤，具有阴性、女性、退守、柔弱等等属性。天地交感而产生万物，男、女交感而繁衍后代，刚强与柔弱交感而产生人性，等等。根据《易经》的这一推论，世界上的一切事物都是相反而又相成、物极必反的。《易经》也据此推测人们同外部世界打交道时的吉凶祸福。所以，《易经》一直都是人们用于占卜的书籍，并以此流传到今天，仍有非常厚重的神秘主义色彩。比如，《泰卦第十一》（其卦象为 ䷊ 乾下坤上）说："《象》曰：泰：'小往大来，吉，亨。'则是天地交而万物通也；上下交而其志同也；内阳而外阴；内健而外顺；内君子而外小人。君子道长，小人道消也。"① 这就是说，由于泰卦本来就讲事物的发展总是遵循着由小到大、由弱到强的这一顺序，因而是吉利的，也是行得通的好卦。这一卦象表明，正是由于当事人能够遵循"天地交而万物通，上下交而其志同，内阳而外阴，内健而外顺，内君子而外小人"的为人办事规则，所以，当事人凡遇事都能够小心翼翼，遵循自然规律，并且能向外示弱，做事和为人也都比较低调，当然就会吉利、亨通。与此相反，否卦却是凶卦。据《否卦第十二》（䷋ 坤下乾上）说："否：否之匪人（为小人所隔阂），不利君子贞（不利于君子的问卜），大往小来。"② 这里，"否之匪人，不利君子贞，大往小来"。指的也就是"天地不交而万物不通也，上下不交而天下无邦也，内阴而外阳；内柔而外刚，内小人而外君子"，所以才会出现那种"小人道长，君子道消"的尴尬局面。《易经》中此类案例颇多，不胜枚举。

第二，发展变化的观念。变化发展的观念也是贯穿在《易经》中的一个基本思想。在《易经》看来，世界上没有一成不变的东西，也没有一成不变的事物的任何一个发展阶段。对此，《易经》对自己所反映的事物卦象的每一卦、每一爻

---

① 王光军，刘阳. 四库全书（精华1）[M]. 阿图什：克孜勒苏柯尔克孜文出版社；乌鲁木齐：新疆青少年出版社，2002.08.
② 黄波. 周易经传新解[M]. 北京：华龄出版社，2020.09.

都做出了一般原则性地说明。即使是事物的发展才刚刚开始,其变化的迹象还不明显,《易经》仍然能够做出自己的判断。《易经》认为,事物越是继续发展下去,其变化就越深刻、越剧烈。当事物发展到了它的最后阶段,即已超过了它最适宜发展的那个阶段("物极")时,它一定会出现相反的结果。因此,一切事物都一定会有自己的前途。但是,如果超过它自己的极限,就一定会向自己相反的方向转化,成为没有前途的东西。我们还是以"泰卦"为例。当它处在"中位"的时候,它当然是大吉大利的。《易经》说:"六五,帝乙归妹,以祉,元吉。"《象》曰:"以祉元吉,中以行愿也。"这就是说,六五,殷帝乙嫁女于周文王,因而得福,大吉大利。这是事物发展到中位的时候,因而如日中天,就如同人们行事已经得到中正之道,能够"所行必遂"那样。但是,如果到了"上六",情况就大不一样了。《易经》指出:"上六,城复于隍。勿用师,自邑告命。贞吝。《象》曰:城复于隍,其命乱也。"这就是说,城已经被攻破了,本来应该乘势攻击,才能取得最终胜利。但上面却命令停止进攻,给予敌人以喘息之机,这显然是不祥之兆。

第三,矛盾的转化与人的能动性相联系的观念。在《易经》看来,事物的变化和发展不仅会出现反复,而且矛盾的双方还可以相互转化。比如,今天我们经常使用的"否极泰来"这一成语的最初形态大致就出典于《易经》。《易经》是这样解释"否"与"泰"的关系的:"泰"并非只有得而无失,只是说"泰"是得大失小;"否"也不是只有失而无得,只是说"否"是失大得小。所以,"泰卦"是好卦,而"否卦"却是凶卦。在这里,人们从得与失的认识过程中,已经意识到就如同地势的"平"与"陂"一样,是可以反复转化的。如果处理得好,就可以是"先否而后泰",即由难转易,由危转安,此所谓"否极泰来";如果处理得不好,却可能是"先泰而后否",就会由顺利转化为困难,由安定转化为危亡,此所谓"泰极否来"。因此,《易经》要求人们要有居安思危,要有"治"不忘"乱"的思想准备。这里的所谓"处理得好"和"处理得不好"所表明的矛盾转化,显然都是同人们自己的主观能动性相联系的。也就是说,矛盾双方虽然可以互相转化,但是,转化的条件和结果都与人们的主观努力及其程度相联系。以《履卦第十》(䷉兑下乾上)为例。履:"履虎尾,不咥人,亨。"这就是说,如果穿着柔软的鞋,即使踩着虎尾,老虎也不会咬人,因而吉利。初九,则是以朴素、坦白的态度处世、做事,一般都没有灾害;九二,行道之人胸怀坦荡,隐居之人,常常逢吉兆。而到了"六三",情况就不太妙了,因为:"六三:眇能视,跛能履,履虎尾,咥人凶,武人为于大君。"这就是说,已经瞎了眼睛,却硬要去看东西,跛了脚却硬要去行走,这些都是勉为其难的事情,就如同踩着老虎的尾巴,虽然暂时还不一定就会伤到人,但终将会为虎所伤,因而是非常凶险的事情,犹如武人(军人)想要篡夺君位,这是非常危险的。因为,这是僭越犯上,以六三之命(势)而行九五之志,必遭祸殃。所以是大凶。

也正是由于《易经》已经看到了人事的成败与人的主观因素关系极大,因而提出了谦卦和豫卦等卦象来说明相关的原理。《易经》说,所谓"谦",就是态度谦虚而诚恳,既不傲名,也不居功,不以救世主自居。只要人们能保持这种"谦谦君子"的精神,就可以使自己虽然去"涉大川"也"无不利"。"豫"则是神态厌倦,意志骄盈,游乐无度,从早到晚难以振作。就如同"介于石,不终日",即使有坚如磐石的江山也无法自保。到头来,虽然也有"迟有悔",却已经"悔之晚矣"。周初的统治者之所以能够以"小邦周"取代了"大国殷",其历史经验和教训都可以引以为鉴。

2.《洪范》

《洪范》是《尚书》一书中的重要篇目。据《史记·周本纪》记载,《洪范》就是周武王问箕子"天道"的言论集。所谓"洪范",就是讲天地和人世间大道理的"大法"。在《洪范》中,箕子共讲了九种大法,故称为"洪范九畴"。其内容包括:初一是五行,次二是五事,次三是八政,次四是五祀,次五是君王的法则,次六是三德,次七是稽疑,次八是庶征,最后是五福。在这里,我们只讲其中的第一项"五行",其内容是"一曰水,二曰火,三曰木,四曰金,五曰土"。"水曰润下,火曰炎上,木曰曲直,金曰从革,土爰稼穑。润下作咸,炎上作苦,曲直作酸,从革作辛,稼穑作甘。"毫无疑问,《洪范》也和《易经》一样,把具体的物质形态作为构成世界万物不可缺少的元素,并对它们的特性及其构成进行探讨。显而易见,《洪范》朴素唯物主义哲学思想的萌芽形式已经具有相当的水平。因为,《洪范》不仅把客观存在着的物质看成真实的东西,并且注意到了人的味觉是在和外界不同物质的接触中得到的。这就是说,在商周之际,人们已经在生产实践和日常生活中逐步形成原始的唯物主义观点。特别值得一提的是,在"五行"中,已经有了"金"这个元素,即除了水、火、木、土四种自然物质以外,中国古代的先民们已把通过实践加工过的、在当时具有最高科技含量的物质"金"作为一种基本元素。这在世界各国的哲学领域中是绝无仅有的。虽在中国商周之际的"金"还只是铜和锡的合金。但这不仅表明我国远古时代先进的生产技术已得到相当的发展,而且还说明这些先进的生产技术已在思想领域先于其他国家得到反映。

"五行"中的"行"究竟表示什么?"行"在古文中作"╬"形,它象征着街衢、道路的"通行",表示道路通畅的意思。《洪范》说,周文王十三年,武王向箕子咨询治理国家之理。箕子回答说,我听说从前鲧治水由于采用堵塞之法治理水患,胡乱安排水、火、木、金、土这五种物质,结果天帝震怒,不给鲧九种大法。因此,鲧不仅没有治理好水患,甚至连治理国家的常理也被破坏了,鲧也因此被流放,后来不再有所作为。禹虽承父业,但是却采取了与父亲完全相反的疏通之法。所以,天帝把九种大法赐给了他,因此禹不仅治理了水患,治国常理也因此被固定下来。从武王和箕子的这一对话中,我们可以看到,在商周之际,随着生产实践的发展和人们日常生活的需要,人类已经开始意识到,事物的发展总是遵循着一定的法则或规律,如果违背这些法则和规律,事物就会向相反的方面转化。这种法则和规律就是箕子所说的"常理",即《洪范》中所说的"行"。也正是根据这种自然法则或自然规律,当时的人们对太阳运动的测定已经相当精确。其历法已经确定了春分、夏至、秋分和冬至四个节气。并且,人们对阴阳的认识已经达到一定的水平,最初也可能只是从地理位置,或者从自身进行的生产劳动中得到启示。因为,土地是面阳还是面阴,对农业生产有着直接的意义,昼夜、寒暑与人们的劳作直接相关。由此人们就逐渐地把这种极为平常的阴阳观念推广到其他领域,比如,人有男女、畜有雌雄、数有奇偶、体有左右,等等。这种早期的阴阳学说,也同样说明人类自身的活动不能违背自然法则或者自然规律。显而易见,这同《易经》中的人法地、地法天、天法自然(自然而然)的原则是相通的。

二、战国诸子百家的哲学思想

(一)战国时期儒家的哲学思想

战国儒家的代表人物主要有子思、孟子和荀子。入战国后,儒家分为八派,有子张之儒、子思之儒、颜氏之儒、孟氏之儒、孙氏之儒等，子思、孟子是战国前期的代表，荀子（即上述"孙氏之儒"，又称孙子）是战国后期的儒家代表。

1. 子思的中庸思想

子思是孔子的嫡孙，孔子弟子曾参的学生，现存《礼记》中的《中庸》一篇是子思的代表作。

子思的中庸思想是建立在天命思想的基础之上的。他说："至诚之道，可以前知。国家将兴，必有祯祥；国家将亡，必有妖孽，见乎蓍龟，动乎四体。祸福竟至，善必先知之，不善必先知之，故至诚如神。"[①]子思认为，人如果能达到"至诚"的精神境界，就可以通过卜筮了解天和鬼神的思想，这是汉代"天人合一"思想的前奏。

什么叫"至诚"呢？子思说："诚者，不勉而中，不思而得，从容中道，圣人也。"可见"诚"就是"中道"——中庸之道。中庸之道我们上面介绍过，不过子思的中庸之道比孔子更有发挥。子思说："君子中庸，小人反中庸。君子之中庸也，君子而时中；小人之反中庸也，小人而无忌惮也。"[②]在子思看来，中庸是贵族君子才会有的品德，小人是绝对不会有中庸思想的。这反映出子思思想唯心主义的本质，它完全是站在统治阶级的立场上来说话的。

2. 孟子的唯心主义思想体系

孟子（约公元前385—前304年），名轲，子思弟子的弟子，思孟学派的主要人物，代表着孔子儒学的嫡传。他一生以学习孔子学说为己任，曾游说齐宣王、梁惠王等，学说精粹都集中在《孟子》一书中。

孟子生活在宗法封建向地主封建转变的大变革时代。在政治上，他提倡行"仁政"，"省刑罚，薄税敛"，减轻对人民的剥削；在君民关系上，他提出了"民为贵，社稷次之，君为轻"的观点，主张做君主的一定要注意民心向背，求得人民的支持，不然，"水能载舟，亦能覆舟"，这在当时是一种进步的思想。不过，这也是一种幻想，不可能实现。因为孟子行"仁政"的目的是保护当时正在逐步没落的贵族宗法封建统治。他主张"行仁政必自经界始"，认为"经界不正，井地不钧（均），谷禄不平"——也就是说不按宗法封建制度行事，就扰乱了社会秩序，

---

① 郑师渠. 中国文化通史. 先秦卷[M]. 北京：北京师范大学出版社，2009. 07.
② 同上.

这和当时宗法封建向地主封建转变的大趋势是背道而驰的。在当时摧枯拉朽急风暴雨式的兼并统一战争中，急于用武力统一中国的诸侯们也不会接受这样的观点。再有他坚持"无君子莫治野人，无野人莫养君子""劳心者治人，劳力者治于人"，主张剥削永恒合理，跟他的"仁政"学说也水火不相容。

孟子"仁政"学说的理论基础是他抽象的天赋道德的"性善"论。孟子认为，人生下来就有一种最基本的共同的天赋本性——"不忍人之心""恻隐之心"即同情心。"恻隐之心，仁之端也；羞恶之心，义之端也；辞让之心，礼之端也；是非之心，智之端也""仁义礼智，非由外铄我也，我固有之也，弗思耳矣"。从这种"性善"论出发，他认为人要达到仁义礼智的道德标准，只要"反求诸己"即主观地反省自己保持其"浩然之气"即可。如果有了违背封建道德的思想和行为，闭门思过，把那些本身固有但被遗弃了的恻隐之心、羞恶之心、辞让之心、是非之心找回来，也就恢复了人的本性。孟子的这种"性善"论，完全是唯心主义的。虽然他表面上把"性善"说成是人人具有的普遍共同的人性，"人皆可以为舜尧"，但在内心深处、在实践中却认为仁义礼智这些善性只有君子才会有，小人是不具备也不会保存和恢复这些善性的。这就鲜明地表明了孟子学说不容怀疑的阶级烙印。

与"性善"说相一致，孟子还提出了生而有知的"良知良能"说。孟子认为，才能知识尤其是统治阶级的统治才能，不是后天获得的，而是先天就有的。正以为人一出生就有"良知良能"，所以他认为研究客观事物和学习知识都是次要的。如果要学习，首要的任务就是向内心探求，扩充或发挥原有的"良知良能"，"万物皆备于我矣，反身而诚，乐莫大焉"。和表面上把"性善"说成是人人具有的共同的人性但在内心深处、在实践中却认为仁义礼智只有君子才会有一样，孟子也认为，"良知良能"只有统治阶级的贵族才会有。他认为，人一生下来就有"先知先觉"和"后知后觉""君子"和"小人""劳心者"和"劳力者"之别。"先知先觉"的"劳心者"是"君子"，"后知后觉"的"劳力者"是"小人"。"无君子莫治野人，无野人莫养君子""劳心者治人，劳力者治于人。治于人者食人，治人者食于人"，并把这说成是"天下之通义"，可见孟子的"良知良能"说完全是为贵族阶级服务的，是为宗法封建制度服务的。几千年的封建统治把这些观点看成是维护它们剥削权利的铁券丹书，就是因为这些观点说出了他们的心里话，一点也不含糊。

孟子一生以学习孔子的学说为己任。他对古代的圣人十分推崇，但尤其崇拜孔子，认为孔子是圣人中的集大成者，生民所未有。孟子以孔子的继承人自居，对名家、农家、墨家的学说进行了猛烈的抨击。他常以王者师自居，说："夫天未欲平治天下也。如欲平治天下，当今之世，舍我其谁也！"[①] 然而，由于他的仁政学说理想多于实际，且有些迂腐，终究不被采纳。孟子的学说虽然当时不被采纳，但他的王政即仁政思想却给了后世思想家很多的启发。孟子的王政思想虽然理想化，但却有利于封建社会的长治久安，因为这种思想统治者可以接受，被统治者也可以接受，对调和阶级矛盾是一剂良药。

3. 荀子的唯物主义哲学思想

荀子，也称孙卿，战国后期赵国人，主要政治学术活动在公元前298—前238年之间。他曾在齐国稷下讲学，后来做过楚国的兰陵令，主要著作都收集在《荀子》一书中。

荀子生活在战国后期诸侯统一中国的时代，他的思想反映了地主阶级政治经济统一的要求，实际上是在理论上为建立统一的封建专制政权做先期准备。荀子在政治上提倡"隆礼""重法"。但他提倡的"礼"，已不是孔孟提倡的周礼，而是经过改造有了新的内容的封建等级制度。荀子认为，"礼"的作用就是使"贵贱有等，长幼有差，贫富轻重皆有称（恰当的位置）"，但荀子说的等级不是世卿世禄的宗法等级，而是根据新的封建生产关系建立的等级制，"虽王公士大夫之子孙也，不能属于礼义，则归之庶人。虽庶人之子孙也……能属于礼义，则归之于卿相士大夫。"[②] 荀子认为礼是法的根本原则，是法的基础，"礼者，法之大分，类之纲纪也"。他认为法是根据礼的原则来制定的，是为礼服务的。制定法是为了避免争夺，避免造成社会混乱。

荀子在历史的传承关系上比较注重现实。他反对像孟子那样言必称三代，盲目崇拜先王。他主张"法后王"，主张从社会现实出发，去考察过去的历史，"以近知远"。荀子主张统治者在物质生活上给人民以必要的宽松，因为他知道人民是有力量的，"君者，舟也；庶人者，水也。水则载舟，水则覆舟"，对老百姓压

---

① 陶新华译. 四书五经全译1[M]. 北京：线装书局，2016.08.

② 戴庞海. 东周列国智谋全书 上 [M]. 北京：中国人事出版社，1996.04.

榨过甚就会引起他们的反抗。荀子认为，"君臣父子兄弟夫妇"的等级关系"始则终，终则始，与天地同理，与万事同久"，永远循环往复，是万世不变的。他认为君子生下来就是统治人民的，"天地生君子，君子理天地。君者，天地之参也，万物之总也，民之父母也"；君和民的关系是如影随形的关系，"君者，仪也；民者，景也，仪正而景正。君者，盘也；民者，水也，盘圆而水圆"，因此人民只能按照统治阶级的要求去做而不可稍有违反。这都是为封建等级制度服务的理论。从这些理论看，荀子虽然是儒，但接近于法家和名家。这是他吸收诸家精华对思孟之儒进行改造的结果。

荀子"隆礼""重法"的政治主张，理论基础是他的"性恶"论。和孟子的"性善"论相反，荀子认为人生下来性是恶的，"今人之性，饥而欲饱，寒而欲暖，劳而欲休，此人之情性也"。因为他认为人生下来性就是恶的，所以他认为要建立社会的新秩序，就必须采取强制的手段，使各个阶层就范。"性恶"论也是一种抽象的人性论，不过它反对孟子的天赋道德论，提出道德规范礼仪制度是后天才有的，这具有一定的唯物主义因素。荀子也认为人性是超阶级的，"涂（途）之人可以为禹"。然而他又说"性恶"者只有圣人君子才能去掉，这就和孟子"性善"只有圣人君子才能保持的观点归于一途。这说明不管是"性善"还是"性恶"，它们都是统治阶级的道德标准。

荀子反对"天命"决定人事和"君权神授"的唯心主义观点。他说："天行有常，不为尧存，不为桀亡"——天有自己的运行规律，它不因为尧是圣贤就正常运行，也不因为桀是暴君就改变它的运行规律。尧时的日月星辰、春夏秋冬和桀的时候是一样的。尧和桀时的治乱不一样，完全决定于他们的治理措施不同，跟自然界的变化没有关系。

基于以上的认识，荀子对于自然界的一些现象，也作了唯物主义的说明。"星坠，木鸣，国人皆恐，曰：是何也？曰：无何也。是天地之变、阴阳之化、物之罕至者也。"[1] 荀子认为，陨星、木鸣这些少见的自然现象，觉得奇怪没什么不可以，但把它说成是上帝的警告，那就是错误的了。"上明而政平，则是虽并世起，无伤也；上暗而政险，则是虽无一至者，无益也。"[2]——如果政治清明，这些奇

---

[1] 刘周堂. 前期儒家文化研究[M]. 桂林：广西师范大学出版社，1998.03.
[2] 申笑梅，王凯旋. 诸子百家名言名典[M]. 沈阳：沈阳出版社，2004.03.

怪的现象再多，也没有什么伤害；如果政治昏暗，这些奇怪的现象即使一点没有，也没有什么益处。

荀子认为，所谓"天"，所谓"神"，其实都是自然界自身变化的规律。"列星随旋，日月递炤，四时代御，阴阳大化，风雨博施，万物各得其和以生，各得其养以成，不见其事而见其功，夫是之谓神。皆知其所以成，莫知其无形，夫是之谓天。"荀子认为，人只要按照自然变化的规律去行动，就能管理天地，支配万物。相反，则是大凶。

荀子提倡按自然规律办事，但也反对在自然规律面前无所作为，主张"制天命而用之"，发挥主观能动作用，控制和利用自然规律。"大天而思之，孰与物畜而制之？从天而颂之，孰与制天命而用之？望时而待之，孰与应时而使之？"①——把天看得很伟大，何如畜养万物来制裁它？顺天行事而颂扬它，何如掌握天命而运用它？期待着四时来往而坐待其成，何如根据四时的变化来利用它？这种朴素的"人定胜天"的唯物主义思想，在古代来说，是非常难能可贵的。他反对放弃主观努力而一心等待自然的恩赐，这是我国古代劳动人民和自然斗争经验的总结。

在精神和物质的关系上，荀子强调精神是依赖于物质的。他说："天职既立，天功既成，形具而神生，好恶喜怒哀乐藏焉，夫是之谓天情；耳目鼻口形能克有接而不相能也，夫是之谓天官；心居中虚，以治五官，夫是之谓天君。"②"形具而神生"，是说"神"（精神）是从"形"即人的形体中产生的。他认为人认识事物和掌握技能的能力只有与客观事物的接触才能学会。荀子反对"生而知之"，他认为人的认识首先是通过感觉器官与客观事物接触获得初步认识，最后经过心的思维作用，加以综合分类区别，才能辨别真伪。荀子认为要取得深入而正确的认识，必须反复研究被认识的对象；要克服一些成见的障蔽，必须勤于学习。"吾尝终日而思矣，不如须臾之所学也；吾尝跂而望矣，不如登高之博见也。"他非常重视知识经验"积"的作用，"积土成山，风雨兴焉；积水成渊，蛟龙生焉；积善成德，而神明自得，圣心备焉。故不积跬步，无以至千里；不积小流，无以成江海"，鼓励人们要"锲而不舍"，通过不间断地努力去达到认识事物的目的，

---

① 曹伯韩. 国学常识[M]. 天津：天津人民出版社，2020.04.
② 曲爱春. 孔孟荀的天人观及其生态伦理[M]. 长春：吉林大学出版社，2007.06.

这都是他治学的经验之谈。

与认识论相关联，荀子在逻辑思想上也有不少贡献。他主张"正名"，"分别制名以指实"，指出如果名实不副，人们的思想就不能明白地表达，事物也陷于困顿。他主张把同一性质、人们的感官反映相同的同类事物赋以共通的"名"。这个"名"要根据事物的"实"来规定，"同则同之，异则异之"。荀子主张"正名"的同时，对名家的"托为奇辞以乱正名"也进行了批判。指出名家的所谓"正名"，实际上是"用名以乱名"，"用实以乱名"，"用名以乱实"，是借"正名"之名行诡辩之实。

（二）战国时期墨家的哲学思想

1. 墨翟以"尚力"来"非命"的世界观

墨翟所处的年代，天神观念作为一种巨大的传统力量束缚着人们的头脑。墨翟生活在这种条件下，自然难以摆脱这种传统观念的束缚，因而在论证自己与此相反的唯物主义观点时，也不得不借助"天神观念"来说明问题。所以，墨翟的哲学思想虽然具有唯物主义倾向，但却又不乏唯心主义的色彩。

（1）以"尚力"来"非命"，否定了天神观念的权威

墨翟说："我之有天志，譬若轮人之有规，匠人之有矩，轮匠执其规矩，以度天下之方圜，曰：'中者是也，不中者非也。'"[1]这种以"天志"为普通工具的思想，与其说是在宣扬天神的观念，还不如说是对于天神观念的揭露和批判，并且将神化了的人间的力量还原为人间力量本身。他又说："世不渝而民不易，上变政而民改俗。存乎桀、纣而天下乱，存乎汤、武而天下治。天下之治也，汤、武之力也；天下之乱也，桀、纣之罪也。若以此观之，夫安危治乱存乎上之为政也，则夫岂可谓有命哉！故昔者禹、汤、文、武为政乎天下时，曰'必使饥者得食，寒者得衣，劳者得息，乱者得治'，遂得光誉令问（闻）于天下。夫岂可以为（其）命哉？故以为其力也。"[2]在墨翟看来，决定国家的安危，或治，或乱，或决定人们不同命运的原因，恰恰不是什么"命"，而是得其"力"。墨翟认为，现在有一些"贤良之人"，"上得其王公大人之赏，下得其万民之誉"，这也不是因为有什么好的"命运"的缘故，而是因为他们"得其力也"。在这里，墨翟虽然是借事说事，突

---

[1] 宋希仁等. 伦理学大辞典[M]. 长春：吉林人民出版社, 1989. 02.
[2] 中华文化讲堂注译. 墨子[M]. 北京：团结出版社, 2017. 06.

出了凡事都是依人而成，依人而乱。但是，这些思想至今却仍然光彩夺目。

（2）墨翟以"尚力"来"非命"的思想，也反映了从事生产劳动的贱民们的反抗精神

墨翟说："今人固与禽兽、麋鹿、蜚鸟、贞虫异者也，今之禽兽、麋鹿、蜚鸟、贞虫，因其羽毛以为衣裘，因其蹄蚤以为绔屦，因其水草以为饮食。故唯使雄不耕稼树艺，雌亦不纺绩织纴，衣食之财固已具矣。今人与此异者。赖其力者生，不赖其力者不生。"① 其意思就是说，人与其他动物之所以不同，就是其他动物以它身上的羽毛为衣服，用它脚上的蹄爪为鞋靴，尤其是用自然界的水草为饮料和食物。所以，在它们中间，雄者用不着去耕作，雌者也不必去纺织，而衣食却不成问题。人类则根本不同，从王公大人的听狱治政，到农夫的稼穑，社会各阶层的人们都必须尽力于本职工作而不敢怠倦，其根本的原因就在于，人们已经充分认识到"强必治，不强必乱；强必宁，不强必危""强必贵，不强必贱；强必荣，不强必辱""强必富，不强必贫；强必饱，不强必饥"。在这里，墨翟特别强调了"人力"的作用与"天命"相抗衡，并认为人之所以异于禽兽，就在于"赖其力者生，不赖其力者则不生"。实际上，这已经触及人的本质特征，因而十分难能可贵。

（3）对于"命定论"的社会根源和危害性，墨翟也进行了无情地揭露和批判

在墨翟看来，世界上就根本不存在"命"这种东西，只是因为"上世之穷民，贪于饮食，惰于从事，是以衣食之财不足，而饥寒冻馁之忧至"。② 其意思就是说，从老百姓的角度看，过去的情民对于自己的贫困与不幸，并不是从自身的方面去找原因，而是自欺欺人地将自己的处境简单地归之于"命"。而从统治者的方面看，墨翟认为："昔者三代之暴王，不缪其耳目之淫，不慎其心志之辟，外之驱骋田猎毕弋，内沉于酒乐，而不顾其国家百姓之政，繁为无用，暴逆百姓，使下不亲其上，是故国为虚厉，身在刑僇之中。"③ 墨翟还总结说："（命），昔者暴王作之，穷人述之，此皆疑众迟朴。"④ 这就是说，"命定论"本来就是那些残暴的统治者杜

---

① （战国）墨翟. 曹海英译注. 墨子 [M]. 哈尔滨：北方文艺出版社，2018. 02.
② 伍非百. 齐鲁文化研究文库 墨子大义述 [M]. 济南：山东文艺出版社，2018. 10.
③ 中华文化讲堂注译. 墨子 [M]. 北京：团结出版社，2017. 06.
④ 杨善民. 中国社会学说史 [M]. 济南：山东大学出版社，2014. 08.

撰出来，用以欺骗、迷惑广大老百姓的。所以，"命定论"本身就是一种"凶言"，亦即"暴王之道""先圣王之患"，因而也是一种"天下之厚害"。如果人们真的一切都要听从于这种"命"，都要盲目地去相信"命富则富，命穷则穷；命众则众，命寡则寡；命治则治，命乱则乱；命寿则寿，命夭则夭"，那么，"强力"就再也没有什么用处了。如果整个社会都如此认识世界和处理问题，人世间就一定会出现"为君则不义，为臣则不忠，为父则不慈，为子则不孝，为兄则不良，为弟则不悌"的混乱局面，进而导致"上不听治，下不从事"，"刑政乱""财用不足""入守则不固，出诛则不胜"的严重后果。所以，墨翟坚持认为，为了"兴天下之利、除天下之害"，必须坚决地批判并否定"命定论"。

（4）"天志""明鬼"的观念是墨翟思想的消极方面

第一，关于"天志"的含义。墨翟说："置天志以为仪法，若轮人之有规，匠人之有矩也，今轮人以规，匠人以矩，以此知方圆之别也。"[①] 这就是说，天下的王公大人、卿、大夫和士的言行、刑政，是善或不善，都必须以墨翟的"天志"为是非。在这里，墨翟的"天志"已成为衡量人们言行的规矩，即最高裁判者。在这里，他的唯物主义倾向的世界观也被自己的"天志"消融掉了。当然，墨翟的唯物主义世界观不可能超越他那个时代、他那个小生产者的阶级。他要反传统，却又不能不依赖于传统。他所需要的"天"，虽然已经被改造为下层劳动者的理想之"天"，但毕竟还是"天"，他还得用这个"天"说明问题。墨翟说："天之意，不可不顺也。"[②] "顺天意而得赏，反天意而得罚。""三代圣王禹、汤、文、武，此顺天意而得赏者；昔三代之暴王桀、纣、幽、厉，此反天意而得罚者也。"[③] 在这里，墨翟还是企图用神化了的墨家理想的"天志"去规范和限制天子的行为，并借以匡正天下。

第二，除了肯定"天志"之外，墨翟还主张"明鬼"。墨翟的"明鬼"就是从他自己的经验出发，证明鬼神的客观存在，故而叫"明鬼"。据此，墨翟还把"鬼神"分为"天鬼神""山鬼神"和"人死而为鬼者"三类，并且赋予各种"鬼神"以理想的性格。在墨翟看来，鬼神都是赏贤罚暴的，无论是"幽润广泽"，还是"山林深谷"，"鬼神之明必知之"；即使是非常残暴的"勇力强武，坚甲利兵，鬼

---

① 萧萐父，李锦全. 中国哲学史纲要[M]. 北京：外文出版社，2000.05.

② 孙卓彩. 墨学丛谈[M]. 济南：齐鲁书社，2019.07.

③ 肖肃编. 墨子 哲人智慧[M]. 北京：中国社会出版社，2004.01.

神之罚必胜之";并且,"鬼神之所赏,无小必赏之;鬼神之所罚,无大必罚之"。因此,墨翟认为,祭祀有很多好处,"上以交鬼之福;下以合欢聚众,取亲乎乡里"。这也同样是"兴天下之利,除天下之害"。如果以我们今天的立场看问题,虽然"上交鬼神之福"谈不上,但是"下以合欢聚众,取亲乎乡里"却正值其宜。

显而易见,无论是"天志"还是"明鬼",墨翟都是用以警示统治者要行善除恶。所以,劳动者的政治要求在这里也披上了宗教的外衣。在这里,墨翟一方面用"尚力"去"非命";另一方面又对统治者奈何不得而求助于"天志"与"鬼神",体现出其学说的进步性与落后性并存而相安无事的特征。

2. 墨翟经验主义的真理观

(1) 认识来源于"众之耳目之实"

人的知识来源于众人的感觉器官所感觉到的客观实际,这是墨翟认识论最基本的观点。他说:"天下之所以察知有与无之道者,必以众耳目之实,知有与亡为仪者也。请惑闻之见之,则必以为有,莫见莫闻,则必以为无。"① 就是说,判断有与无的标准必须是"众之耳目之实",即以"众之耳目"为依据。凡"众之耳目"感知到的就是"有"(存在),凡"众之耳目"没有感觉到的就是"无"(不存在)。在这里,墨翟始终坚持这样两个基本依据:一是感觉器官直接感知的("耳闻目睹");二是"众人"的感觉器官的耳闻目睹。因而既排除了先验论的局限性,又排除了个人主观的片面性,这种唯物主义的认识产生于那个时候的确了不起。

与此同时,墨翟还在上述认识的基础上,对孔丘"生而知之"的先验论进行了无情的揭露和批判。他认为,圣人的认识能力之所以高于一般人,其原因并不在于圣人"生而知之",而只是在于他们"能使人之耳目,助己视听"。对这一问题,孔丘讲的是"命",墨翟却根据众人的感觉进行判断。他说:"我所以知'命'之有与亡者,以众人之耳目之情,知有与亡。……自古以及今,生民以来者,亦尝(有)见'命'之物,闻'命'之声者乎?则未尝有也。"在这里,墨翟是用大众的直接经验去否定孔丘的命定论。墨翟认为,孔丘既讲"天命",却又叫人要"学而时习之",这本身就是自相矛盾的。他说:"教人学而执有命,是犹命人葆而去其冠也。"这就是说,孔丘既要教人读书,又要人们相信"命定论"。这就好像既

---

① 康明轩主编,山西孔子学术研究会编. 孔子思想研究文集2[M]. 太原:山西高校联合出版社,1991.02.

要某人把头包起来，又要这个人摘掉帽子那样自相矛盾，实在是荒唐可笑。在这里，墨翟已经在事实上把矛盾律引入逻辑推理中，对孔丘的自相矛盾进行了无情的批判。

墨翟"闻之见之，则必以为有；莫闻莫见，则必以为无"的论述，虽然具有非常明显的狭隘经验论的倾向，但是，墨翟已经充分意识到这一点。所以，他又提出了"谋而得知"的思想。只是"亲闻"和"亲见"还不行，即使再加上一番思考，也未必就能真正有所得（谋而不得），因为进行这样的思考，有时也会有"百思不得其解"的情况。如果在此基础上再进行从"已知"中发现"未知"的逻辑推理，就能够"谋而可得"。至此，墨翟的认识显然已经由感性阶段上升到理性阶段。

（2）"言必立仪"的三表法

人们的认识是否正确，必须有一个大家都认可的共同标准才能进行判断。墨翟说："（言）必立仪。言而无仪，譬犹运钧之上，而立朝夕者也，是非利害之辩，不可得而明知也，故言必有三表。"[①]这就是说，人们的认识如果没有统一的正确与否的判断标准，就会像在旋转的轮子上观测日影的东西方位一样没有定准，而在没有任何定准的条件下要辨别是非得失显然是不可能的。这就是说，要判断人的认识是否正确，必须首先"立仪"。否则，以其昏昏，如何能够使人昭昭？

对于如何"立仪"墨翟提出了"三表法"。他说："有本之者，有原之者，有用之者。于何本之？上本之于古者圣王之事。于何原之？下原察百姓耳目之实。于何用之？废（发）以为刑政，观其中国家百姓人民之利。此所谓言有三表者也。"[②]显而易见，墨翟提出的所谓"三表法"已经说得十分明白。第一表是"本之者"。这里的"本之者"，也就是"事"，即要以历史记载中"圣人"成功的经验为依据。因为"圣人以治天下为事者也。必知乱之所自起，焉（乃）能治之；不知乱之所自起，则不能治"。可见墨翟所讲的"事"实际上就是讲历史经验，就是要求以历史经验作为检验认识是否正确的准则。第二表是"原之者"。这里的"原之者"，也就是"实"，这就是要以现在的民众的直接经验为依据。墨翟认为，古代圣王之所以知道得多。换言之，圣王如果不"以众之耳目助己之视听"，

[①] 温公颐. 中国古代逻辑史 上[M]. 天津：南开大学出版社，2019.07.
[②] 陈德军. 墨子[M]. 陕西师范大学出版总社，2017.03.

他就不能成其为圣王。第三表是"用之者"。这里的"用之者",就是"利",即"观国家百姓人民之利"。这就是主张认识是否正确,要将已有的认识应用于实际,看其是否能给"国家、百姓、人民"带来实际的好处。墨翟以实际行为及其效果作为判断认识正确与否的标准。第一,强调"事""实""利"三表对检验认识的决定作用。由于这是在人类认识史上第一次提出完整的真理标准,所以它无论有多大的局限性,都显得难能可贵。第二,以间接经验(圣王之事)、直接经验(众耳目之实)和实际效果(国家、百姓、人民之利)为标准。这既排除了先验论,又排除了个人主观上的成见,属于唯物主义经验论的真理观,因而具有划时代的意义。

当然,墨翟的"三表法"在逻辑上并不严密。因为,墨翟提出的"三表"都是以经验作为立论根据的。其提出真理性的认识必须以历史经验和现实经验为借鉴,这虽然是正确的,但是,经验毕竟也是一种认识,如果把经验作为检验认识的依据,就等于说认识的标准是认识,因而是不科学的。至于墨翟把"古者圣王之事"和"百姓耳目之实"作为标准,也同样是以经验为标准的,按今天的说法,不过是依葫芦画瓢,这是既不科学也不可靠的。

3.墨子的"兼爱""非攻"思想

(1)墨子的"兼爱"论

①墨子"不相爱"的冲突逻辑

春秋战国时期,周失其鹿,天下共逐之,华夏体系进入了诸侯混战的冲突状态。诸侯之间展开了残酷的灭国战争,导致大量小国被吞并,国家的数量由春秋初期的140多个降到春秋中期的几十个。战国时期大国之间的战争更为惨烈,公元前405年,魏赵韩三国同齐国爆发廪丘之战中,齐国主将战死,阵亡的三万齐军的尸体被筑成两座小山。公元前260年,秦赵在长平展开决战,赵军45万人被围,断粮46天,士兵互相残杀,以人肉为食,赵括组织突围失败,赵军投降,除释放240个年幼的战俘外,其余全部被杀。秦军亦伤亡惨重,共计损失三十万人。频繁的战争不但造成了重大人员伤亡,并且给无辜的黎民百姓带来了巨大的生命和财产损失。《吕氏春秋》曾经感慨道:"当今之世浊甚矣,黔首之苦不可以加矣"。《战国策·秦策四》曾记载了人民饱受战争摧残的惨状:"刳腹折颐,首身分离,暴骨草泽,头颅僵仆,相望于境;父子老弱系虏,相随于路。"正是目睹了这一幕幕战争惨剧，出身底层而心怀天下的墨子开始了对天下冲突产生的根源的思考。

墨子认为，圣人治理乱世，就像医生治病一样，治乱必须找到混乱的原因，治病必须找到生病的原因，找不到原因，则圣人无法治乱，医生无法治病。在墨子看来，天下的混乱皆起源于"不相爱"。自私自利的儿子会损害父亲以自利，自私自利的弟弟会损害哥哥以自利，自私自利的臣子会损害君主以自利，反之亦是如此。父子、兄弟、君臣皆不相爱，损害别人的利益以自利，家庭焉能不乱？国家焉能不乱？同样大夫之间相互斗争、诸侯之间相互攻伐，也是由于"不相爱"。

墨子关于冲突根源的思考及其答案具有两大特点：首先，墨子的思路逻辑性很强，墨子首先提出为什么要发现冲突产生的原因，治乱就像医生看病一样，要想对症下药，首先得找对病根，要想消除冲突，首先要找到冲突的原因；然后墨子论述了冲突产生的根本原因在于"不相爱"，所以才会损人利己，无恶不作，小到偷盗抢劫，大到国家之间相互攻伐；最后墨子提出了解决办法，就是"兼爱"。从"为什么"到"是什么"，再到"怎么办"，墨子有一套完整的逻辑。其次，墨子对冲突根源的思考及其答案具有普遍性，父子之间、兄弟之间、君臣之间、大夫之间乃至国家之间，如果"不相爱"，都会损人利己，陷入冲突。墨子的冲突逻辑不仅仅适用于国家之间的关系，而且适用于人类社会的各种关系。

②墨子"兼爱"的治乱之道

在找到天下混乱冲突的根源——"不相爱"之后，墨子提出了兴利除害的解决办法——"兼爱"，即视人如己、爱人如己。如果国与国、家与家、人与人之间能够做到视人如己、爱人如己，那样国家之间就不会相互攻伐，家与家之间就不相互篡夺，人与人之间就不相互伤害，君臣关系、父子关系、兄弟关系也会和谐。如此一来，天下太平、世界和谐的理想就可以实现。

墨子的"兼爱"思想有四种主要的特性：平等性、相互性、仁善性以及自上而下的建构性。墨子"兼爱"思想的第一个特性就是它的平等性，也就是墨子所倡导的"兼"，所谓"兼"就是"为彼犹为己也"，26 就是一视同仁，平等对待，不搞双重标准。墨子认为之所以会有恃强凌弱的情况，都是因为"别"，所谓"别"就是区别对待，搞双重标准，把自己的利益凌驾于别人的利益之上，甚至侵犯别人的利益以增加自己的利益。"别"意味着自己的重要性高于别人，这体现出一种不平等的思维,就像美国总统特朗普鼓吹的"美国优先"一样,正是因为特朗普区别对待本国和别国,认为本国利益高于别国利益,所以才会实行贸易保护政策,甚至发动贸易战。"兼"意味着平等地看待自己与别人,对待别人就像对待自己一样,如果各国看待别国就像看待本国一样,怎么还会有相互攻伐的情况出现呢?

其二,"兼爱"具有相互性。"兼相爱、交相利"的目的就是为了构建一种互爱互利的关系,这种关系是相互的。中国自古以来就提倡投桃报李,礼尚往来,在中国爆发新冠肺炎疫情的时候,很多国家都对中国伸出援手,当其他国家疫情恶化之后,中国也以同样的方式施以援手,这便是"兼爱"。

其三,"兼爱"具有仁善性。人性中固然有善也有恶,然而对于两者必须要有一个基本的价值判断,中华民族的传统文化历来是倡导惩恶扬善的,除了墨子的"兼爱"思想,孟子也说:"仁者爱人",仁善体现在人的行为中,就是做爱人、利人的事情,正如雷锋精神一样。

其四,"兼爱"具有自上而下的建构性。墨子的"兼爱"思想旨在通过改造人的思想和认识,进而改变人的行为方式和互动模式,最终改造人类社会的关系,创造出一个和谐世界。人的行为方式和互动模式是由人的思想和认识建构的,正是因为人与人之间"交相别""交相恶",才导致了人与人之间相互伤害、冲突不断,国与国之间相互攻伐;如果通过改造人的思想和认识,用"兼"取代"别",用"兼相爱"取代"交相恶",那么人与人之间就可以和睦相处,国与国之间就可以和平共处。在这一点上,墨子"兼爱"思想和建构主义相似,温特也认为人的行为是由观念建构的,不同的是建构主义是自下而上的构建,而"兼爱"则是自上而下的构建。墨子强调君主意志对臣属和人民行为选择的塑造作用,通过列举晋文公、楚王、越王好等案例,论证了只要国君喜欢,即使臣子不喜欢,也会改变想法,改变行为方式,即使这样会牺牲生命。同理,假如君主偏好"兼爱",那么官员们肯定会把"兼爱"付诸行动。

"兼爱"是墨子消除冲突、弥合分歧的工具,墨子认为如果人与人之间以平等互利的方式互动,一定可以实现天下太平。墨子和墨家奋斗的目标就是建设一个"兼相爱、交相利"的美好世界,为了达到这个目标,墨子和墨家弟子无私奉献、不畏牺牲、摩顶放踵。

(2) 墨子的"非攻"论

①墨子的"非攻"逻辑

"非攻"就是反对侵略战争,既然倡导"兼爱",就必然要反对侵略战争。墨子认为,在春秋战国时期诸侯混战的时代,不仅强权国家时常发动战争侵略他国,而且天下的知识分子也经常附和封建君主的侵略思想,不但不反对侵略行径,反而美化侵略,将侵略战争描绘成符合道义的伟大事业,而这种美化侵略的文化反过来又纵容甚至刺激封建君主发动更多的侵略战争,因此必须否定侵略战争,塑造一种反对侵略的新文化,这正是墨子"非攻"思想的由来。

墨子从"义"和"利"两个方面阐述了他的"非攻"逻辑。首先,墨子认为"攻"是不义的。如果一个人偷了别人的桃李,一定会受到别人的批评,被抓到后一定会受到处罚,因为损害了别人的利益。如果有人偷了别人的鸡、狗、猪等禽畜,那么他给别人带来的损失就更大了,他所犯的罪就比偷桃李更重了。给别人带来的损失越大,就越不义,罪过就越大,这是天下的君子都懂的道理。天下最大的不义就是侵略别人的国家,因为侵略战争给别国造成的损失是最大的,但是却没有人反对,甚至有人为侵略战争歌功颂德。偷桃李、偷禽畜给别人带来的损失比较小,人人都知道这是不义的;侵略别的国家给别国带来的损失是最大的,却没人认为是不义的,这反映出了天下人对"义"和"不义"认识的混乱。正如墨子所说:"少见黑曰黑,多见黑曰白。"① 墨子的逻辑实际上是将个人道德扩展到了国家间的层面,是对侵略战争强有力的批判,也是对美化侵略战争的论调的彻底否定。

另外,墨子认为"攻"是不利的。首先,农业是战国时期一个国家的经济命脉,战争严重影响了农业生产,使百姓缺衣少食,甚至冻饿而死。墨子认为,春天发动战争耽误农民播种,秋天则耽误收获,一旦耽误,就会有大批百姓饥寒冻馁而死。国以民为本,民以食为天,为了发动战争而耽误农时,使人民陷于饥寒交迫的危险之中,就是舍本逐末,违背天命。其次战争耗费巨大,往往使国家国库空虚,损失大量兵器、车辆和牲畜,给人民带来沉重的经济负担。第三,战争带来巨大的人员伤亡,而人口正是一个国家最宝贵的财富。第四,墨子认为战国时期"人不足而地有余",因此对于一个国家来说,最重要的是人民,而不是土地,牺

---

① 墨翟.墨子[M].方勇译注.北京:中华书局,2011:154.

牲本来就不足的人民，来换取有余的土地，是一件很不符合国家利益的事情。正是因为以上弊端，所以墨子认为发动战争是不利的。

墨子不但从单个国家的角度论证发动战争是不利的，并且还以整体的视角，利用统计学的方法进行分析发动战争的不利。墨子指出，一些好战的人用楚国、越国、齐国和晋国的例子反驳他的观点，因为这几个国家刚建国时都很小，经过长期的兼并战争，成了大国、强国，所以就认为发动战争是有利的。墨子用统计方法进行了反驳，墨子认为，古代天子分封了大批诸侯，由于兼并的缘故，许多诸侯国被灭，只有楚、越、齐、晋成为大国。对此四国来说，扩张战争确实带来了利益，但同时其他绝大多数国家都在扩张战争中灭亡了，因此从整体上来说，"攻"是不利的。

综上所述，由于"攻"既违反道义，又不符合国家利益，因此必须反对"攻"。需要指出的是，"攻"指的是不义的侵略战争，而不是所有战争，对于有道伐无道的正义战争和反击侵略的自卫战争，墨子是支持的，因此不能将"非攻"等同于单纯的和平主义。

②墨子的"非攻"之道

侵略战争是天下最大的危害，侵略者往往是最残暴和最顽固的，生活在战火不断的战国时代的墨子自然明白，仅仅从理论上证明侵略战争是不义且不利的，是不足以阻止侵略战争的，必须要有切实可行的反侵略手段，才可以有效反对侵略战争。墨子"非攻"学说主要包括三种反侵略的措施：防御性军事科技和战略战术、集体安全机制及谈判斡旋。

墨子非常重视发展军事，只不过墨子所重视的军事侧重于防御而不是进攻，精研防御战术、发明先进防御武器是墨家一大特色。《墨子》一书中共有十一章从十几个方面详细论述了弱小国家积极防御的问题，包括如何构建防御工事、设置防御机关、防御云梯、防御水攻、防御挖掘隧道、防御"蚁傅"攻城、使用旗语、以及人员配备和军法等战略战术问题，并且记载了大量先进的武器和设施，如悬门、内弩、转射机、藉车、蒺藜投、钩钜、飞冲、爵穴、水甬、连弩之车、突门、毒气等。墨子的防御理论在中国军事史上占有重要的地位，《孙子兵法》是一套完整的以进攻为核心的军事理论体系，《墨子》则是一套先进的积极防御作战理论体系，两者相得益彰互相补充。

墨子认为弱小的国家在强大的侵略者面前，单凭自己的力量打败对手是很困难的，并且会受到巨大的损失，因此墨子主张建立集体安全机制，以集体的力量挫败侵略。墨子说："大国之攻小国也，则同救之。"[①] 如果兴正义之师，团结众多爱好和平的国家，救弱国于危难之中，必定战无不胜，这是为天下谋利益的大事。可见，墨子早在两千多年前的战国时代就提出了集体安全机制构想。墨子不但是集体安全机制的倡导者，更是集体安全机制的实践者，墨子创建的墨家是一个非政府军事组织，以"兼爱非攻"为指导思想，以先进的军事技术为手段，以帮助弱小国家抵御侵略为己任，赴汤蹈火，死不旋踵，这种舍生取义的崇高精神是中华传统历史文化中一笔宝贵的财富。

《孙子兵法》中说："百战百胜，非善之善者也；不战而屈人之兵，善之善者也。"战争付出巨大代价的，如果不用打仗就能达到目的，那就最好了。在帮助弱小国家抵御侵略的问题上，墨子不但重视军事手段，而且同样重视谈判斡旋等非军事手段，《墨子·公输》就记载了墨子止楚攻宋的事迹。墨子首先用高超的辩论技巧迫使公输盘和楚王承认楚国攻打宋国是不义且不利的，然而楚王还是认为攻宋是可以成功的，于是墨子和公输盘进行了一场兵棋推演，证明了攻宋是打不赢的。公输盘黔驴技穷之后威胁杀掉墨子，墨子告诉楚王，他已经派他的弟子们去保护宋城了，就算杀掉他，也不能成功。最终，迫使楚王放弃了攻宋。墨子通过谈判斡旋的手段，将一场战争消弭于无形之中，可谓善之善者也。

总而言之，墨子不仅从理论上证明了侵略战争是不义且不利的，而且还重视发展防御性的军事技术，主张建立集体安全机制，一方面建议弱小国家通过加强自身军事力量遏制大国的侵略冲动，另一方面鼓励国家之间通过互助、救守挫败侵略，既重视内部力量，又重视外部力量。墨子不但重视军事手段的作用，也重视谈判斡旋等非军事手段的作用。可以说，墨子的"非攻"之道是"内外兼修、刚柔并济"。

（三）战国时期法家的哲学思想

战国法家的代表人物，前期主要是在各国推动变法的李悝、吴起、商鞅、申不害等，事迹多见于变法实践，思想方面的材料流传较少。法家学说的集大成者

---

① 墨翟. 墨子 [M]. 方勇译注. 北京：中华书局，2011：177.

是战国末年的韩非，他的著作《韩非子》不仅总结了法家的政治学说，在中国哲学史上也有重大贡献。

先秦法家不太讲师承关系，他们的许多代表人物实际上是从传习儒、道而又融合其他诸家学说起家的。荀子就是韩非子的老师；宋钘、尹文学派和彭蒙、田骈、慎到学派本来是道家，却发生了向法家的靠拢，这些都说明了它们之间的融合和批判关系。

1. 战国前期法家的变法实践

李悝，战国初期魏国人。魏文侯时为相，在魏国推行变法，他变法的主要内容：奖励耕战，"尽地力之教"，实行授田制；"食有劳而禄有功"，打破世卿世禄，起用提拔有能力的人才；著作《法经》，规定各种法律制度。相传秦汉时还沿用其中的一些条文。

吴起，战国初期卫国人。他曾和李悝一起在魏国变法，晚年到楚国帮助楚悼王进行改革。吴起在楚的变法主要是废除世卿世禄，"不别亲疏，不殊贵贱，一断于法"，限令"封君之子孙三世而收爵禄""罢无能，废无用，损不急之官"，把国家增加的收入用于养兵，因此受到宗法贵族的坚决反对，被害而死。

商鞅，姓公孙，战国中期卫国人。秦孝公时他在秦推行变法。变法的主要措施：开阡陌封疆，实行授田制，由国家直接征收赋税；废除世卿世禄，奖励军功；重农抑商，发展农业生产；建立君主集权制度；统一度量衡。商鞅是法家"法"的主要创始人，他主张治国以法为标准，"治不听君，民不从官"，一切以法为尺度。

申不害，战国中期韩国人，韩昭侯时为相，在韩国推行变法。申不害的学说侧重于"术"，主张君主"因任以授官，循名以责实，操生杀之柄，课群臣之能"，是法家"术"的主要创始人。

2. 韩非子的唯物主义无神论思想

韩非子（约公元前280—前233年），韩国贵族，与李斯都是荀子的学生。韩非子著有《五蠹》《孤愤》《显学》等著作。据说秦始皇（当时还称秦王）看了韩非子的著作，大为赞赏，慨叹说："寡人得见此人与之游，死不恨矣。"秦王政十四年，他为韩出使秦国，秦王政想重用他，却因为李斯嫉妒进谗言，下狱自杀。韩非子的著作大都收在《韩非子》中。

韩非子的学说是法家思想的集大成，他把早期法家提出的"法""术""势"

结合起来，形成系统的法治思想，使法家学说日臻完善。韩非子认为，"法"是公开的成文的法典，"术"是秘密的统治方术，前者越普及越好，后者必须秘不示人，不能一样对待。"法者，编著之图籍，设之于官府，而布之于百姓者也；术者，藏之于胸中，以偶众端，而潜御群臣者也。故法莫如显，而术不欲见。"他赞成慎到的"势"，说法治优于人治，"夫尧舜生而在上位，虽有十桀纣不能乱者，则势治也；桀纣亦生而在上位，虽有十尧舜不能治者，则势乱也"①。他认为能够掌握政权是治乱的首要条件，只要政权巩固，才能平庸的"中主"也能通过法治平治国家。

在关于"人性"的看法上，韩非子同意荀子的"性恶"论，他认为人生下来就有自私自利的"自为心"，因此人和人之间的社会关系就是一种交易行为。他认为"法"是最能调动每一个社会成员"自为心"的好办法，也是唯一的富国之道，"夫耕之用力也劳，而民为之者，曰可以得富也；战之为事也危，而民为之者，曰可以得贵也。……故明主之国无书简之文，以法为教；无先王之语，以吏为师；无私剑之悍，以斩首为勇……"②这对打破当时宗法贵族的等级制度、奖励耕战是一个理论上的推动。

在对待历史的态度上，韩非子认为社会历史是进化的，古代的"圣人"虽然有功于当时，但他们的政策并不能用于现在。他批判了一味尊崇"先王"的复古思想，认为那些主张用古代帝王的办法来治理当今社会的人，就像守株待兔一样可笑。最可行的办法，就是"不期修古，不法常可，论世之事，因为之备"——不因循古代，不认为有一种永远可行的法则，要根据当今时代的实际情况采取相应的治理措施。

在世界观上，韩非子接受了荀子的不少观点，并对《老子》的一些观点进行改造，形成了自己富于唯物主义因素的思想体系。

和荀子相同，韩非子也认为"天"是指自然，并不具有什么意志。他继承了荀子"天行有常，不为尧存，不为桀亡"的观点，说"若天若地，孰疏孰亲""非天时，虽十尧不能冬生一穗"——天地不会对人有亲有疏，如果不是天时，即使有十个尧，也不能让冬天生出一颗穗来。他认为社会和自然都没有任何神秘的力

---

① 袁北星. 战国韬略[M]. 武汉：长江文艺出版社，1999.06.
② 郑师渠总主编；王冠英分卷主编. 中国文化通史1 先秦卷[M]. 北京：中共中央党校出版社，2000.01.

量，社会的治乱主要靠人的努力和法令措施的得当，而自然界的治理，则要顺着自然界本身的规律因势利导，动静都合乎事物的性质。

根据这些思想，韩非子对《老子》的神秘主义的"道"进行了一定的改造。他认为"道"并不是什么精神主宰，也不带有什么神秘的色彩，而是自然界万事万物的本来面目，是自然界或治理社会的总的规律。他说："道者，万物之所然也，万理之所稽（合）也，理者成物之文也；道者万物之所以成也，故曰：道，理之者也。"① 在这里，韩非子又提出了"理"的概念。他认为万物都有它的"理"即规律，而"道"则是万物之"理"的总汇和综合。他还说，不同的事物由于"理"的不同而可以区别成方圆、短长、粗细、坚脆等特点，掌握了不同事物的"理"，进而就可以认识"道"。韩非子认为，"夫缘道理以从事者，无不能成"——遵循事物的规律去做事，没有不成功的。因此，他反对不按照事物的规律而只是以主观臆测办事。这都富于唯物主义的思想特点。

韩非子在认识论上也继承了荀子的朴素唯物主义并有所发展。韩非子认为，人要得到知识，必须接触客观事物，遵循事物的规律。他反对离开客观事物而冥思苦想的唯心主义的认识论，认为必须考察认识、言论是否与客观事物相符合，才能确定是非；必须比较各种言论、判断，才能确定哪些言论、判断正确。他主张集合各种说法，以天、地、物、人四方面的实际情况加以比较、参验来判断某一认识是否正确，并特别注重以实际功效来检验认识是否可行。韩非子强调人类的认识必须以实际功用为目的，不然，讲得再明白，说得再好听，也像胡乱射箭一样没有什么用处。韩非子主张对各种学说的评判、取舍也应以是否切合社会实际情况和功用为标准，他强调必须舍弃无用之辩、"微妙之言"和"恍惚之辞"，这实际上也是为了清除宗法贵族动辄称举"先王"、侈谈"仁义"的言论制造舆论准备。

韩非子把新旧学说的对立提高到逻辑学上的矛盾律来认识，在一定程度上看到对立事物转化的条件，也是对古代哲学思想的贡献。韩非子第一次在哲学意义上用"以子之矛陷子之盾"的故事来说明"矛盾"的含义。他认为事物超过适当的量就会走向反面，"譬诸水，溺者多饮之即死，渴者适饮之则生"，"人有祸则心畏恐，心畏恐则行端直，行端直则思虑熟，思虑熟则得事理。行端直则无祸害，

---

① 常生禾. 道学新探[M]. 北京：华龄出版社，2019.03.

无祸害则尽天年。得事理则必成功,尽天年则全而寿。必成功则富与贵。全寿富贵之谓福,而福本于有祸。故曰'祸兮福之所倚'""人有福则富贵至,富贵至则衣食美,衣食美则骄心生,骄心生则行邪僻而动弃理,行邪僻则身死夭,动弃理则无成功。夫内有死夭之难,而外无成功之名者,大祸也,而祸本生于有福。故曰'福兮祸之所伏'"①。这些认识虽然是直观的、朴素的,但它在发展古代朴素的辩证法思想上,都有不能忽视的意义。

(四)战国时期杨朱的哲学思想

杨朱的人生哲学只是一种极端的"为我主义"。杨朱在哲学史上占一个重要的位置,正因为他敢提出这个"为我"的观念,又能使这个观念有哲学的根据。他说:"有生之最灵者,人也。人者,爪牙不足以供守卫,肌肤不足以自捍御,趋走不足以逃利害,无毛羽以御寒暑,必将资物以为养,性任智而不恃力。故智之所贵,存我为贵;力之所贱,侵物为贱。"②

这是为我主义的根本观念。一切有生命之物,都有一个"存我的天性"。植物动物都同具此性,不单是人所独有。一切生物的进化,形体的变化,机能的发达,都由于生物要自己保存自己,故不得不变化,以求适合于所居的境地。人类智识发达,群众的观念也更发达,故能于"存我"观念之外,另有"存群"的观念;不但要保存自己,还要保存家族、社会、国家;能保存得家族、社会、国家,方才可使自己的生存格外稳固。后来成了习惯,社会往往极力提倡爱群主义,使个人崇拜团体的尊严,终身替团体尽力,从此遂把"存我"的观念看作不道德的观念。试看社会提倡"殉夫""殉君""殉社稷"等风俗,推尊为道德的行为,便可见存我主义所以不见容的原因了。其实存我观念本是生物天然的趋向,本身并无什么不道德。杨朱即用这个观念作为他的"为我主义"的根据。他又恐怕人把存我观念看作损人利己的意思,故刚说:"智之所贵,存我为贵。"忙接着说:"力之所贱,侵物为贱。"他又说:"古之人损一毫利天下不与也,悉天下奉一身不取也。人人不损一毫,人人不利天下,天下治矣。"③

杨朱的为我主义,并不是损人利己。他一面贵"存我",一面又贱"侵物";

---

① 陈剑译注. 老子译注[M]. 上海:上海古籍出版社,2016.01.
② 胡适. 大师讲堂学术经典. 胡适讲哲学史[M]. 北京:团结出版社,2019.01.
③ 同②.

一面说"损一毫利天下不与也",一面又说"悉天下奉一身不取也"。他只要"人人不损一毫,人人不利天下"。这是杨朱的根本学说。

(五)战国时期道家的哲学思想

庄子(约公元前369年—约公元前286年),名周,战国时期宋国蒙人。战国中期思想家、哲学家、文学家,道家学派代表人物,与老子并称"老庄"。庄子思想中一个重要组成部分,就是相对论认识。在认识论方面,庄周仍然以"自本自根"的天道自然观为基础,提出了具有神秘主义色彩的"体道论"。在庄周看来,既然事物之间并没有区别和界限,那么,如果人们只是去认识具体的事物,当然也就只能获得"小知"。人们只有在认识了事物本原的"道"之后,才能获得"真知"。

1. 认识领域也同样没有认识的是非标准

他说:"莛与楹,厉与西施,恢恑憰怪,道通为一。其分也,成也;其成也,毁也。凡物无成与毁,复通为一。"[1]也就是说,细小的草茎与建造房屋的粗大原木,丑人与美女,宽厚与狡诈等,从"道"的观点看都是一样的。还有分与成、成与毁之类的事物,也没有任何质的差别。庄周举例说:"民湿寝则腰疾偏死,鳅然乎哉?木处则惴栗恂惧,猨猴然乎哉?三者孰之正处?民食刍豢,麋鹿食荐,蝍且甘带,鸱鸦耆鼠,四者孰知正味?猨猵狙以为雌,麋与鹿交,鳅与鱼游,毛嫱丽姬,人之所美也,鱼见之深入,鸟见之高飞,麋鹿见之决骤。四者孰之天下之正色哉?自我观之,仁义之端,是非之塗,樊然淆乱,吾恶能知其辩。"[2]其意思说,人睡在潮湿的地方,腰部就会患病,甚至酿成半身不遂的严重后果,泥鳅也会这样吗?人住在高高的树上会心惊胆战而惶恐不安,猿猴也会这样吗?人、泥鳅、猿猴三者究竟谁最懂居处的好坏标准呢?人以牲畜的肉为食物,麋鹿食草芥,蜈蚣嗜吃小蛇,猫头鹰和乌鸦爱吃鼠,人和麋鹿、蜈蚣、猫头鹰与乌鸦究竟谁懂得真正的美味?猿猴把猵狙当作配偶,麋则喜欢与鹿交配,鳅却与鱼交尾。毛嫱和丽姬都是人们称道的美人,但是鱼儿见了她们要深潜水底,鸟儿见了她们要飞向高空,麋鹿见了她们也要飞快地逃走。人、鱼、鸟和麋鹿四者究竟谁最懂得天下的美女?依我看来,仁与义的端绪、是与非的途径、美与丑的不同,都十分复杂和

---

[1] 鲍思陶译注. 庄子译注[M]. 济南:齐鲁书社,2004.01.
[2] 张秀荣. 地学哲学价值研究[M]. 北京:知识产权出版社,2019.06.

错乱，我怎么能够知晓它们之间的分别呢？至此，庄周已经把相对主义的认识论发挥到淋漓尽致的地步，并从此出发而引致绝对的怀疑论和不可知论。

与此同时，庄周在用相对主义反对独断论、用"齐是非"论证无是无非的时候，还非常认真地分析了产生是非的原因。他论述说："夫随其成心而师之，谁独且无师乎？奚必知代而心自取者有之？愚者与有焉。未成乎心而有是非，是今日适越而昔者至也，是以无有为有。无有为有，虽有神禹且不能知，吾独且奈何哉！"① 这就是说，追随业已形成的偏执己见，并把它当作老师，那么谁会没有老师呢？为什么必须通晓事物的更替，并从自己的精神世界里找到资证的人才有老师呢？愚昧的人跟他们一样也会有老师的。还没有在思想上形成定见就有了是非的观念，这就像今天才去越国而昨天就已到达那里那样，这显然是把没有当作有。没有就是没有，即使圣明的大禹，尚且不知道其中的奥妙，我又有什么办法呢！在这里，庄周显然是为了说明是非完全是由人们的主观愿望造成的。庄周以反对"独断论"为出发点，也包含着克服主观片面性之意，这当然是对的。然而他把这一合理因素推向极端，并由此取消一切是非就不可取了。根据这一道理，庄周还分析了形成偏执己见（"成心"），亦即产生"成心"的根源。他指出："井蛙不可以语于海者，拘于虚也；夏虫不可以语于冰者，笃于时也；曲士不可以语于道者，束于教也。"② 这里所说的"曲士"，就是那些坚持主观片面性的人，即已形成偏执己见的人，就是有"成心"的人。庄周认为，"曲士"之所以不可语于道者，就在于他们同井蛙、夏虫一样，受到空间（虚）和时间（时）条件的限制，还要加上所受教育的束缚，因而在认识上产生"蔽于一曲"的片面性。在庄周看来，要克服这种"偏执己见"所造成的错误，就只有在认识"大道"的基础上把握全面的真理，才能打破"一曲之蔽"。

2. 从相对主义出发，对人的认识能力持怀疑态度

庄周认为，世界是不可知的。人只要认识到这一点，也就到尽头了。人生如梦，人的认识也同样如此。他说："予恶乎知夫死者不悔其始之蕲生乎？梦饮酒者，旦而哭泣；梦哭泣者，旦而田猎。方其梦也，不知其梦。梦之中又占其梦焉，觉而后知其梦也。且有大觉，而后知此其大梦也，而愚者自以为觉，窃窃然知之。"③

---

① 郎擎霄. 庄子哲学 [M]. 北京：北京理工大学出版社，2020.05.
② 申笑梅，王凯旋主编. 诸子百家名言名典 [M]. 沈阳：沈阳出版社，2004.03.
③ 郑开. 庄子哲学讲记 [M]. 南宁：广西人民出版社，2016.06.

这就是说，我怎么知道那些死去的人不会后悔自己当初的求生呢？睡梦里饮酒的人，天亮醒来很可能还痛哭饮泣；睡梦中痛哭饮泣的人，天亮醒来后也很有可能去逐围打猎。当他在做梦时，他并不知道自己是在梦中。睡梦中可能还会卜问梦之吉凶，醒来后方知是在做梦。人也只有在最清醒的时候，才知道自己眼前的景况也不过是一场梦。愚昧的人却自以为很清醒，好像什么都知晓，什么都明了似的。庄周还叙述了自己梦为蝴蝶之事，他说："昔者庄周梦为胡蝶，栩栩然胡蝶也，自喻适志与！不知周也。俄然觉，则蘧蘧然周也。不知周之梦为胡蝶与？胡蝶之梦为周与？周与胡蝶，则必有分矣。此之谓物化。"①这就是说，过去庄周曾梦见自己变成蝴蝶，一只欣然自得地飞舞着的鳞蝶，它感到自己是多么的愉快而惬意啊！它并不知道自己原本是庄周。突然间醒过来，在惊惶不定之后，方知原来自己是庄周。不知道这是庄周在梦中变成了蝴蝶呢，还是蝴蝶梦见自己变成了庄周？庄周与蝴蝶必定是有区别的，这就叫作物我的交融与变化。庄周在此以"人生如梦"来比喻，说明人的认识值得怀疑。由此出发，庄周主张放弃认识活动，认为没有必要以有限的生命追求无限的知识。他说："君乎、牧乎，固哉！丘也与女，皆梦也；予谓女梦，亦梦也。是其言也，其名为吊诡。万世之后，而一遇大圣，知其解者，是旦暮遇之也。"②这就是说，君尊、牧卑，这种看法实在是太浅薄鄙陋，孔丘和你都是在做梦，我说你们在做梦，其实我也是在做梦。上面讲的这番话也属于梦话，它的名字可以叫作奇特和怪异。万世之后假如一朝遇上一位大圣人，能悟出上述这番话的道理，这恐怕也是偶尔遇上的，并且也算是一种早遇了。

与此同时，庄周还对逻辑思维能否把握"道"提出质疑。老子曾经提出过"道常无名"，并据此认为一般的名或者概念不足以表达"道"。庄周发挥了这一思想，并从多方面对名或者概念能否把握"道"提出了种种责难：第一，抽象的名或者概念不能把握具体事物。他说："道未始有封，言未始有常。"③这就是说，道是不能被分割的，但是，人们如果给予它概念或者语言，那都是在进行了抽象之后，把事物分割开来的把握；而事物一经分割，就有了界限，也就不再是整体了。所以，抽象的概念无法把握"道"。在这里，庄周显然是偷换了概念，因为，具体的事物本来就是由"道"产生出来的，它只是"道"的某种具体表现，而不是"道"

---

① 陈永注解. 庄子素解 [M]. 广州：中山大学出版社，2017.12.
② 郑开. 庄子哲学讲记 [M]. 南宁：广西人民出版社，2016.06.
③ 谢清果. 庄子的传播思想 [M]. 北京：九州出版社，2019.12.

本身，因而无所谓分割。第二，概念或者语言都是静止的，因而难以表达变化运动之"道"。他说："夫言非吹也，言者有言；其所言者特未定也。""夫之有待而后当，其所待者特未定也。"① 其意思是说，言之名或者概念与吹风是不同的，言之名或者概念必定有对象，这就是有"所待"。人的认识（言）只有与对象符合才是正确的，但是对象是不确定的，由于它们瞬息万变，因而是不可能把握的。所以，用静止的名或者概念来表达变动的事物是根本不可能的。这一论述虽然也同样有其合理因素，但却夸大了静止的相对性，并把运动和静止的关系绝对化地对立起来了。第三，有限的概念不能表达无限的事物。庄周还说："夫精粗者，期于有形者也。无形者，数之所不能分也；不可围者，数之所不能穷也。可以言论者，物之粗也；可以意致者，物之精也。言之所不能论，意之所不能察致者，不期精粗焉。"② 这就是说，所谓精细与粗大，仅限于有形的东西，至于那些没有形体的事物，当然是不能用计算数量的办法来加以剖析的；不可限定范围的东西，更不可以用数量来进行精确计算的。可以用语言来谈论的东西，只是事物粗浅的外在表象；可以用心意来思考的东西，才是事物的内在实质。也就是说，用语言来表达事物，都只能是粗略的，只有用思想才能精确地表达事物的本质。在这里，有形即可围，属于有限，无形即不可围，则属于无限。有限之名或者概念，可以用粗略的语言来表达，而无限之名或者概念则不能分解，也不能用数量来穷尽。因此，有限不能把握无限，如果一定要用有限的生命去追求无限的知识，那只能是"迷乱而不能自得"。他说："吾生也有涯，而知也无涯，以有涯随无涯，殆已！已而为知者，殆而已矣！"③ 所以，庄周虽然已经看到有限与无限的矛盾，这当然是非常难能可贵的，然而，他还是夸大了认识的相对性，把有限与无限的对立绝对化，进而陷入不可知论中。

3. 不能仅仅把庄周的认识论简单地归结于怀疑论和不可知论

当然，仅仅把庄周的认识论归结于绝对怀疑论和不可知论也是站不住脚的，因为，绝对的怀疑论和不可知论并非庄周认识论的全部内容。庄周否认的仅仅是人们通过对于世界万物的认识所获得的所谓"小知"的那一部分，而对于"道"的把握，即对于所谓"真知"的认识，还是得到庄周肯定的。

---

① 王邦雄. 庄子的现代解读[M]. 北京联合出版公司，2020. 05.
② 同上.
③ 刘枫. 庄子的教育智慧 中国古代教育智慧[M]. 北京：中国商业出版社，2018. 08.

事物的彼此两个方面都没有包括与之对立的那一个方面，这就是大道的枢纽。只要抓住了大道的这一个枢纽，就抓住了事物的要害即居于一个环的中心，也就可以应付无休止的是非之辩，又能顺应事物无穷无尽的变化。所以，古代圣人都总是调和是非与彼此，并听任其自然发展，从而达到天然的均衡境界。在这里，庄周特别强调只有消灭彼此的对立，才能掌握"道"的枢纽而获得真知，也只有获得了真知，才能居于"天钧"即自然界发展的中心，以应付无穷的事变。

如何才能获得"真知"呢？在庄周看来，要想真正获得"真知"，就必须捐弃感觉器官对于外部世界的感知，而注重心神的修养，"以神遇而不以目视"。因为，感觉器官只能感觉到有形、貌、声、色之"物"，而"道"却是无形的，并不具有形、貌、声、色等具体的规定性，因而无法依赖感觉器官去感知。如果一定要认识"道"，那么就必须"遗其耳目"（《大宗师》），让精神独立活动才能把握。这种精神的独立活动，又必须按照"静""一""恬淡""和""粹""心斋""坐忘"的要求才能完成。在这里，所谓的"静"，就是静养；"一"就是专一；"恬淡"就是无喜怒哀乐；"和"就是无矛盾冲突；"粹"就是"纯而不杂"；而所谓"心斋"，却是不要用耳听而用心去领悟，不要用心去领悟而用凝寂虚无的意境去感应！耳的功用仅仅在于聆听，心的功用仅仅在于与外界事物交合。凝寂虚无的心境才能虚弱柔顺而应待宇宙万物。因为，只有"大道"才可以形成凝寂虚无的心境。而虚无空明的心境就叫作"心斋"。所以，这种方法要求人们必须做到心中"无知无欲"，进而达到"虚壹而静"的状态。庄周认为，也只有在这种状态下，人的精气才能够集中起来，这就是"唯道集虚"。也就是说，只有去掉了人的思虑和欲望，才能达到"唯道集虚"之"心斋"。而"坐忘"则是指"堕肢体，黜聪明，离形去知，同于大通"。也就是说，所谓"坐忘"，就是不要运用强健的身体，并且退除灵敏的听觉和清晰的视力，脱离自己的身体并抛弃智慧，从而与大道相通，并浑然为一体。这就要求人们要彻底忘记客观世界，忘记自己的肉体，忘记一切认识活动，才能真正做到"其形如槁木，其心如死灰，忘形去知，无人之情"。在庄周看来，也唯有如此，才能在精神上获得绝对的自由。因为，在这种完全独立的精神活动即所谓的精神修养中，人的感觉器官的感知活动被排除了，思维活动也停止了，人们已经完全进到了"目无所见，耳无所闻，心无所知"的完全下意识状态，即达到所谓精神修养的最高境界，才能够真正把握"道"，并与"道"

融合为一体,这就叫作"体道",从而获得"真知"。由此可见,庄周通过所谓"体道"获得的"真知",不过是一种具有神秘色彩的直觉,它同老子的蒙昧主义相比,有过之而无不及。毫无疑问,庄周从唯心主义的思辨出发,达到神秘而不可测的直觉的学说,不过是哲学认识论的大倒退。

第三章　先秦时期文学的发展

文学史的研究，首先是对具体作家、作品的解读，而具体作家、作品的生成乃是其所处的整体文化环境的产物。时代的流迁、当时文化环境的变异，造成了我们认识古代作家、作品的隔阂。对此隔阂的突破，让文献留存下来的作家、作品还回到其所生成的文化背景之中，求取一个近真的样态，这是文学史研究的一个最基本的工作，非如此，则不足以正确认识文学史。只有建立在这样的基础上去对作家、作品作以判断、定位以及史的意义的阐述，其论断才会有说服力。可以说，对作家、作品的认识越是切近当时的文化背景，该研究成果就越可信、质量也便越有保证。本章分别从先秦文学起源的两大因素、先秦文学概述、先秦文学发展的历史阶段、先秦文学作品几个方面对先秦时期文学的发展进行了深入分析。

第一节　先秦文学起源的两大因素

文学者，不凭虚起。推原其故，则人生不堪内外之压迫实使之。何谓内？天赋情感是也。何谓外？生活环境是也。斯二者，内外相应，消息相通，非截然两事也。本此二义，则文学起源之故可得言焉。

一、情感之冲动

人类所以异于他动物者，以其有七情也；有情斯有感，有感斯有应，应而后有声，有声而后有言，而后有文辞。故《乐记》曰："凡音之起，由人心生也；人心之动，物使之然也。感于物而动，故形于声；声相应，故生变；变成方，谓之音。"此音乐起源论也，亦即文学之起源论也。《诗大序》云："诗者，志之所之也。

在心为志,发言为诗。情动于中,而形于言。言之不足,故嗟叹之;嗟叹之不足,故永歌之;永歌之不足,不知手之舞之足之蹈之也。"此诗歌起源论也,亦即舞蹈起源论也。诗也,乐也,舞也,分流而同源,异辙而同归者也。盖感而为声,咏而为诗,动而为舞,节而为乐,而莫不由于情感之冲动,特其进展之程序微有异耳。古者诗必入乐,乐必有舞,三者相连,未尝或间,殆以此也。刘彦和曰:"人禀七情,应物斯感。感物吟志,莫非自然。"(《文心雕龙·明诗》篇)又曰:"春秋代序,阴阳惨舒,物色之动,心亦摇焉。是以献岁发春,悦豫之情畅;滔滔孟夏,郁陶之心凝;天高气清,阴沉之志远;霰雪无垠,矜肃之虑深。岁有其物,物有其容;情以物迁,辞以情发。——一叶或且迎意,虫声有足引心。况清风与明月同夜,白日与春林共朝哉?"(《物色》篇)此以四时物候之感人者言也。锺记室亦曰:"气之动物,物之感人,故摇荡性情,形诸舞咏。"又曰:"春风春鸟,秋月秋蝉,夏云暑雨,冬月祁寒,斯四候之感诸诗者也。嘉会寄诗以亲,离群托诗以怨。至楚臣去境,汉妾辞宫,或骨横朔野,魂逐飞蓬;或负戈外戍,杀气雄边。塞客衣单;孀闺泪尽。又士有解佩出朝,一去忘返;女有扬蛾入宠,再盼倾国:凡斯种种,感荡心灵,非陈诗何以展其义?非长歌何以骋其情?故曰:'诗可以群,可以怨。'使穷贱易安,幽居靡闷,莫尚于诗矣。"(《诗品》)此兼以物候与境遇之感人者言也。是故朱子《诗集传序》云:"人生而静,天之性也;感于物而动,性之欲也。夫既有欲矣,则不能无思;既有思矣,则不能无言;既有言矣,则言之所不能尽,而发于咨嗟咏叹之余者,必有自然之音响节族而不能已焉。——此诗之所以作也。"综览众说,情感实文学之源泉,诗歌又文学之先导,不亦彰明较著也哉?

二、生活之压迫

太古之世,草木榛榛,鹿豕狉狉。人类与万物纷然杂处,以生以长,以繁殖其子孙,迄于今不知几何年矣。虽然,其原始生活之状况则可推而知也。姑就其衣食居住三事言之:

《诗·大雅·绵》之篇云:"民之初生,陶复陶穴,未有家室。"

《易·系辞传》云:"上古穴居而野处。"

《淮南子·氾论训》云:"古者民泽处复穴,冬日则不胜霜雪雾露,夏日则不胜暑蛰蚊蛇。"

《庄子·盗跖》篇又云："古者民不知衣服，夏多积薪，冬则炀之；故命之曰'知生之民'。"《春秋历命序》云："古初之民，卉服蔽体。辰放氏作，乃教民揉木茹皮，以御风霜；绚发冒首，以去灵雨。命之曰'衣皮之民'。"——此上古衣服之大概也。

《礼记·礼运》云："昔者未有火化，食草木之实，鸟兽之肉，饮其血，茹其毛。后圣有作，然后修火之利。"（按《山海经·大荒东经》亦言中容国之人食木实，困民国之人食鸟。又《大荒南经》言张弘国、驩头国之人食鱼。）《韩非子·五蠹》篇又云："上古之世，民食果蓏蚌蛤，腥臊恶臭，而伤害肠胃，民多疾病。有圣人作，钻燧取火，以化腥臊；而民说之，使王天下，号之曰燧人氏。"《淮南子·惰务训》亦云："古者茹草饮水，采树木之实，食蠃蚌之肉，多疾病毒伤之害。"——此上古饮食之大概也。

由上观之，则初民之于生计也实至简陋。此征诸今日未开化之民族而益信。故《礼记·王制》云："东方曰夷。被发文身，有不火食者矣。南方曰蛮。雕题交趾，有不火食者矣。西方曰戎。被发衣皮，有不粒食者矣。北方曰狄。衣羽毛穴居，有不粒食者矣。"此我族文明进步早于他族之证也。大抵生民之始，莫不感于生活之压迫而思创造。此生活之压迫力与生活之创造力时时冲突，互相控制，至今日犹然。盖人类之生活，永无满足之时，欲求满足，亦绝不可能之事。然而此必不可免之缺陷又无时不思有以填补之；生活之压力愈高，创造之力亦愈强；创造之欲望愈发达，生活之缺陷亦愈多。此人类演进中无限之连锁，始卒若环，永无休止者也。当其缺陷之不克填满时，精神顿起苦闷，情感骤受戟刺，则文学创造之动机起焉。

第二节　先秦文学概述

文学是表达人性内涵、探求人生意义的语言艺术。一部中国文学史就如同一条源远流长的精神生命之河。如果把这条河流的源头追溯到一滴露水，那就像把南美洲一只蝴蝶所造成的空气振动看作是佛罗里达飓风的直接起源一样荒诞。不过，古代中国人确实常用露水来比喻人生，实际上，人生更像一株植物，而露水则如同人生意识。植物在大气中收集露水，人生与世界交接产生意识。露水滋润植物，意识照亮人生。露水日出则晞，很难汇聚成为水池、河流，意识也多随成随散，很少发表成为文章。然而，中国文学史上的大作名文又莫不是由这样的意识露水凝聚而成。正是这滴滴露水不断汇聚，才抵御了天空的蒸发，大地的收藏，最终形成了滔滔滚滚的中国文学长河。

从上古到秦统一之前，中国文学经历了漫长的发展时期，形成了自己的独特面貌，也可以说开始具有了河流的气象。并且，这种源头活水一直是中国文学长河中最富有生命力的。

一、先秦文学概念的内涵

中国文学是一种人学，古老的文学概念与人有密切联系，人身外在的装饰可称为文，人内在的道德品质可称为文，表达想象力和情感的语言是文，创造的符号典籍也是文。人的丰富性造就了文学的丰富性。经过二十世纪最初二三十年的讨论，"文学"的答案，就这样在西方文艺思潮涌入之际，经过一度小小的混乱，渐趋明朗了。但这种明朗是有代价的，中国文学史的作者们把立场从中国古人那里撤出来，悄悄挪到了近代西方的文学理念这一边。这种挪移曾经被看作是完全的成功，就如同我们曾经把现代化或者西化看作是唯一正确的选择一样。伴随着后现代解构风潮兴起和中国传统文化在当代的复兴趋势，重新讨论"文学"这一概念，揭示其在中国文化中原有的含义，又成为一项新的课题。这一次新的讨论，应该能够使那些曾经被牺牲掉的可能性重新展示出它们的魅力吧！

（一）文饰的文学

甲骨文的"文"字像一个胸部有纹身的正立人形，交错的纹饰是文的典型特征。《易·系辞》云："物相杂，故曰文。"由此引申出来的文学含义就是外显的、修饰的。相对于内在的德行而言，文学是一种外在的修饰；相对于日常交际语言而言，文学是一种修饰过的语言。刘师培从文辞修饰角度认为文学始于孔子《文言》。其《论文杂记》云："中国三代之时，以文物为文，以华靡为文，而礼乐法制，威仪文辞，亦莫不称为文章。推之以典籍为文，以文字为文，以言辞为文。其以文为文章之文者，则始于孔子作《文言》。盖'文'训为'饰'，乃英华发外，秩然有章之谓也。故道之发现于外者为文，事之条理秩然者为文，而言词之有缘饰者，亦莫不称之为文。"①

钱基博虽不以为《文言》为文章之始，但其《中国文学史》认为《文言》做到了言文合一，有32处用韵字，有对偶句、排比句，甚至接连八句排比，用韵比偶，创通了中国文章发展的正确方向。

（二）文字的文学

章太炎认为文学与文字关系密切，有文字始有文学，其《国故论衡·文学总略》云："文学者，以有文字著于竹帛，故谓之文。论其法式，谓之文学。"②虽然在他的时代殷墟甲骨文已经发现，但他不相信，其《国学讲演录·小学略说》云：

至如今人哗传之龟甲文字，器无征信，语多矫诬。皇古占卜，著龟而外，不见其他。《淮南子》云："牛蹄彘颅，亦骨也，而世弗灼；必问吉凶于龟者，以其历岁久矣。"可见古人稽疑，灵龟而外，不事骨卜。今乃兽骨龟厌，纷然杂陈，稽之典籍，何足信赖？

故章太炎持文自周始说，其《国学讲演录·文学略说》云：

论历代文学，当自周始。孔子曰："郁郁乎文哉，吾从周。"周初之文，厥维经典，不能论其优劣。春秋而后，始有优劣可言。春秋时文体未备，综其所作，记事、叙言多而单篇论说少。七国时文体完具，但无碑版一体。钟鼎虽与碑版相近，然其文不可索解。

郑振铎也将三坟五典八索九丘这些虚无缥缈的邃古之书一挥而去，并认为尧典、禹贡等也不是尧、禹时代的真实的著作，只有甲骨文、钟鼎文才是最可靠的，他的《插图本中国文学史》以西晋以前为古代文学时期，将这个时期我们先民的文学活动分为四个阶段，第一个阶段是殷商到春秋时代，伟大的著作只有一部《诗经》。第二个阶段是战国时代，散文有诸子散文、历史散文，韵文作家有屈原、宋玉。第三个阶段从秦的统一到东汉末，辞赋创作为代表。第四个阶段从建安到西晋末，抒情的五言诗兴盛。谭丕模编《中国文学史纲》也根据甲骨文学与《易经》卦爻辞的存在理直气壮地说："中国文学史从殷商起。"

---

① 刘琅. 精读刘师培 [M]. 厦门：鹭江出版社，2007.08.
② 陈平原编校. 中国现代学术经典. 章太炎卷 [M]. 石家庄：河北教育出版社，1996.08.

(三) 文献的文学

中国传统的文学概念意为掌握了文献典籍的人。《论语·先进》记孔门四科之"文学：子游、子夏"。子游、子夏就是文章博学的人。《论语·季氏》言杞宋"文献不足"，郑玄以为文献指"文章贤才"。就文学的文献意义而言，传统认定五经为文学之源。其中，《尚书·尧典》代表了最早的文学。刘永济说："盖唐虞以前，河图洛书，既事邻神怪；坟典邱索，又迹近渺茫。……此所以不得不断自唐虞也。"[①]《尧典》并非尧舜时代写定的文学作品，开篇的"粤若稽古"已经表明是后人的追记了。不过，《尧典》中所记观象授时的内容反复得到现代天文学计算、甲骨文四方风名记载、陶寺遗址古天文台发掘等成果的印证，说明它渊源有自，应该是春秋时代人根据历代相传的口碑文献写定的。因此，通过《尧典》去想象尧舜时代的文学活动也可算是有根有据。

(四) 神话的文学

今天我们所用的文学概念并不是从传统文化中生长出来的，而是借用了日本对英语翻译的成果，把表达人类想象力和情感的语言称为文学。鲁迅《门外文谈》说："用那么艰深的文字写出来的古语摘要，我们先前也叫'文'，现在新派一点的叫'文学'，这不是从'文学子游子夏'上割下来的，是从日本输入，他们的对于英文 literature 的译名。"[②] 为了与西方文学起源于神话的观念相契合，我们把中国的文学史也推到远古神话时代。鲁迅在《中国小说史略》第二篇《神话与传说》中说："神话不特为宗教之萌芽，美术所由起，且实为文章之渊源。"近世的文学史著作也大都有一章古代神话放在诗文之前，以示东西文学的起源是暗相契合。不过，希腊神话以荷马史诗为主要载体，而中国神话散存于四部，主要是史部与诸子。袁珂将神话材料的收集扩大到屈原《天问》等诗人的作品，《墨子》《庄子》《韩非子》《吕氏春秋》《淮南子》等哲学家的著作以及《山海经》等巫师的巫书。[③] 不过，中国的神话材料太零碎，记录也很晚，很难单独撑起文学史开篇的一大章。

综合上述四种说法，把握先秦文学概念应该做到这样几点。

---

① 刘永济. 十四朝文学要略 [M]. 北京：中华书局，2007. 10.
② 鲁迅. 鲁迅全集（第6卷）[M]. 北京：人民文学出版社，1973. 12.
③ 袁珂. 古神话选释 [M]. 北京联合出版公司，2017. 06.

第一，将远古神话扩展成为先秦口传文学研究。中国神话材料少，记录神话的著作都比较晚近，只有把这些材料放到先秦口传文学的大范围里，才能说清楚神话在中国文学中的重要地位。赵逵夫先生指出："上古神话、原始歌谣及《尚书·尧典》中反映的一些内容，不能认为完全是后人的向壁虚造。女娲补天的神话反映了母系氏族社会中妇女的主导地位，后羿射日的神话反映了弓箭发明后人类进入父系氏族社会，男子在生产与安全上的作用。黄帝擒蚩尤、炎黄争战的神话反映了氏族社会末期部落、部落联盟间的战争与融合，是从文明曙光出现到进入文明时代这个思想激荡、斗争叠起的英雄时代的反映。"[①] 这些神话故事情节简单，表现出来的意识形态也不完全一致，有的甚至相互冲突，但是，这些神话是塑造中华民族个性的元素，只有到这些神话中才能找到我们民族精神的源头。虽然这些零碎的中国神话记录称不上是完美的文学作品，但后来的无数文学杰作是从这里吸取养分、充实精神的。

第二，重视文学文本。由于书写材料不便和流传中散佚严重，先秦文学文本尤为难得。在确定先秦文学的研究对象时，我们不能自画圈牢，将某些材料驱逐出文学的大门。譬如甲骨卜辞、金文策命文书等，都应该看作是宝贵的先秦文学资料，文学语言研究、文学文体研究、文学功能研究等都需要利用这些材料来重新展开。当然，我们不能盲目相信所有先秦文学文本都是原样保存至今，要清楚地辨别文本中存在的错简、误字衍字缺字以及后人修改、增广、合编、重编等情况，文本辨伪或者古籍时代考是研究先秦文学的首要功夫。随着长沙马王堆汉墓、临沂银雀山汉墓、定县八角廊汉墓、阜阳双古堆汉墓、云梦睡虎地秦墓、荆州郭店楚墓等包含大量简帛文物墓葬的发掘和上海博物馆对战国楚竹书的回收，先秦文学文献的资料大幅度增加，充分利用出土文献来重新勾画先秦文学文献面貌的时机已经成熟。

第三，揭示先秦文字之美、文学之美。《上海博物馆藏战国楚竹书》六《用曰》："人亡（无）文，言以为章。"人身没有虎豹一样带有花纹的皮毛，但人有语言，语言是人的天赋，美丽的语言能够揭示宇宙万象的本质，彰显人的内心世界。故《周易·革卦》把那些创造了语言革命的大人看作虎变，而响应这种语言革命的君

---

① 赵逵夫. 拭目重观，气象壮阔：论先秦文学研究 [J]. 福建师范大学学报：哲学社会科学版，2003，（第4期）：1-7.

子就是豹变。先秦时代处于一个语言文字的创制时期，先秦文学就是中华民族探索宇宙、社会、人心奥秘，开辟民族前进道路的语言成果。创造这些文学语言的有文采炳蔚的大人君子，更主要的是集体歌唱的人民群众。语言有能指与所指之别，文学有内容与形式之分。从内容方面看先秦文学之美只是宇宙生命、社会生命、个体生命之美的外显。先秦神话是人的感性意识的张扬，表现人对于宇宙生命节奏的神秘感受和把握；儒家六经是人的道德情感的展示，理顺社会人伦关系成为重估一切价值的准则；战国诸子则提供了政治智慧、人生智慧的大礼包，影响到后世中国人对自我的理性定位和对实现自身价值的追求。从形式方面看，先秦文学之美在于它的语言富有生命力，诗歌语言的节奏和韵律展示出一种召唤世界的力量，散文语言也具有"言有序"的组织美、意有象的修辞美等。

二、先秦文学的社会功用

（一）教化功能

作为先秦韵体文的《诗经》篇章，《周南·关雎》本为男女悦求之诗却被"教化性"阐释者解为颂"后妃之德"，并作为"风诗之始"，宣扬此类风诗可以"风天下而正夫妇也，故用之乡人焉，用之邦国焉"（《诗经·关雎序》）；《小雅·鹿鸣》本是宴饮之歌却也被强调出"忠臣嘉宾""得尽其心"的政治意蕴（《诗经·鹿鸣序》）；《大雅·文王》述文王史迹却被解为"受（天）命作周"（《诗经·文王序》）；《周颂·清庙》本为祭祀乐章也被解为歌颂文王之德（《诗经·清庙序》）。此"四始"之下各部分诗篇，大率作此般解说，从而将《诗经》阐释为"经夫妇，成孝敬，厚人伦，美教化，移风俗"（《诗经·关雎序》）的教化工具。

作为先秦韵体文、散体文兼具的《周易》原系筮书，《左传》《国语》载时人援用或解说时多重其筮占，但孔子一派的用《易》解《易》却与此不同，今《周易》之《文言》《系辞上》《系辞下》三篇中载有30处"子曰"云云的解说，其大多就爻辞本身阐释义理，很少讲象数筮占（仅有两条，均见《乾卦文言》），这与《左传》《国语》中的大量《易》说相异，而同《论语》所引两条孔子言《易》的精神一致，与其他现存先秦古籍所载孔子之引《易》、论《易》在于强调利用《周易》推行教化和指导言行、强调《周易》的社会政治性功用价值的解说方式相一致,从中可看出孔子一派解《易》时那种强调教化作用的态度。

作为先秦散体文的《尚书》原录,多为前朝政书,孔子收集以教弟子。孔子以推扬孝悌即是"为政"来解古"书"此语,明显关乎政治教化。关于此类以儒家仁义教化来解说古"书"之语的主张,《尚书大传》载孔子与子夏论《书》时说:"《六誓》可以观义,《五诰》可以观仁,《甫刑》可以观诫,《洪范》可以观度,《皋陶谟》可以观治,《尧典》可以观美。"(《外纪》卷九引)可看出孔子解说古"书"时重在发掘其教化功能的阐释倾向。

(二)自用求贵功能

诸子文学是因社会需要而产生的,是为了换取社会名誉、地位、利益而创作的,它体现着浓郁的"自用求贵"功能。以自己的思想成果游说君王而求用,是人文时代诸子的普遍行为。孔子疾其学说不能在鲁推行,故离鲁出游,至卫,适陈,过宋,经陈、蔡,居楚,自蔡如叶,自楚反卫,周游列国14年,到处推阐自己的思想主张以实现自己的人生理想。这些思想主张被后学编辑成《论语》,被弟子门人追记在《礼记》等文献中。孟子亦如是,游说不果,只好在晚年与弟子把这些"迂远而阔于事情"的言谈整理成《孟子》七篇。荀子十五岁游学于稷下学宫,田单复齐而稷下学宫复盛时"最为老师",后至楚任兰陵令,失官后在兰陵收徒讲学。由他讲述而由弟子门人所记述、追记的篇章,在社会上流传后被编辑为《荀子》。孔孟荀等儒家之外,其他如墨家、兵家、纵横家、阴阳家乃至名家、道家等先秦诸子,无不汲汲求用以实现自己人生理想,即用自己产出的思想学说来交换社会利益。

为了吸引更多听众、招收更多学生以换取更多社会利益,先秦士子甚至使用"假造名人文章"等手段。在战国诸雄吞食兼并的战国中后期,产生了声势浩大、左右诸侯国间局势的合纵连横运动。在运动中出现了两位叱咤风云的纵横奇士张仪、苏秦。他们凭口辩之才,以布衣而取卿相,成为士子趋之若鹜的效仿对象,他们的说辞录记,也因之成为士子学习说辩的范本,成为众多的教授纵横游说权术的先生们"奇货可居"的教本,因此催生出诸多"仿苏、张之作"。诸子文学"自用求贵"功能的出现,是春秋战国神民易位社会思潮发展的必然结果。

三、先秦文学制度系统

先秦文学制度具备了制度四要素，也就形成了自己的文学生产、文学传播、文学消费系统。赵敏俐将古代诗歌生产方式概括为：自娱式、寄食制、卖艺制；而相应的诗歌消费方式有：自娱式、特权式、平民式。"《诗经》是在寄食制的生产、特权式消费为主，自娱式的生产与消费为辅这样两种生产与消费方式的共同作用下产生的"[1]。这也可以看作是对整个先秦文学制度系统的概括。

文学生产是随时进行的，但这种文学或者是个体的自产自销，或者是处于边缘地带，无法引起广泛的注意，无法进入到文学传承的核心序列之中。这些文学生产基本属于无效生产。先秦文学的有效生产是集团化生产方式。巫官集团把他们的歌唱归于神灵附体，是神借他们的口说话唱歌；巫官集团把他们的创作归于圣王，他们的作品只有署上圣王的名字才能得到世人认可；士人集团则把他们的作品附在大师的作品之后，看作是对学派大师思想的阐发。借助于集团的推举力量，这些文学生产占据了文坛的核心领域。在公共典礼和私人节日的宗教仪式中，巫师祝官为人们讲述从前的故事，解答人们的疑问，为人们祈福禳灾。节日典礼不断重复，故事也就不断重复。在追寻故事源头时，多归之于神灵的创造。如《尚书·洪范》箕子答武王问说："天乃锡禹洪范九畴"，《逸周书·尝麦》周王追叙刑书的发端，从天地开辟人王出现说起："昔天之初，□作二后，乃设建典"，天任命了人王，创造了大法，讲述故事的目的是要传扬天神的伟大功绩，为现世的制作寻找依据。商周时代的王侯君公留下了一些讲话记录，但这些讲稿或者是作册草拟于前，或者是史官润色于后，君主们是没有时间亲自主笔的。战国时代百家争鸣，诸子在对话中发表自己的见解，但他们更重视行动，写书作文只是无奈之下的选择，并且，早期的作品多是单篇流传，先秦诸子的作品集大多是后人整理编辑的，有作品而无作家，这是早期文学生产的普遍状况。中国作家文学的发生大致要放到战国时期屈原等人出现以后才比较有把握。先秦时代标有主名的作品大多并不是该人所作，即使是有主名的诸子之书，也并不就是某人所独撰，余嘉锡"古书不皆手著"条归纳古书编写五例云：

一曰：编书之人记其平生行事附入本书，如后人文集附列传、行状、碑志之类也。

---

[1] 赵敏俐. 略论《诗经》乐歌的生产、消费与配乐问题[J]. 北方论丛，2005，（第1期）：16-21.

二曰：古书既多后人所编定，故于其最有关系之议论，并载同时人之辩驳，以著其学之废兴，说之行否，亦使读者互相印证，因以考见其生平，即后世文集中附录往还书札赠答诗文之例也。

三曰：古书中所载之文词对答，或由记者附著其始末，使读者知事之究竟，犹之后人奏议中之录批答，而校书者之附案说也。

四曰：古书之中有记载古事、古言者，此或其人平日所诵说，弟子熟闻而笔记之，或是读书时之札记，后人求之以为书也。

五曰：诸子之中，有门人附记之语，即后世之题跋也。①

李零研究了十二批出土简帛书籍后，将古书体例概括为八条：古书不题撰人；古书多无大题，而以种类名、氏名及篇数、字数称之；古书多以单篇流行，篇题本身就是书名；篇数较多的古书多带有丛编性质；古书往往分合无定；古书多经后人整理；古书多经后人附益和增饰；古人著书之义强调"意"胜于"言"，"言"胜于"笔"②。先秦之书，多无主名，凡题撰人者，非虚即妄。陈启源论《诗》三百篇多无主名云："盖古世质朴，人惟情动于中，始发为诗歌，以自明其义。非若后世能文之士，欲暴其才，有所作辄系以名氏也。及传播人口，采风者因而得之，但欲识作诗之意，不必问其何人作也。国史得诗，则述其意而为之叙，固无由尽得作者之主名矣。"余嘉锡"古书不题撰人"条引用陈氏说，并加以评述云："陈氏之言，可谓通达。不惟可以解诗，即凡古书之不题撰人者，皆可以其说推之，学者可无事穿凿矣。"③六经之编撰都是集体行为，要从中清理出个人的功劳，确实是非常困难的。

从整个中国古代文学生产的情况看，政府一直是文学的主要供养人，起着资助、监督、控制的作用。对于王官集团、诸子集团甚至后来的士大夫群体而言，文学是完成职守本分的工具，是追求功利的手段，是官员们职业生活的副产品或者业余生活的内容，"中国古代文学作者大多有着多重身份：作为士大夫，他们是缙绅之士，也是知识分子，是文人，也是帝国的官僚"④。中世纪欧洲也没有职业作家，作家不是一个教士，就是一个学者，或者是个吟唱者、卖艺者、行吟诗

---

① 余嘉锡. 余嘉锡说文献学 [M]. 上海：上海古籍出版社，2001. 03.
② 李零. 李零自选集 [M]. 桂林：广西师范大学出版社，1998. 02.
③ 余嘉锡. 余嘉锡说文献学 [M]. 上海：上海古籍出版社，2001. 03.
④ 沈立岩. 先秦语言活动之形态观念及其文学意义 [M]. 北京：人民出版社，2005. 10.

人。文学供养人在提供资助的同时,当然会将自己的需求强加给文学。先秦时代,文学生产者本身是政府官员或者极力进入政府的人,文学生产为政治服务,这是政府的要求,也是生产者的追求,文学生产体制是双方合作的产物。

从传播媒介角度分先秦文学传播有口头传播和文字传播两种方式。口语是最轻便的达意工具,是文字符号出现之前最便捷、最普遍、覆盖面最广的传播方式。有了口语的帮助,人类用自己的声音来给事物命名,用名称来标定和昭显世界,人类用语言剖分了混沌,打破了沉寂,创造了各种神话传说、民间故事、歌谣俚谚等表达原始人类心灵活动的文学。口语的内在特征是缺乏分明的逻辑线索,不像书面文字那样条理清晰,层次明确。《诗经》中民歌的重章叠句,《尚书》中诰体的絮絮叨叨,听上去或者语重心长,情深意重,读起来可能就烦琐重复,头绪纷乱。口语传播受时空严格限制,只能在小范围短时间起作用,文化积累完全靠人脑的记忆,难以实现量的突破。文字赋予事物一个书写的形象,文字命名比口语命名更细致、更直观,给人印象更深刻。文字记录解放了人的大脑,人类思想外化为文献,保存和传播都更准确方便。文字规范为概念统一。思想交流和国家统治提供了条件。文字传播在空间和时间方面都比口语传播更长更远,后世所了解的先秦文学都是文字传播的产物。文字书写的物质条件在殷商时代就具备了,钱存训研究古代的书写工具,介绍了殷墟甲骨上以毛笔和墨汁书写而未契刻的文字,郑州小双桥商代遗址发现的以毛笔用朱砂书写文字的陶片,并结合甲骨文和金文中表示笔的"聿"字,说明商代已有笔墨[1]。"惟殷先人有册有典",殷商时代的典册虽没有实物发现,但其真实性是不容怀疑的。不过,与两河流域古文字应用于记账不同,中国早期文字的使用多与占卜祭祀有关,并且是专为统治阶级服务的,文字为巫觋所垄断。西周时代,使用文字仍然是贵族的特权。春秋时代末期礼坏乐崩,贵族独占的文字文献才开始传播到民间,从而引发了百家争鸣的文化力大爆发,文字传播的作用才在社会上全面表现出来。

按照传播范围区分,传播学具有自我传播、人际传播、群体传播、组织传播、大众传播、国际传播等层次。先秦文学传播的层次有人际传播、群体传播、组织传播等。人际传播、群体传播有人员限制,《逸周书·大戒》周公称引武王之言云:"微言入心,夙喻动众,大乃不骄。""微言""夙喻"的运用范围是"大","大"

---

[1] 钱存训.书于竹帛 中国古代的文字记录[M].上海:上海书店出版社,2004.01.

指大臣。"微言入心"指面对面的人际传播,"夙喻动众"指在一个无组织的群众范围内进行的信息传播。周武王利用小范围的信息传播来进行精神沟通、感染、说服、教育、安慰,用道德和理想把大家鼓动起来,团结起来。战国诸子也很善于利用人际传播、群体传播形式来攻击对手的主张,宣传自己的学说。但要在更广大的地域和人群中发生影响,必须要利用组织传播的形式。组织传播是指在有组织、有指挥中心的群体中进行的传播活动。为加强组织传播的有效性,信息流动的方向受到了限制,在中国古代特殊的宇宙自然观及人为的不断加强的等级秩序的作用下,信息的单向流动形式是长期而普遍存在的。传播者与受传者,在正规的口头信息传播活动中,角色地位往往是固定不变的。受传者就仅仅是受传者,他的最佳参与状态就是被动地倾听,不必做出明确的反馈。这种单向流动的传播活动损害了受传者参与到传播活动中来的积极性和主动性,也不利于传播者及时调整其不符合对象需要的传播内容并改进其传播方法。

先秦文学消费以特权式消费为主。特权式消费指的是,文学为统治集团服务,文学作品按照贵族统治阶级特定的口味来生产和挑选。其他人要欣赏文学却没有选择的余地,只能接受这唯一的趣味。为了满足特权式消费,先秦文学形成了采诗、献诗的机制;为了延续这种特权式消费,统治集团利用诗教、礼教、乐教等形式着力于培养年轻一代贵族的相同文学品位。庶民社会受统治集团主导文化的影响,也以贵族文学为雅为精,奉之为经典。

第三节 先秦文学发展的历史阶段

文学是以语言文字为工具形象化地反映客观现实的艺术。先秦文学是中国文化发端时期的文学。由于这一个时期时间跨度极长,文化蓄积又极为丰厚,加上这个时期哲学、文学、史学还没有完全从整体的文化形态中独立出来形成单独的分支,因而这一个时期的文学还具有文、史、哲互相涵容的特点,气象雄浑、包罗万象。它涉及的问题,必须放在广阔的历史文化背景下通过综合的动态研究才能审视清楚。

先秦文学是中国文学的第一页,也是中国文学的第一个高峰期。先秦文学是伴随着中国文化的开拓、创造、成熟而成熟、定型的。一方面,先秦文学以无比丰厚的历史传承和民族文化精神开拓了中国文学之源,奠定了中国文学的基石;另一方面,先秦文学本身也是一座文学的高峰,它的创作思想和创作精神,不仅为后世中国文学所继承、借鉴,衣被百代,它的表现手法和艺术技巧,也是后世文学学习、取法的楷模。

之所以如此,是因为先秦文学产生于人类社会的早年,它集中地凝结了中华民族祖先精神生活的全部成果,而这种在漫长的历史长河中积淀而成的民族文化传统,又永远有着顽强的生命力和感召力。

先秦文学可分为远古口头文学和上古诗歌、史传文学、诸子哲理散文两个阶段。远古口头文学指远古文字未产生时期的原始文学;上古时期的文学时间范围指夏、商、周"三代"至秦统一中国之前。

一、远古时期文学

(一)原始歌谣

原始人的文学艺术活动,是人们劳动实践的再现和美化形式,有着鲜明的实用功能和功利目的。例如原始歌谣,反映的内容大多是原始先民的劳动生活。原始先民结合劳动的节奏反复歌唱它,或者是再度体验生产活动的快感,减少疲惫,恢复体力;或者是以崇拜的心情娱神,希望能得到上下神祇的保佑;或者是强化对某些重要活动或事件的记忆,以诗的音律和节奏记忆历史,实用目的十分清楚。《吴越春秋·勾践阴谋外传》里有一首《弹歌》,大家公认是远古流传下来的诗歌:

断竹,续竹,飞土,逐宍(古肉字)。

断竹,砍伐竹子;续竹,指制造弹弓;飞土,指射出弹丸;逐肉,是说射中鸟兽。这显然是直接反映古代狩猎活动的一首诗。诗中记载了从砍竹制造弹弓到射猎的全过程,字里行间洋溢着劳动生活的欢快和娱乐。

原始诗歌的实用功能还表现在诗、乐、舞三位一体的形式结构上。这种诗、歌、舞三位一体的结构形式与古代先民的情感表现形式和审美情趣有关。

情感是艺术的推动力。《礼记·檀弓》说:"人喜则斯陶,陶斯咏,咏斯犹,犹斯舞。"《诗大序》也说:"情动于中而形于言。言之不足,故嗟叹之。嗟叹之不足,故永歌之。永歌之不足,不知手之舞之、足之蹈之也。"诗歌、音乐、舞蹈在发生学上说基本上是同源同步的。它们共同源于人类劳作情感表现的需要，诗言其志也，歌咏其声也，舞动其容也，三者本于心，因此，它们形成的时候，激昂的音乐节奏、兴奋的咏唱和跳跃的舞蹈就有机自然地结合在了一起。

以后，随着音乐和巫术的结合，音乐慢慢又具备了一种更为神秘的精神力量。在原始人看来音乐是人所获得的唯一神赐的本质，使他们能通过音乐去规定礼仪方式把自己和神联在一起，并通过音乐去控制神灵。好像是在神通过音乐对人说话以后，人才通过音乐对神说话。又通过赞美、诏媚和祈祷去代替对神灵的征服，通过音乐，他们就有支配命运、支配各种因素和支配各种动物的权力。因此，原始诗歌的咏唱成为一种宗教活动的时候，诗、乐、舞三位一体的结合就更加有了沟通人神的力量，更具备了支配自然和社会的神秘气息。而这种以沟通人神为目的的神秘气息，最体现"万物有灵"时代原始先民的审美感。原始诗歌是集体创作、集体咏唱的。受生产力发展水平和人们认识客观世界能力的限制，原始诗歌的语言还很朴拙，节奏也很简单。如《易》爻辞中记录的一些反映部族战争的短歌：

　　得敌，或鼓，或罢，或泣，或歌。

　　突如，其来如；焚如，死如，弃如。

前一首短歌刻画战胜敌人后的群体场面：有人击鼓庆祝，有人趴下休息，有人为阵亡的战友哭泣，有人引吭高歌。后一首描写战争的激烈和残酷：战事突如其来，房屋被焚毁，战士被杀死，活着的人只好丢下战友的尸体逃跑。这些诗歌以朴拙的粗线条勾勒出战争场面最引人注目的情景，节奏急促而和谐，体现战争的悲壮气氛。也有一些原始诗歌虽很短小，但表现的感情却隽永细腻。《吕氏春秋·音初篇》记载了一则古老的爱情故事：

　　禹行功，见涂山之女。禹未之遇，而巡省南土。涂山之女乃令其妾候禹于涂山之阳，女乃作歌，歌曰："候人兮猗！"实始为南音。

"候人（等待情人）兮猗！"一句简单的内心独白，在"候人"后面加上两个感叹词"兮猗"，荡气回肠，一唱三叹，把涂山之女思念情人、望眼欲穿的感情表现得淋漓尽致。有人说："带这类感叹虚字的句子，及由同样句子组成的篇章，才合乎最原始的歌的性质。"[1] 这是正确的。上面说过，原始诗歌是文字产生以前原始先民的口头创作，这类诗歌要适用于咏唱，表示感叹抒情的虚词肯定是很丰

---

[1] 闻一多. 神话与诗[M]. 上海：华东师范大学出版社，1997. 01.

富的。可惜这类诗歌我们见不到了。我们上边引用的远古流传下来的诗句,都由后人加工过,难免有些走样儿,我们只取其神似而已。

(二) 神话

在原始社会,生产力极其低下,原始人的生存时刻面临着恶劣自然环境的威胁,如风暴、雷雨、洪水、干旱等等。对这些自然现象,包括日月星辰、山川河流等,原始人不能做出正确的解释,而对之产生敬畏、崇拜的心理,将各种各样的自然现象都归结为神的意志,创造出各式各样的神灵。对于部落中的英雄人物,原始人在歌颂他们时,也将其英雄事迹神化。产生各种英雄神话传说。总之,神话是原始人根据自己的生活现实幻想出来的口耳相传的神的故事。

世界上的每个历史悠久的民族的童年时期都产生过大量神奇的,充满幻想性与创造性的神话故事。中国也是这样。但是,我们的上古神话没有系统地保存下来,今天我们只能在一些古籍中看到零星片断的记载。大概在商周时代,上古神话逐渐衰亡散佚,至于原因,一般认为是因为神话在流传过程中逐渐被历史化,即许多神奇的幻想被"雅训"为"合理"的历史,从而失去神话本身的色彩。古代文字繁难,记录不便也是神话衰亡的部分原因。

现存古籍中保存神话最多的是《山海经》《楚辞》《淮南子》。影响较大的著名神话有如下几个:

1. **女娲补天**

女娲的神话见于《楚辞·天问》《风俗通》《淮南子·览冥训》等。女娲是中国神话中最伟大的女神。在天地开辟之后,天地间并没有人,是女娲用黄土造出了最初的人类。后来,天裂开了,洪水滔滔,大地震动,虫蛇猛兽吞噬人民。女娲炼五色石补好苍天,用芦灰止住洪水,于是苍天补,四极正;淫水涸,冀州平;狡虫死,颛民生。

2. **后羿射日**

《山海经·海内经》《淮南子·本经训》中都记载了羿的故事。帝俊赐给羿彤弓素矰,派他到地上解除危难。当时,天上有十个太阳,庄稼不生长了,六种怪物为害人民,尧让羿杀掉六种怪物,并射下十个太阳。万民皆喜。后羿一直是古人心目中的英雄。

3. 鲧禹治水

鲧禹治水的故事流传广泛，在《山海经》《淮南子》《天问》《尚书》《孟子》中都有记载。鲧偷了帝的息壤去治洪水，被帝杀死。鲧腹中生禹，禹又负起治水的重任。他三过家门而不入，为通轩辕山化为熊，其妻涂山氏见到后因羞愧而变为石头。石头开启生出儿子，因名为启。最后禹用疏导的办法止住了洪水。

4. 其他神话

除此以外，还有盘古开天、夸父逐日、精卫填海、嫦娥奔月、黄帝战蚩尤等久为流传的神话传说。这些神话反映了我国上古时的一些生活状况和自然条件，文化风俗等情况，同时又具有积极浪漫的精神，充满大胆的幻想、想象和夸张。虽然相对于同样古老的希腊神话，我国神话显得零散而无系统，但是仍能体现出不同于希腊神话的特点。简言之，就是中国神话歌颂劳动、赞美意志，表现强烈的正义力量和英勇的献身精神，将人神化，具有理性、严肃、温柔敦厚的恬静美；而希腊神话则歌颂冒险，赞美肉体，表现浓厚的人生欢愉和粗犷的声色之乐，将神人化，具有个性、激情、惊心动魄的紧张美。

《山海经》是先秦时代保存神话最多的古籍，其书名最早见于《史记·大宛列传》，但其内容在战国时已被广泛称引。今本《山海经》为十八卷，三十九篇，其中分为《山经》《海经》《大荒经》。从形式上看，《山海经》是记载地理博物的地理志，司马迁认为它是"怪谈"，许多学者将它看作真实的地理著作。今人多认为其价值在于对神话的保存。《山海经》按地理方位记叙了海外的物产、动物及各个奇异的国家。其中充满了神奇的幻想，尤以《海经》为突出。如《海外西经》中有"奇肱之国在其北，其人一臂三目，有阴有阳，乘文马。有鸟焉，两头，赤黄色，在其旁"。类似于此的奇奇怪怪的事物数不胜数。而在这些奇谈怪论后面，隐藏了许多上古时代的文化、风俗和人类理想，很有研究的价值。

先秦时还有一本书值得一提，即《穆天子传》。此书于西晋初年在河南汲县出土。它的成书年代至今没有确论，较为普遍的看法是在战国时期。晋代郭璞曾为它作注。今本《穆天子传》为六卷。前五卷记叙了周穆王带领随从四处游历的经过。穆王北绝流沙，西登昆仑拜会西王母，游历殊方异国，涉及许多神话材料。第六卷记周穆王美人盛姬死后殡葬之事，其文描绘细腻，富于文采，不同于前五卷的疏简平质，疑为晋人附益之文。《穆天子传》运用文学创作手段，按时间顺序记叙一个人物的经历，是文学史上第一篇具有小说特征的作品。这是《穆天子传》的主要文学成就。

神话奇幻夸张，对后代文学，尤其是具浪漫色彩的诗歌和志怪类的小说产生了巨大的影响，成为这一类文学创作取之不尽的源头。

二、上古时期文学

（一）上古诗歌

我国远古时代的原始歌谣，已如上述。但是，从原始歌谣发展为成熟的、独立的诗歌，究竟在什么时代，却难以详考。从现在保留的文献材料看，我国上古时代第一部诗歌总集是西周至春秋中叶的诗歌集——《诗经》，这部诗歌集里保留了不少商代祭祀先公先王的颂歌，我们可以把它看作是上古原始歌谣结束、成熟诗歌形成的重要标志。

关于《诗经》的编集，先秦古籍中没有明确的记载。《国语·周语》有"公卿至于列士献诗"之说：

故天子听政，使公卿至于列士献诗，瞽献曲，史献书。师箴，瞍赋，矇诵，百工谏，庶人传语。近臣尽规，亲戚补察，瞽史教诲，耆艾修之，而后王斟酌焉，是以事行而不悖。

汉人亦传"古者天子命史采诗谣，以观民风"。《诗经》中有不少周代的政治讽谏诗，也有很多各地民间诗歌，而且形式整齐，韵部规整，说明周代公卿献诗和民间采诗的制度是存在的。统治阶级号召公卿献诗和到民间采诗的目的，除了供自己娱乐和教育子弟外，也是为了解人民的反映、考察政治效果，正所谓"观风俗，知得失"。

《诗经》分为风、雅、颂三个部分。风，包括15"国风"，有诗160篇；雅，分为"大雅""小雅"，有诗105篇；颂，分"周颂""鲁颂""商颂"，有诗40篇。它们的创作年代很难一一具体指出，但从内容和诗的特点看，"周颂""大雅"大部分是西周初年的作品，"大雅"小部分和"小雅"大部分是西周末年的作品。"国风"和"鲁颂"大都是春秋时代的作品，"商颂"是殷商后裔宋国保留的殷商宗庙祭歌，具有商民族史诗的特点。

（二）史传文学

大概与二节拍节奏的四言诗的成熟相距不远，中国古代的史传散文也有了长足的发展。史传散文是史官文化、史籍文化的产物。上文说过，中国远古时代，文史哲互相融汇的综合形态是先秦文化的重要特色，因此，这里谈到的史传散文，实际上是以文学手法写作的历史作品。史学、史籍我们已有专门的论述，本节主要谈先秦史传散文的文学成就。

1. 成熟凝重的《尚书》《逸周书》《春秋》

散文是文字发明以后才产生的，是最适于实用的文学样式。散文的书写必须具备竹帛笔纸之类的物质条件，文字的运用亦必须依赖文字体系的成熟和知识分子阶层的形成，因而成熟的散文是社会发展到一定阶段才会出现的。我们现在能见到的最原形的散文，是商周甲骨刻辞和钟鼎彝器上的刻铭。这种以最简明的语言记录占卜内容的卜辞和"自名以称扬其先祖之美，而明著之后世"作用的铭文，虽然比较简单，但它已能用比较完整的语言来记述完整的社会生活内容，彝铭中文字较长者有不少已可和《尚书》的文字媲美。卜辞和彝铭都属于特殊的记事文体，并不代表殷周文字的全部。《尚书·多士》说"唯殷先人，有册有典"，可见殷周时期的史籍多是以简册的形式记载的。简册、帛书不易保留，故出土发现不多，我们研究殷周时期的散文，主要还是靠传世的古籍。

我们现在能见到的先秦史籍，最早的是《尚书》和《逸周书》。《尚书》由《虞书》《夏书》《商书》《周书》四部分组成。《虞书》的《尧典》《皋陶谟》是商周史官追记的尧、舜、禹三王时代的传说；《夏书》是商周史官加工过的夏代史料；《商书》《周书》是商、周的文字材料，但《商书》经过了周人的整理。《逸周书》传说是孔子编定《尚书》时删除的周代史书，体例与《尚书·周书》相似，因是《周书》删去的逸篇，故东汉许慎《说文解字》称其为《逸周书》（班固《汉书·艺文志》称《周书》）。

《尚书》《逸周书》是商周时代成熟的"记言"性质的史书，典、谟、训、诰、誓、命都属于官方文书类的应用文字，然而也显示出鲜明的文学色彩，这主要表现在如下方面。

（1）结构完整，层次分明，有些篇章还具有清晰、生动的描写

《尚书》文诰单独成篇，结构完整而有条理（有些篇章有错简），有层次。

有些篇章以记事为主，如《金縢》《顾命》，前者记武王有疾，周公祈祷祖先，愿以自身代武王死，并将祈祷文书藏于金縢。后周公受谗，风雷示怒，"秋，大熟，未获。天大雷电以风，禾尽偃，大木斯拔。"成王启金縢，明白了周公是忠贞不贰的忠臣，"天乃雨，反风，禾则尽起"，描写得非常细腻。后者记成王病危，康王受命，成王死，康王登基，以时间顺序和空间方位把国家大丧和新君嗣位的场面、仪节描绘得清清楚楚，甚至康王及群臣的服饰、神态都有反映，表现出作者不凡的艺术功力。《逸周书·克殷解》《世俘解》对武王伐纣的过程记录得也非常清楚。

（2）语言表述注重形象化，善于用具体的形象比喻说明抽象的道理

《尚书》文诰性质的篇章居多，然而由于它注重语言形象化的表述，文章虽佶屈聱牙、深奥难读，但并不枯燥。如《盘庚》三篇，是殷王盘庚迁殷时对世族百官、臣民的训诰，这几篇训诰中，盘庚针对世族百官、臣民不愿搬迁的种种理由，进行说服。他把旧都比作"颠木"，把新都比作颠木新生的"由蘖"。告诫臣民要服从王命，"若网在纲，有条而不紊；若农服田力穑，乃亦有秋"。他斥责群臣"浮言"惑众，说这样下去，好比"火之燎于原，不可向迩"，又告诫臣民要听他的话，说这次迁都有如乘船，若不好好渡过去，大家都有沉溺的危险。这些比喻贴切、生动，多是用生活中常见熟知的事情作譬，因而有很强的说服力。

（3）语言带有比较强烈的感情色彩，真实而有说服力

《尚书》以"记言"为主，但并不千篇一律。如《周书》部分大都是周公的讲话:《大诰》是讨伐武庚的动员令，《洛诰》是营建成周后与成王的答问之词，《康诰》《酒诰》《梓材》告诫康叔，《无逸》《立政》劝勉成王，《多方》《多士》警告殷遗民，《君奭》则是与召公奭的谈话记录。这些讲话，对象不同，语言的感情色彩亦因人而异。如对殷遗民，完全是威胁利诱、软硬兼施的语气；对成王，则是关怀备至而又充满了寄托和希望；对康叔、召公奭，则以衷心告诫、中肯批评、热烈希望为主，字里行间充溢着对周人王业的忠诚，表现了一个无私无畏的政治家的策略与胸怀。

《尚书》《逸周书》以记载商周史事为主，也有少数篇章记载了春秋时的事。春秋以后，王室衰微，记载历史的权力不再为王室垄断，诸侯国逐渐出现了一些按年代顺序记载历史的"记事"性史书，这就是各国的"春秋"体史书，——其

代表作是鲁国的《春秋》和魏国的《竹书纪年》。

《春秋》是春秋鲁国的编年史，据说曾经过孔子的修订。《春秋》记事上起鲁隐公元年（前722年），下至鲁哀公十四年（前481年），共242年。其记事方式是"以事系日，以日系月，以月系时，以时系年"，事件严格按时间顺序编排。《竹书纪年》是西晋初年在汲郡（今河南汲县）发现的一部战国魏的竹简编年史，记载了三代到晋到魏2000余年的史事，文字表述体例与《春秋》相近。《春秋》和《竹书纪年》是我国现在发现最早的编年体史书，其属辞比事，极其精炼，然而亦有文采可观，尤其是《春秋》，据说曾经孔子删削，"笔则笔，削则削"，简洁语言中隐寓着"微言大义"，语言的感情色彩很强烈。如僖公十六年："春，王正月，陨石于宋五；是月，六鹢退飞，过宋都"，寥寥十余字，把宋国发生的两件大事叙述得清楚明白，错落有致。《春秋》对不同性质的行为选择不同色彩的词汇，如讨伐有罪称"伐"，不敲击钟鼓的进攻称"侵"，乘人不备的战争称"袭"；杀有罪者曰"诛"，杀无罪者曰"杀"，下属杀上级曰"弑"，选词凝练，一丝不苟，体现了史学散文的语言向流畅清新方向的发展。这是它比"佶屈聱牙"的《尚书》类"记言"史书的一大进步。

不过，《春秋》也存在着过于简单隐晦的缺点。史事仅存纲目，不叙史实，使人弄不清因果关系，所以宋人有"断烂朝报"之讥。这说明它还带有相当的原始性。

2. 长于描写历史事件和战争场面的《左传》

《春秋》开创了编年体史书之先河，但首创难工，还带有相当的原始性。战国以降，封建地主阶级勃然兴起，新观念、新思潮和学术界的"百家争鸣"促进了编年体史书向带有记事本末体和传记体因素的方向发展，产生了像《左传》《国语》《战国策》那样的史实详备又富有文采的成熟的编年体著作，为中国史学和文学的发展作出重要贡献。

《左传》是《春秋左氏传》的简称，关于它的作者、成书年代及与《春秋》的关系，历来争论颇多。现在大多数人认为：《左传》是战国初年或稍后的人根据春秋时代各国的史料编撰而成的，它原是一部独立的著作，并非为解经而作，后来按编年系于《春秋》之下。《左传》记事丰赡翔实，视野开阔，有关春秋列国的政治、外交、军事及天道、鬼神、灾样、卜筮均有记载，甚至还采撷了不少民间风俗逸闻、童谣民歌，可以说是一部丰富多彩的春秋历史画卷。

3. "记言"为主的《国语》

《国语》是战国初期时人著作的一部国别史。全书 7 万余字，21 篇，其中《周语》3 篇、《郑语》1 篇，涉及了西周史事，其余诸篇记载的则是春秋时期齐、晋、楚、鲁、吴、越等国政治、外交、军事等重大史实。《国语》主要记言，其中也有些记事，但不过是某些记言的插叙和补充，目的是使史实记述完整。《国语》各篇的风格、语言很不统一，说明这些史料很可能是作者从"百国春秋"资料中直接撷取或只进行了粗略加工汇编而成的，因而它在很大程度上还存有原始性。

《国语》的文学成就远远不及《左传》。以《国语·鲁语》记载的曹刿论战与《左传·庄公十年》记载的曹刿论战相比较，我们就可以看出二者的差别。《鲁语》记载的曹刿与庄公的对话详于《左传》：

长勺之役，曹刿问所以战于庄公。公曰："余不爱衣食于民，不爱牲玉于神。"对曰："夫惠本而后民归之志，民和而后神降之福。若布德于民而平均其政事，君子务治而小人务力；动不违时，财不过用；财用不匮，莫不能使共祀。是以用民无不听，求福无不丰。今将惠以小赐，祀将独恭。小赐不咸，独恭不优。不成，民不归也；不优，神弗福也。将何以战？夫民求不匮于财，而财求优裕于享者也，故不可以不本。"公曰："余听狱虽不能察，必以情断之。"对曰："是则可矣。知夫苟中心图民，智虽弗及，必将至焉。"

《左传》的记述是：

十年春，齐师伐我。公将战，曹刿请见。其乡人曰："肉食者谋之，又何间焉？"刿曰："肉食者鄙，未能远谋。"乃入见。问何以战，公曰："衣食所安，弗敢专也，必以分人。"对曰："小惠未编，民弗从也。"公曰："牺牲玉帛，弗敢加也，必以信。"对曰："小信未孚，神弗福也。"公曰："小大之狱，虽不能察，必以情。"对曰："忠之属也，可以一战。战则请从。"

二者相较，《左传》的记述简约而姿态有神，《国语》的记载则显得平淡乏味，有说教气。尤其是，《国语》这一段下没有《左传》"一鼓作气，再而衰，三而竭"和"视其辙乱，望其旗靡，故逐之"那一段精炼的记述，显得更加苍白。

4. 富于雄辩特色的《战国策》

《战国策》也是一部记言的史料汇编，分国收录了战国时期策士们游说各国诸侯的策论谋议之辞。《战国策》记事上接春秋，下至秦并六国，约240年间事，是战国时期不可多得的历史文献材料之一。

《战国策》最显著的文学特征是语言艺术的成功。

《战国策》的文章有如下特点。

（1）文笔流畅，善于铺陈，无论是个人陈述还是双方辩论，都喜欢渲染、富雄辩色彩，有很强的说服力。

战国的策士之论是春秋行人辞令的进一步发展。战国的策士多是朝秦暮楚的纵横家，他们对国家存亡的关键和君王的心理状态把握比较准确，善于对当前纷繁复杂的问题进行明辨的分析，胸有成竹，又能随机应变，见风使舵，所以他们的策论大都酣畅淋漓、激昂慷慨而不加掩饰。

（2）善于引譬设喻、运用身边常见的人事以小见大、生动形象地说明深刻的道理。

战国策士游说的目的是推售自己的政治主张。为了使说辞巧妙生动、入情入理，他们常常编造一些浅显、形象的寓言故事，用非常贴切的比喻来增强论点的说服力。如江乙以狐假虎威对楚宣王，苏代以鹬蚌相争说赵惠王，冯谖以狡兔三窟谏孟尝君，陈轸以画蛇添足说昭阳，庄辛以蜻蛉、黄省说楚襄王，汗明以骥服盐车说孟尝君等。这些寓言故事，形象生动、寓意深刻，简单几句话就说明一个深奥复杂的道理，辞采也显得恣肆畅达，充分体现了策士们深厚的文化修养和驾驭语言的艺术能力。

除了引譬设喻，《战国策》还常用亲自体验或身边经常发生的一些生活琐事以小见大地说明深刻、抽象的道理，使对方听起来亲切、不反感而又加以警醒。这方面的典型例子是《齐策》中记载的邹忌讽齐王纳谏。邹忌拿自己的妻妾说自己比徐公美、而自己长得确实不及徐公漂亮的例子说明有求于己的人说的话不一定是实话，地位越尊贵越容易受蒙蔽，事情看起来很小，但寓意却非常深刻。

这就使得齐王警醒，广开言路，"群臣进谏，门庭若市"。期年之后，燕、赵、韩、魏"皆朝于齐。此所谓战胜于朝廷。"

（3）善于用个性化的语言表现人物性格，描写人物形象生动得体，注意背景和气氛的烘托。

《战国策》是记言性的史书，它的人物语言个性鲜明，艺术性高，在史传文学中占有首屈一指的地位。

《战国策》类似的人物形象描写还很多，有的奇伟俶傥，有的耿介不阿，有的智勇双全，有的阴险狠毒，有的机谋权变，有的寡廉鲜耻，然而不管哪一类，它都能把人物塑造得有血有肉，栩栩如生。这也就决定了它对后世传记文学所产生的重大影响。《史记·刺客列传》中有不少传记几乎全部采用了《战国策》原文，这说明《战国策》确在史传文学向传记文学的发展过程中起过桥梁作用，其作用不可低估。

（三）诸子哲理散文

从严格意义上说，先秦散文算不上纯文学作品，它们首先是思想或历史著作。但是，先秦散文已是一种成熟的文体，同样具有很高的文学成就。下面就简述一下诸子散文。

《论语》成书于春秋战国之交，是孔门弟子记载孔子及其弟子言谈的语录体著作。《论语》语言简练晓畅，寓意深刻，往往用精炼的话表达丰富的思想感情或刻画人物个性。《先进》中的"子路曾皙冉有公西华侍坐"章最能表现《论语》的艺术特色。孔子与弟子闲居聊天，从学生的回答中，可以看出子路的勇敢冲动，冉有、公西华的谦虚，曾皙洒脱的情怀与远大的理想。《季氏》中的"季氏将伐颛臾"章记录了孔子论辩时言语之犀利，已初具论辩的风格。《论语》就是如此，在不疾不徐中自有雍容和顺的风格。

《孟子》成书于战国中期，仍带有语录特征，但较多长篇大论，已开始向成熟的说理文过渡。《孟子》散文的特点就是"善辩"，善于驳倒别人的观点并使自己的观点为人所接受。其论辩带有强烈的感情，使用大量排比句，气势充沛；辩难诘问，往往一针见血，毫不留情，铺张扬厉的风格最具有战国纵横家气概。在论证问题时，使用大量的比喻与寓言来增强文章的说服力，如以"缘木求鱼"喻做事不合情理而终无所得，以"挟泰山以超北海"喻不能为之事等等，简单生动，发人深思。在以寓言作例证时，他多从社会生活中汲取灵感，讽喻现实，流传下一些具有哲理的寓言故事，如"齐人乞墦""拔苗助长""弈秋诲弈"等等。《孟子》一书文采斐然，气势雄健，富于智慧，对唐宋古文运动产生过很大影响。南宋以后，《孟子》成为官方教材，位在经书之中，其余绪就更长久了。

《荀子》成书于战国末年，是成熟的议论散文。《荀子》散文基本上是专题性的，各篇都有概括性的标题来标明主旨，这一点较他之前的散文是很大的进步，《论语》《孟子》《老子》《庄子》等标题与文章内容没什么关系，《墨子》的标题是后人加的。在文章结构上，《荀子》的严谨绵密，逻辑统一也是前所未有的。批判错误观点时，荀子不是用辩难的方式，而是通过具体的分析论证来达到有破有立。如《性恶》篇在批驳孟子性善论时，分析区别了可能性与现实性的差别，指出后天改造的重要性。在论证自己观点时，他又从各个角度反复推详，层层深入。如《劝学》篇系统地论述人后天学习的重要性，一开始就鲜明提出"学不可以已"的论点，接着说明后天习养可以改变事物之本性，所以人必须博学。而博学可以使人增长见识与才能。最后，又提出学习必须"慎其所立"，才能成为君子。荀子散文，没有孟子那种纵横捭阖、铺张扬厉之风，他文风朴实、严谨，但同时用词丰富，讲究修辞，善于运用排偶句法，譬喻层出不穷，《劝学》即为典型代表。除了议论散文，《荀子》中还有两篇纯文学作品。一为《成相》，"成相辞"是民间说唱艺术，荀子采用其形式写成政治抒情诗。全诗共五十六节，每节形式一样，如："请成相，世之殃，愚暗愚暗堕贤良。人主无贤，如瞽无相何怅怅。"一为《赋篇》，包括"礼""智""云""蚕""箴"五首小赋。这些赋韵散夹杂，篇末点明题旨，类似于后世的谜语。

《老子》的成书年代颇多争议，从文章的成熟程度看，大概稍晚于《论语》。《老子》的文章特点是富有诗歌的韵律，说理简明精深，富于形象性。

《庄子》一书在先秦诸子散文中风格最为独特，与屈原的《楚辞》有相通之处，所以后世常"庄骚"并称。首先，庄子所采用的寓言，是先秦诸子中最多的。这些寓言有的是当时所流传的，但更多的是庄子自己所虚构的。如开篇《逍遥游》中的鲲鹏，"其翼若垂天之云"，藐姑射之山的神人，"其尘垢秕糠将犹陶铸尧、舜"，这样夸张神奇的幻想，肯定出自庄子个人的想象。之所以具有这样夸张的效果，原因在于他将寓言的哲理与神话的幻想糅合在一起。所以在庄子的寓言中，有用五十头犍牛做成的鱼饵，有容貌丑到极致而心地又极其美好、人人喜欢的怪人；小雀、风、树等等都可以开口说话或辩论事理，连骷髅都能讲述自己的快乐。众多的寓言，构成一个看似荒诞不经，实则充满哲理智慧的艺术世界，也给后代留下许多寓意深刻的典故，如"越俎代庖""东施效颦""佝偻承蜩""涸辙之鲋"等等。其次，庄子又善于在寓言之外运用大量的譬喻。《逍遥游》中，鲲鹏的寓言之后，又以水比风，以大舟比鹏鸟；接着比中又用比，将芥、杯置于凹堂之水中以比舟。有的文章全篇都是由寓言与譬喻组成。这使《庄子》散文充满无所拘束、无所凝滞的想象力，构思怪诞诡奇，又常常形成雄奇开阔的意境，运笔变幻莫测，充分体现庄子所追求的绝对自由的精神境界。庄子自己说是："以谬悠之说，荒唐之言，无端崖之辞，时恣纵而不傥，不以觭见之也"。鲁迅称赞他："其文汪洋辟阖，仪态万方，晚周诸子之作，莫能先也。"[①]《庄子》以其深刻的哲学思想和汪洋恣肆的风格给后代巨大的影响。

《庄子》在诸子这些著作中的成就是独特的，对此，《天下篇》中这样概括："芴漠无形，变化无常……古之道术有在于是者。庄周闻其风而悦之。以谬悠之说，荒唐之言，无端崖之辞，时恣纵而不傥，不以觭见之也。"这种恣纵不傥的文风出自他博大的学识与自由的精神。宋代文豪苏东坡所自称如万斛泉源，不择地而出，如行云流水，姿态横生的文章风格显然源出于庄子。

《韩非子》是法家思想集大成之作，成书于战国末期，在论说文上较《荀子》有了进一步发展。韩非是反对文艺的，但《韩非子》本身仍有很高的艺术成就。今本《韩非子》有五十五篇，体裁多样，有长篇论说文，也有篇幅较短的杂论文，还有一些韵文。这些文章锋芒锐利，善于进行细密透辟的分析来推理论证，逻辑严密，往往一针见血地切中要害。《韩非子》也运用了许多寓言故事，而且更为浅显易懂却又能深刻地表达抽象的道理，例如至今广为流传的"自相矛盾""守株待兔""滥竽充数""买椟还珠"等等。韩非还有意识地将寓言集中在一起，如《说林》上下，内外《储说》等篇。

---

① 鲁迅. 汉文学史纲要 [M]. 人民文学出版社，1973.

第四节　先秦文学作品

一、《诗经》

（一）《诗经》的采集与整理

《诗经》所收诗歌，从西周初年（前11世纪）一直到春秋中叶（前6世纪），历时五百多年；它所涉及包括的地域，从今天的陕西一直到山东、湖北等地。这样大的时间和空间跨度，在当时的生产条件下，如何搜集、整理各地诗歌，以形成这样一部规模宏大的诗集，是令后人揣测不已的问题。

汉代人认为周代有采诗的制度。班固《汉书》曾多次提及，《艺文志》："故古有采诗之官，王者所以观风俗，知得失、自考正也。"《食货志》："孟春三月，群居者将散，行人振木铎徇于路以采诗，献之大师，比其音律，以闻于天子。故曰王者不窥牖户而知天下。"这种说法实际上来源于汉代设立乐府的事实。在信息相当不发达的古代，各地的歌谣（不论是民间创作还是贵族创作）很难都流传到其他地方；分封制的政治形态使私人也没有能力收集各地诗歌，只有中央集权的天子才能召集、命令"行人"采诗。所以，采诗说还是有合情合理的成分。《诗大序》："国史明乎得失之迹，伤人伦之废，哀刑政之苛，吟咏情性，以风其上，达于事变而怀其旧俗者也。"此处谈的是变风与变雅的创作，透露出"作"诗的是国史。西汉时的《孔丛子·巡狩篇》云："古者天子命史采歌谣，以观民风。"国史是周天子派往各国的史官，在记史之时兼记各国产生的诗歌大概也是其职责。《孟子·离娄下》："王者之迹息而《诗》亡，《诗》亡然后《春秋》作。"春秋中期以后，周天子威仪不再，礼崩乐坏，宗周式微，诸侯国不再把天子以及王官看在眼里，史官在诸侯国地位尴尬，"王者之迹息"，而诗的采集也就消失了。

但是，《诗经》中真正出自里巷的歌谣并不多。毕竟在那个只有极少数人能够学习文化的时代，不可能有大规模的创作活动。从三百篇（包括《国风》）来看，多数创作者都是有身份、地位的人。如此，另一种说法则更显得持之有故。《国语·周语》："天子听政，使公卿至于列士献诗，瞽献曲，史献书，师箴、瞍赋，矇诵。"战国时代距古更近，其文献应该具有较高的可信度。究竟哪种说法更符合历史的本来面目，抑或两种兼而有之，还需要更可靠的出土资料来做深入研究。

诗歌收集到中央后,还要经过编辑与整理。从事这一工作的应是王室的乐官。《周礼·春官·大师乐》:"大师教六诗,曰风、曰赋、曰比、曰兴、曰雅、曰颂。"师,就是乐官,他们在传授诗歌时,自然会对诗歌进行整理加工,其中也包括修饰润色等艺术上的加工。孔子也曾整理过《诗经》。《史记·孔子世家》:"故孔子不仕,退而修《诗》《书》《礼》《乐》。""古者,《诗》三千余篇;及至孔子,去其重,取可施于礼义,上采契、后稷,中述殷、周之盛,至幽、厉之缺,始于衽席,……三百五篇,孔子皆弦歌之。"司马迁并未明确指出孔子删去了大部分诗。古时诗有三千余首,到孔子时,可能已经不全了。此段前还有云:"孔子之时,周室微而礼义废,《诗》《书》缺。"孔子自己说:"吾自卫反鲁,然后乐正,《雅》《颂》各得其所。"[①]可见,孔子对《诗》所作的主要是整理编辑工作。《诗经》在先秦时称为《诗》,或《诗三百》,正因为孔子对它的整理与传授,到汉代时,《诗》被尊称为《诗经》。

(二)《诗经》的文学优异处

《诗经》的《国风》大致是春秋期间的作品,少数篇章上及西周;地区分布于整个黄河流域,"二南"则南伸至汝汉之间,带有"南音"的特色。

1.《国风》的特色

和《颂》《雅》相比,《风》诗的格调、色彩之不同是显著的,它诞生于民间社会,经过王官采集,加以稍许规范和润饰,依然保有爽朗流畅的民歌格调。古代的诗是以音乐相配的,因施行的场合不同,使用不同的乐调和诗篇。宗庙祭祀多用《颂》诗,贵族的朝聘宴飨或宗亲聚饮则用《雅》诗,均配以庄严凝重的古乐。社会上层的宴飨用乐,又有笙奏、下管和合乐等。而作为民间的《风》诗,则不登于大雅之堂,没有那套礼仪的讲究和束缚,完全出于歌者的感情抒发,表现原汁原味的风土人情。《风》诗之所以在春秋以下创作流行,正反映了礼乐不再"自天子出"而逐级凌夷,民间的诗歌乐舞萌发,将欲起而代之的这一社会文化变革的趋势。

《风》诗有自己的节奏和旋律——更加浓烈、明快,自然也当入乐、配舞,比如吟咏《陈风》便知那种婆娑起舞的风味。《诗经》的曲调有十种,以篇为单

---

① 周立升,蔡德贵主编. 教育部人文社会科学重点研究基地 山东师范大学鲁文化研究院后期资助项目 齐鲁文化通论 下 [M]. 济南:山东人民出版社,2015.04.

位，大致分为：一个曲调的重复和两个曲调的各自（或交替）重复两大类。前者的曲调还有前加引子（或副歌），或后加尾声（或换头），以及同时前加引子后加尾声，等等。近年上海博物馆入藏的楚简，出有《诗论》一种，内有7支简记载40个诗篇名称，并且在一篇或几篇成组的篇名之前标一特定的音名，令人惊奇地发现，这是表明当时诗篇都有各自的特定音高，也就是给不同情调的诗定下不同的吟唱曲调。这愈加证实《诗经》并非徒歌，也说明这个时代的音乐已达到较为成熟和规范的水平。所以，孔子说："师挚之始，《关雎》之乱，洋洋乎盈耳哉！"（《论语·泰伯》）就是说的《诗经》首篇用乐的繁盛场面。

据音韵学家的研究，《诗经》的韵律规整、流畅，一般是偶句押韵，也有句句押韵，也有一韵到底。还有叠句，叠韵的如宋词的《采桑子》曲牌。用韵的方式，有章与章之间反复回环的，亦有一章之内反复回环的，有颠倒句次就韵的，亦有颠倒词组换韵的，以及章数、句数的整齐划一。在规整中蕴涵变化，具有很高的审美情趣。[①]

这一特色，实多为《风》诗所具有。近现代民歌和当代通俗歌曲，也同样赋有这一特征。正因为这类诗歌由其音乐性所决定，《诗经》广泛使用的双声、叠韵、对偶和排比的修辞技巧，也是在《风》诗中使用最多的，前述作为散文的《左传》也采用了不少这类词语，当是受了《风》诗的影响。

《诗经》有赋、比、兴的文学手法，除了"赋"的铺陈方式之外，"比"的借事比方，"兴"的借物起兴，所借的事物是鸟兽虫豸，树木花草、山水田园、城隅庭院乃至日月星辰、风云雨露，这都是人民群体尤其劳动者日常接触的对象，他们观察细致，有亲和感，所以这种文学手法在《风》诗中采用的频率最高。

正因为《风》诗是来自民间，以社会生活生产为背景，表达人民自己的感情，描述风土人情，展示多彩的风俗画卷，因此也是《诗经》中最具人民性、民主性的文学精华。这些诗篇以写男女爱情婚嫁的为多，再是写农桑劳动，以及抒发家国感念、亲友别情，也有战歌乃至挽歌，等等。

《国风》中记录了相当一部分关于爱情和婚姻的诗歌，其中不乏歌颂男女真心相爱的纯洁情感的诗，也有女性面对丈夫的背弃而心存怨恨、自怨自艾的诗。这些诗既是先秦时期女性婚恋观的真实写照，也间接衬托了女性在婚恋中地位低

---

① 王力. 诗经韵读[M]. 上海：上海古籍出版社，1980. 12.

下、被动选择的身份与态度。女性在婚恋中的自我选择，实质上是女性在封建社会中行时代之逆流，是实现自我价值和塑造时代价值的必由之路。

《国风》为我们展示了上古社会女性生活的场景，也揭示了女性在社会婚恋中主观选择与主动拒绝的两种基本方式。《郑风·山有扶苏》是一首戏谑歌谣，女子嘲戏男子配不上自己，其实是在给自己的婚恋做主观选择。《郑风·褰裳》同样也是一首戏谑歌谣，女子说，你不对我好自有他人对我好，女性同样告诉男人自己在婚恋中是可以自己选择的。两首歌谣都反映了女性的内在精神之美，虽然女性生活的时代会受男权社会观念的束缚，但是在重重压迫之下，女性仍然可以获得一丝喘息的机会，在社会与时代的阻挠之下做出自己的选择，实现自我价值。《卫风·氓》中，女子更是可以在自己经历不幸婚姻之后理性分析其中的原因，并大胆解释男子作为丈夫在婚姻中的不足，以及训导后人在遇到恋爱和婚姻时一定要谨慎。虽说经历过婚姻的仪式，明媒正娶，但是之后的婚姻生活仍然可以因为男子的背弃而使自己跌入无尽的深渊。《国风》每首都缘事而发、直抒哀乐，闪烁着生活的本真，出自人性的至情。通过《国风》可以看出女性在婚恋中叛逆的态度，实际上是为实现自我价值而服务的。

《国风》中女性叛逆的婚恋观其实是先秦时代的新风尚。人类生存的本性，都是为了不断追求更美好的生活。婚姻是人类通过合作创造新的生产成果，乃至新的生产力的过程，也是"合二姓之好"的最实质结果。这也是为何千百年来女性在婚恋角色不断被挤压的同时，又永恒地对婚姻怀有美好向往的原因。女性的形象在社会和时代的双重压迫下一直是被动和屈服的。因此上古的审美观以女子贤良淑德为美，男子欣赏温柔且臣服于自己的女子，叛逆则被认为是不合正统的，是时代的大不韪。《鄘风·柏舟》中，我们可以看到先秦女性主动勇敢，钟情于初爱，不从母命，誓死不改。这是女性用生命在捍卫自己的尊严，从而让自己不愧于生命以及所处的时代。在叛逆精神深处，我们不难看出她们所具有的独立意志、自由品格，以及她们安贫乐道的人格精神。换句话说，较之于男性，她们更具有独特且自由的精神和气质。女子勇于叛逆，其实才是真正做了时代背景下最应该做的事情。

先秦时期无疑是男性占据社会的主导地位，拥有一切生产生活的主动选择权利。男性社会中男子的尊严是无法撼动的，即使是在民间社会，我们也能感知男子在劳动以及家庭生活中的优先地位以及思想上对女性的控制倾向。女子与男子成婚，往往不是以一个"人"的身份与男子结合的，而是作为一种男性的"物"，是男子的附属品。先秦女性叛逆的婚恋观独树一帜，是中国女性审美大观园的一朵奇葩。她们以自己不屈的叛逆与抗争精神为自身谋幸福，为时代开新风，是令人瞩目的，也令女性文化群体光彩夺目，如星河般璀璨，其进步意义和时代价值必将感染后世，令无数女性为之向往。

2. 社会引《诗》的风行

春秋时期，政治活动中引用《诗经》，以"赋诗言志"的风气，非常流行。据考证，《左传》所载，当时引用《诗经》共达219篇（次），其中列国间宴飨歌诗赋答的有70则，列国公卿们自引诗的有101则，《左传》作者自引以及转述孔子所引的共48则。这种"赋诗"就只是"断章取义"，口中吟咏，脱离了音乐。虽然如此，而《诗经》作为文学的魅力，影响还是很大的。

这种"断章取义"全出于政治需要的实用主义，但为"取义"，必须了解所"断章"的诗义，才能取得效果。因之引诗者和接听者，双方都要熟谙《诗经》，这在《左传》中也有如实的反映，一般都能对答如流，达到交流思想的目的。也有赋者的不准确，听者的不懂诗义，既无预期的效果，也就贻笑大方，暴露修养的欠缺。所以孔子说："不学诗，无以言。"（《论语·季氏》）"颂诗三百，授之以政，不达；使于四方，不能专对。虽多，亦奚以为？"（《子路》）还有不少精彩的事例，如：一次晋国在向地盟会，指责戎族泄漏了什么机密，不让其首领参与盟会。戎族首领驹支力辩其诬，缕述他们一贯协助晋国，构成"犄角"之势。最后"赋《青绳》而退"，晋国的执政者则以辞谢为答，准许戎子驹支与会（《左传·襄公十四年》）。《青绳》在《诗经·小雅》篇中有"恺悌君子，无信谗言"之句，用在这个场合十分得体，所以立刻见效。赋诗得当可以免去许多话语，彼此默契，气氛良好，可以说是温文尔雅地解决问题，这是周代礼乐文明一项重要的体现。尽管是戎族，也能这样熟谙《诗经》，反映当时华夏文化的普及和民族之间交流、融合的深度。这一类的例子还有不少，成功或失败都很精彩。

3. 孔子《诗论》

这是一篇战国简书，它更多地记载孔门传习《诗经》的论述。《论语》中孔子已经有好几处说到学诗的重要和对《诗经》的评价，《诗论》中讨论涉及《诗经》达60篇，内有一些不见于今本，论者以为这反映战国时的诗篇状况。《诗论》表明孔子和弟子们一起，钟情于此，热烈议论。有时是分篇说诗，有时是综合论诗，如："孔子曰：宛丘，吾善之；猗嗟，吾喜之；鸤鸠，吾信之；文王，吾美之……"论《葛覃》是"见其美必欲返其本"，"后稷之见贵也，则以文武之德也。"论《木瓜》对于"民以物相赠"，说明"币帛之不可去也"。对整个《国风》部分，则说："邦风其纳物也博，观人俗焉，大敛材焉！其言文，其声善。"对《小夏（雅）》的评价则为："多言难而怨怼者也，衰矣，小矣！"可见孔子最关注诗的伦理性、社会性，也赞扬她的美学价值。和他关于诗可以兴、观、群、怨的理论，有不少相合之处。

当前学界对此进行多方面的探讨，有的以为《诗论》相当于"诗序"之一种，有人据之推测传诗者为孔门中某一弟子。有的以为《诗论》和孔子诗说有别，分属于先秦时代不同的诗学系统。也有人认为这都属于儒家思想范畴，反映了楚人接受了北方儒学。总之，孔子《诗论》的面世，揭示着战国时代的孔门后学，仍在研习《诗经》，追述孔子诗学的观点，或许就此看出"诗经学"早期传授的一段余绪。同时，也反映战国社会文学持续发展状况的一个侧面。

（三）歌谣

大概从春秋时代起，比《风》诗更基层、更民俗的歌谣，开始流行、发展开来。首见之《左传》的如僖公二十八年，晋国"舆人"编唱歌谣："原田每每，舍其旧而新是谋。"以敦促晋君下决心与楚作战，后来取得城濮之战的胜利。

宣公二年，宋国筑城，华元巡视工程，民工们就唱着："睅其目，皤其腹，弃甲而复。于思于思，弃甲复来。"这是劳动者不满、讽刺华元的。华元刚刚战败回国就来监工，民工们就说你这个曝着眼睛，挺着大肚子，作战而丢盔卸甲的人逃回国了，而今又来监管咱们了。华元便叫驾车的人回复，说："牛则有皮，犀兕尚多，弃甲则那！"意思是：制盔甲有牛皮，犀牛皮也多的是，战败也是没奈何。民工们再回敬道："纵有其皮，丹漆若何？"纵然依你说有的是皮，但还得用很多红漆，（不易供给）又如何呢？华元眼见"其口众我寡"，也就"去之"了事。这是很精彩的一幕，充分表现了统治者与人民的对立和民工们的机智与勇气。

襄公四年，鲁国人讥讽臧纥在狐骀打败仗，用歌谣唱道："臧之狐裘，败我于狐骀。我君小子，侏儒是使，侏儒侏儒，使我败于邾。"襄公十七年，宋国大宰皇国父竭力为国君筑台，子罕建议待到农忙之后，不听。筑城者又编起歌谣："泽门之晳，实兴我役。邑中之黔，实慰我心。"泽门之晳指皇国父，他住在泽门，颜面白晳。邑中之黔指子罕，他住在城内，长得黑。一个擅兴土木，一个体恤人民，歌谣爱憎分明。襄公三十年，郑子产新任执政，改革旧制，开始国人不理解，歌谣云："取我衣冠而褚之，取我田畴而伍之。孰杀子产，吾其与之。"三年后改革见了成效，又作歌谣："我有子弟，子产诲之；我有田畴，子产殖之。子产而死，谁其嗣之？"前毁后誉，人们对为政的好歹，亦是爱憎分明，毫不含糊。

定公十四年，卫君为他的夫人南子召唤宋国的公子朝，南子和公子朝是旧情人，这种淫乱之举被世人唾骂，当这次卫太子蒯聩因事经过宋境时，宋国人编的讽刺歌谣是："既定尔娄猪（母猪），曷归吾艾豭（公猪）？"对淫行的男女斥之为公猪、母猪，非常痛快。反映当时贵族阶层的骄奢淫逸习见而公行，人民则极为痛恨。

还有讥讽失礼的歌谣，如哀公二十一年，对鲁君不答齐君的稽首礼，齐人歌谣云："鲁人之皋（答），数年不觉，使我高蹈（怒状）。唯其儒书，以为二国忧。"是说鲁人固守儒书而造成这种失礼的事，这是齐人一贯反儒的老传统。

此外，晋国"舆人"批评惠公失政，国人不满于世子申生葬不如礼的歌谣（《国语·晋语三》），楚狂接舆的"凤兮"之歌（《论语·微子》），鲁"乡人"讥讽南蒯之歌，晋齐二君投壶互争雄长之诵（昭公十二年）以及鲁国的鸜鹆谣（昭公二十五年），申叔仪之歌（哀公十三年），浑良夫之噪（哀公十七年），《孟子·离娄》之《沧浪歌》《孺子歌》，《晏子春秋》所记《冻水歌》《穗兮歌》（《内篇·谏下》第五、第六），《吴越春秋》所载《渔父歌》（卷一），越王夫人的《去国歌》（卷四）；《说苑》记述的楚人称诵诸御已谏王有成之歌（《正谏》），楚人称誉子文之歌（《至公》），《吕氏春秋》记鲁人始虑孔子亲政的《廖裘歌》、邺人赞誉史起歌（《乐成》），《新序·节士》记徐人歌颂吴季札赠剑徐君之歌，等等。作者或上层或下层，歌谣或雅或俗，都是人们抒发感情的一种文学形式。

《说苑·善说》记载一篇越人《榜枻歌》，其原辞是："滥兮抃草滥予，昌枆泽予，昌州州，锟州焉乎，秦胥胥，缦予乎，昭澶秦逾，渗惿随河湖。"显然这首歌词是用汉字记录越人语音的，凭汉字的音义就不知所云。楚人鄂君子皙也听不懂，只好请一位"越译"加以翻译，才知是一首优美的情歌："今夕何夕兮，搴中洲流；今日何日兮，得与王子同舟。蒙羞被好兮，不訾诟耻。心几（顽）[烦]而不绝兮，知得王子。山有木兮木有枝，心悦君兮君不知。"这篇经过翻译后的歌辞，明显是楚辞的格调，究为本来面目是文人创作抑或是译者的加工，我们不得而知。不过，可以推测当时中国各地各族人民都在创作歌谣，分布于广阔地域的越族自然不会例外。

（四）《诗经》的艺术成就

作为我国的第一部诗歌总集，《诗经》在创作艺术上已经相当成熟，取得了很高的艺术成就。

1. 赋、比、兴

《毛诗序》提出了赋、比、兴，是为《诗经》六义之三。但赋、比、兴的内涵究竟是什么，《毛诗序》并未做出明确的交待。孔颖达《毛诗正义》指出此三者为"诗之所用"，也即今天所谓诗的表现手法。朱熹在《诗集传》中对此的解释已得到公认，他认为：赋是"敷陈其事而直言之者"；比是"以彼物比此物"；兴是"先言他物以引起所咏之词"。[①]

赋是铺陈，是对事、物等的直接的描述。雅、颂等基本上是采用赋的手法，因为赋的描述性使它善于叙事，如《生民》《公刘》等史诗，全篇都是在叙述历史事件。赋也可以写景状物，如《小雅·采薇》："昔我往矣，杨柳依依。今我来思，雨雪霏霏。"将过去的景与现在的景联系在一起，铺叙之中包含着深切沧桑的情感。《卫风·硕人》对庄姜的描绘几乎出神入化："手如柔荑，肤如凝脂。领如蝤蛴，齿如瓠犀。螓首蛾眉，巧笑倩兮，美目盼兮。"诗句细致地叙写了庄姜美丽的手、皮肤、脖子、牙齿、额头，而最后再写她美丽的微笑，流转的目光，整个美人的形象顿时灵动起来，熠熠生辉。《豳风·七月》是一首叙事诗，诗中即用赋来叙事。如"女执懿筐，遵彼微行，爰求柔桑"等等，在其中占大部分篇幅。也用赋来写景，如"春日载阳，有鸣仓庚"，"春日迟迟，采蘩祁祁"，叙事写景相错，充分地体现了赋的作用。《国风》中较多用赋的还有《郑风·溱洧》《卫风·氓》等。

比就是比喻。《诗经》中用比的地方很多，而且比的方式也是多种多样的。明喻如《陈风·出其东门》："出其东门，有女如云"，《大雅·民》；"吉甫作诵，穆如清风"；暗喻如《小雅·正月》："哀今之人，胡为虺蜴"等。有的比喻只出

[①] （宋）朱熹集注. 诗集传[M]. 上海：上海古籍出版社，1980. 02.

现了被比作的事物，如"燕婉之求，籧篨不鲜"，直接将卫宣公称为籧篨（癞哈蟆），这是借喻。有的比喻将一个事物连续比作多个事物，称为博喻。如《小雅·天保》中："天保定尔，以莫不兴。如山如阜，如冈如陵，如川之方至，川莫不增。"连用了五个比喻来形容兴盛的事业。又如《卫风·淇奥》中："有匪君子，如切如磋，如琢如磨。"连用了四个比喻来形容君子不同一般的翩翩风度。不但比喻的形式多种多样，喻体的选择也是多样化的，从前面的例子里便可看出，自然界的一切动植物，甚至地理环境、现象等，都可当作喻体，而人的活动，如对玉的切磋、琢磨也可当作喻体。比的多种多样使得诗歌的形象更加明晰，更利于领会理解，诗歌的意象也更为活泼自然。

兴的内涵较难理解，有时容易与比混为一谈。先言他物，他物与下文所咏之词必须有某种内在联系。但两者之间并不是打比方，而是以他物为抒发感情的发端。因此兴常常用在篇首或章首，又称为"起兴"。国风中，比较广泛地采用了兴的手法。《周南·螽斯》："螽斯羽，诜诜兮。宜尔子孙，振振兮。"先以螽斯（蝗虫）起兴，再由蝗虫成群结队地展动翅膀发出嗡嗡的声音联系到多子多孙，借以祝人子孙满堂。《邶风·凯风》："凯风自南，吹彼棘心。棘心夭夭，母氏劬劳。"温暖和煦的风从南边吹来，以此想到温柔和善的母亲。这首诗不但以凯风南来起兴，还暗将幼子比作"棘心"（酸枣树幼苗），兴中还有比。兴还能描绘景色，烘托全篇气氛。如《周南·桃夭》以鲜艳的桃花起兴，渲染新娘出嫁时的喜气洋洋，《秦风·蒹葭》以萧瑟秋景起兴，烘托主人公的失意迷惘。《邶风·谷风》一开篇就是："习习谷风，以阴以雨"勾画出凄凉的气氛来表现女主人公悲愤的心境。赋、比、兴作为三种艺术表现手法，并不是独立存在的，三种手法往往交错为用。一般地说，赋有时可以构成全篇，通篇用比的比较少，而兴则只在篇首或章首了。

2.《诗经》的语言艺术

《诗经》的语言质朴简单，同时又具有很高的准确性和形象性。

《诗经》里的诗都是可以和乐而歌的，因而浅显易懂。重章复沓之处比较多，使诗歌显得单纯明朗，具有质朴的艺术美。如《周南·芣苢》："采采芣苢，薄言采之。采采芣苢，薄言有之。采采芣苢，薄言掇之。采采芣苢，薄言捋之。采采芣苢，薄言袺之。采采芣苢，薄言襭之。"诗歌描写妇女们采摘车前子的愉快的劳动场面。每章的变化只有动词，语言明白如话。而从动词又可以看出其用词的准确性，"采""有""掇""捋""袺""襭"六个动词都是描写采摘的动作的，不同的词表现出不同的动作，而且还反映了采摘的进度和采摘的用具，准确而精炼。同时，诗歌的每一句都用"采采"打头，显得轻快活泼，体现了《诗经》语言的又一特点，即大量使用双声、叠韵、叠字来增强语言表达的形象性。《文心雕龙·物色》中说："诗人感物，联类不穷……故灼灼状桃花之鲜，依依尽杨柳之貌，杲杲为日出之容，漉漉拟雨雪之状，喈喈逐黄鸟之声，喓喓学草虫之韵。皎日慧星，一言穷理；参差沃若，两字穷形，并以少总多，情貌无遗矣。"正是这些词的大量使用，使诗歌所表现的形象鲜明准确，而且使音节宛转流畅，即使我们今天朗诵起来，仍是朗朗上口，如出天然。

3.《诗经》的形式艺术

《诗经》的体裁是四言体为主。四言体与早期的二言体相比有了很大的进步。表现在它的容量增大，容纳了丰富的词汇，句式增多，能表达各种语气，有时音节不足四言，就用词头或语气词来补足。如《芣苢》中的"薄言"就是没有实际意义的词头，而《鄘风·柏舟》中的"母也天只，不谅人只"，既补足成了四言，还表达了强烈的语气。四言体之外，杂言体诗的数量也不少。其句式参差不齐，灵活机动，完全由语意来决定句子长短。虽然杂言体形式不整齐，但节奏自然灵活，错落有致，使《诗经》显得比较富于变化。在章节上，《诗经》多是重章叠句的形式。章节复叠的形式很多，有的是每章都有复沓的部分，有的是只有部分章节复沓。这种复沓的形式利于歌唱时反复吟诵，增加节奏感且利于记诵。而且在回环往复之中又能深化主题，加强感染力。如《王风·采葛》在反复歌唱中，主要改变的是"三月""三秋""三岁"，一章比一章递进深入，相思难捱的心情溢于言表。

（五）《诗经》的地位与影响

作为文学史上的第一部诗歌总集，《诗经》标志着我国诗歌创作的第一个高峰，它在创作上的成就，使它成了后代诗人学习的典范。

《诗经》善于描写社会生活，表现具体的生活场面，并体现出对时政、国家与人民的关心，具有现实主义的创作精神。这一类诗主要在《风》《雅》之中，后人就将这种精神称之为"风雅"。两汉乐府民歌"感于哀乐，缘事而发"，继承了这种精神；世积乱离的建安时代，"三曹七子"们关心社会现实，慷慨陈词，志深笔长，形成了"建安风骨"。到了唐代，陈子昂率先标举"风雅"，反对绮靡文风；杜甫则"别裁伪体亲风雅"，用诗来记载动荡变乱的社会历史；白居易提出"文章合为时而著，歌诗合为事而作"的创作要求，进一步发扬了《诗经》的现实主义精神。

《诗经》所开创的赋、比、兴的表现手法，尤其是最具民歌风味的比、兴，在后来诗人们的有意识的摹仿学习下，成为在中国绵延几千年的具有民族特色的传统诗歌表现手法。屈原在《离骚》中运用了大量的比喻，香草、美人比喻君子，臭物、恶禽比喻小人，在众多比喻中形成一个色彩陆离、善恶分明的虚拟社会。再往后，诗歌中发端起兴，以比托物的例子就数不胜数了。

在体裁上，《诗经》的四言体逐渐衰落了，但历代都有人写作四言。曹操与嵇康的四言诗都堪称佳作。前者如《短歌行》《观沧海》，后者《赠秀才入军》。在后世的较为正规的铭、诔、颂、赋中，四言体仍是正统体裁。《诗经》的杂言体在两汉民歌中又一次大放光彩，成为两汉民歌的主要体裁。

二、《左传》

（一）《左传》中的君子及君子风度的表现

先秦典籍中，大量著作对君子及君子的风度进行阐释。如《诗经》中君子呈现出"如金如锡，如圭如璧""瑟兮僩兮，赫兮咺兮"的风采。而不同于《诗经》对君子道德、文化等人格抽象的歌颂，《左传》运用艺术的手法将君子的形象进一步深化，使抽象的君子风度更具体化、立体化。通过生动可感的人物群像，可以窥见春秋君子用自己的嘉言懿行谱写的春秋独特的时代精神。

《左传》中第一次完整地系统地提出君子人格的标准，即仁、信、忠、敏，并以此作为衡量君子德行的尺度。《左传·成公九年》身陷囹圄的楚囚钟仪用自身的人格魅力征服晋国君臣。

晋侯观于军府，见钟仪，问之曰："南冠而絷者，谁也？"有司对曰："郑人所献楚囚也。"使税之，召而吊之。再拜稽首。问其族，对曰："泠人也。"公曰："能乐乎？"对曰："先父之职官也，敢有二事？"使与之琴，操南音。公曰："君王何如？"对曰："非小人之所得知也。"固问之，对曰："其为大子也，师保奉之，以朝于婴齐而夕于侧也。不知其他。"文子曰："楚囚，君子也。言称先职，不背本也；乐操土风，不忘旧也；称大子，抑无私业；名其二卿，尊君也。不背本，仁也；不忘旧，信也；无私，忠也；尊君，敏也；仁以接事，信以守之，忠以成之，行之，事虽大，必济。君盍归之，使合晋、楚之成"；公从之。重为之礼，使归求成。

  钟仪头戴"南冠"引起晋侯的注意。在与晋侯对答时，钟仪行为有礼，张弛有度，体现其不忘本、不忘旧、无私、尊君等君子品质，做到了仁、信、忠、敏。因此被高度称赞为"君子"。此时，"君子"更多的是强调个人的品德与礼仪修养。

  又如文公十二年，西乞术在繁缛的聘礼中言行得体，襄仲称其为"君子"。昭公三年，晋国如日中天，张耀已经预料到"晋将失诸侯"。子太叔称他"有知，其犹在君子之后乎。"[①]张趯因有见识、远见，子太叔认为他可以列入君子之列。昭公十六年，郑国子蟜、子产、子太叔、子游、子旗、子柳等六卿赋诗，每人所赋的内容，都达到了韩宣子"赋，起知郑志"的要求，被韩起称赞为"二三君子"。春秋时期人们判断"君子"的标准呈现多样化，熟知经史典籍、礼仪得当、学识渊博等都已成为"君子"的基本素养，并由此推广到人格、政事的范畴。"君子"最初是指社会地位尊贵的贵族。在时代的发展中，君子逐渐被赋予道德含义，演变为品德高尚的贵族阶层；之后，君子的道德内涵不断深化，即便不出身于贵族，地位低下，但其具有仁爱之心及君子的人格理想、道德意识皆可称为君子。而贵族中德行缺失的人已脱离君子行列。此时，评价君子的依据不仅仅局限于学识、身份地位等，更侧重其道德品质。《左传》在记述人物时，也更强调人物德行。

  《左传》中记载许多让人敬重与仰慕的国君，以民为本，重视民生；为君礼让，对贤士礼遇有加；他们励精图治，其治国、修身被后人奉为典范。在他们的身上闪耀着君子道德的光辉，主要体现在人道主义和优秀的礼仪道德的群体风度上。

  《左传》中国君的人道主义主要体现在任用贤才以及对百姓的重视上。晋文公重耳复国后，先是平定国家内乱，后励精图治，重用贤臣、避亲用贤。对待百姓上，晋文公养民如子，教民知礼、知信、知义，并没有急于扩张权力。晋文公以礼、信、义教化百姓、以身作则，上行下效，百姓安居乐业。义、礼、信不仅

[①] 杨伯峻. 春秋左传注（修订本）[M]. 北京：中华书局，2016.

是君子德行的核心，更是治国安邦的良策。重耳实施"教民""利民"治国之策是他深受礼乐文化影响以民为本的思想的集中体现，彰显了他重百姓任贤才的人道精神。

春秋时期礼崩乐坏，违礼事件时有发生，但礼仍贯穿君子生活始终。君子将"礼乐"奥旨充分阐释践行，礼成为评判"君子"的重要尺度。君子行事以礼、义为准则，以身作则，把礼义与自身融为一体。如"鄢陵之战"中，晋国郄至三遇楚共王便跳下马，"免胄而趋风"以示对楚共王的尊重。

《左传》作者虽对平民百姓的记载和描绘较少。但寥寥数笔却展现了他们忠君勇武、重义、知恩图报等高尚的君子人格。这些平民虽没有同贵族阶层一样自小接受良好的教育，但春秋教育下移，加之他们在生活中的实践与经验使他们睿智非凡，在思想上有着更高的道德追求，言行与举止折射出一种超越生死的道德观和价值取向，也堪称为君子的典范。

成公五年，一个送重车的绛人见梁山崩塌，将原因归结为"山有朽壤而崩"，因土壤的松软致使山体崩塌，属于自然原因，并非鬼神作祟。绛人认为，国君应对自然灾害时应身体力行做到节俭减少自身奢华生活，体恤百姓，安抚民心。这样才能做到解难。绛人对自然灾害的认识从鬼神之说转为对现实原因的思考，摒弃了对鬼神的盲目信服，是进步思想的代表。他巧妙地借助自然灾害对统治者进行劝谏，可见其思想上进、睿智，具有社会责任感，以国家为己任。

晋灵公因赵盾屡次谏言，对赵盾产生厌恨，派遣武艺高超的鉏麑刺杀赵盾。鉏麑在刺杀时发现赵盾是"民之主也"。在"忠""信"两难抉择下，鉏麑最终选择触槐而死，以成全自己的"忠"和"信"。

以鉏麑这类人为代表的君子，他们为了心中正义，在"忠""信""孝""义"等难全时，他们的信仰使他们跨越生死，甚至以死殉道。反之，也有些自私自利的平民因自己的私心和贪念做出悖逆不轨之事。宣公二年，华元的车夫羊斟因华元杀羊犒劳将士将他忘记，内生怨恨。战时，羊斟便驾着华元的马车冲向敌军阵营致使其战败。"君子"评价道："羊斟非人也"。羊斟因私怨不顾国家利益，是狭隘的利己主义者。

睿智忠勇的平民身上折射出他们超越贵族阶层的智慧、忠勇与仁义，彰显君子礼仪道德的本质。由此窥见，君子不再囿于贵族出身，而是只要其人具备君子的德行，便可称为君子。这些德行高尚的平民自觉践行君子的道德规范，扩大了君子的内涵，折射出春秋君子舍生取义、睿智忠勇的风度，也彰显了春秋时期君子的时代特征。

《左传》人物形象根据道德品质可以划分为君子和小人两大类。君子中以明君、贤臣、睿智忠勇的庶人为代表；小人则以暴君、佞人为典型。"合礼"的思想观念对君子影响是根深蒂固的并早已渗透到他们血液中，使他们从精神层面上区别于小人。《左传》中君子风度以士可杀不可辱、重细节、敢担当、尊礼重信、忠君爱国等为表征，实质是以礼乐为表，以德行操守、义利之辨为根本，追求自身的道德素养与个人素质。君子不论出身，即便出身于平民，但具备君子仁义礼智信的品质，便是君子。君子为维护、追求高尚的道德情操甚至可以牺牲生命，也正是君子的坚守使得春秋形成了独特的君子文化与艺术精神。

（二）《左传》中的风雅精神

1. 融入日常生活的风雅精神

时至春秋，宗法分封制和礼乐制度日渐薄弱，西周文明峻峭肃穆的外表已有了滑落的迹象，西周"神"的威仪下降，礼制开始被僭越。诸侯国间平行发展、各自为政。这种转变带来的更深层次的影响是春秋人精神世界和心灵世界的剧烈震荡。春秋社会就不避免地成为西周端庄与战国放纵中的衔接点，诸侯国间的争霸战争让各国器物加速流动，比如鲁国的郜鼎就是源自与他国战争得来，这就让各国间文化的流转加快，贵族间的文化圈层也开始分解与融合。风雅精神形成于变革中的春秋社会，这种精神得以产生，延续和发扬伴随着社会诸多领域的变革，却不囿于贵族门第和贵族血统，不管是在战争中，还是在日常生活中都恪守义、信、礼，由贵族们向整个社会所传递的道德意义和力量远大于想象，《左氏》笔下，虽有无道诸侯，但恪守礼仪的贵族还是占主要部分，崇德守礼、向善而行的春秋人依然是左氏讴歌的对象。

春秋时人对诗之推崇可见一斑，不但平时外交、饮宴中赋诗，而且是真的把《诗》的魅力带到日常生活中去。《诗》之风雅，正见春秋时期之风雅。而《诗经》与《左传》的交互，文史之间的交融，让我们面前的时代更加鲜活，然风雅不仅仅作为一种诗文之道，更是一种精神气质，温柔有力地融入了春秋人的精神世界。贵族们的生活并不被特定的职业化所固定，他们不是一颗螺丝钉，与神圣世界，自然世界紧密相连，礼教的条框开始被拆解，灿烂辉煌成为浮光掠影，开始转向内心的审视，从社会形态来说，节奏开始变乱，就文化而言，法律，文学，哲学，商业的进步，对生活意义的新探索，则让春秋社会充满魅力。春秋人将礼乐文化灌注于指尖发上，举手投足，温文尔雅、衣食住行，细致精密。他们将平凡的日常生活过得如诗般浪漫，那么平凡也就变得精彩，也正是这种优雅的风度显示出春秋时期与众不同的时代性格。

春秋之人优雅可爱，单纯勇敢，风雅精神内化到他们的骨子里，朝堂外交，原野征战，无不体现着那个时代的风雅，再也没有一个时代像春秋这样优雅，而风雅精神也成为这个时代展现留给后人的最美的财富。贵族阶层终究消逝，然而青铜时代的他们，是那样质朴美好，宽容有尊严，诸侯们平行发展各自为政，这是礼乐文化的最后一壶酒，凝重绚丽，仍然保有古老的固执与骄傲，春秋的江河依然奔流，主死义在，有诺必果。

风雅精神就是恪守内心的尊严，以风雅供养生命，风雅于心，风雅于诗，春风化雨，无孔不入。千年前的春秋人对于精神世界的建构至今可贵并将影响着未来，这一时期，时光被精雕细琢，婚丧嫁娶，喜怒哀乐，战争祭祀，都被风雅精神装点得繁复明丽，仿佛他们用过的青铜器，玉酒杯，都沾染了自己的性格，贵族们从容地看待生死，尚礼又好斗，明丽又哀婉，憧憬又压抑，也只有贵族们才有这样的心性和宽容，付出努力和心血将风雅精神注入日常生活，眼看贵族君子们背影单薄，耳畔乐声不在，一个千帆鞠月的时代终于关上了它恢宏的大门，那个以时间命名的时代今后再无，两千年来，其实人们没有一刻停止过对仁义道德诗性的追求，只能留下千古的追寻和探索，留下对一个朝霞映雪的时代的向往。《左传》将一个个小邦国所组成的璀璨时代、青铜文明的典雅宏伟与风雅贵族的赏心悦目雪藏，留给后人一个风韵依旧令人敬仰的历史空间，争艳于人类绚烂的精神世界之中。

2. 高雅的贵族品质

《左传》所记载的人物，基本上都是春秋时期的贵族，他们所独具的贵族品质，令后人无限向往与敬慕。

钱穆在《国史大纲》中言："《左传》对于当时各国的国内政治，虽记载较少，而各国贵族阶级之私生活之记载，则流传甚富。他们识解之渊博，人格之完备，嘉言懿行，可资后代敬慕者，到处可见。春秋时代，实可说是中国古代贵族文化已发展到一种极优美、极高尚、极细腻雅致的时代。"①

《左传·成公九年》第一次对贵族君子所要具备的品质进行了细致的描述："不背本，仁也；不忘旧，信也；无私，忠也；尊君，敏也。仁以接事，信以守之，忠以成之，敏以行之。"即"仁""信""忠""敏"的品质。

《国语·周语下》中也概括了先秦时期贵族须遵循的一些准则："夫敬，文之恭也。忠，文之实也。信，文之孚也。仁，文之爱也。义，文之制也。智，文之舆也。勇，文之帅也。教，文之施也。孝，文之本也。惠，文之慈也。让，文之材也"，即"敬""忠""勇""教""孝""惠""让"等品质，这些品质在先秦贵族身上多有体现。

《左传》《国语》中所提出的"仁""信""忠""敏""敬""勇""孝""惠""让"等品质，是西周以至于春秋时期礼乐文化的精髓，是当时贵族所普遍尊奉的价值观念，他们尊礼守礼、重信守信、公忠尚俭、谦让和顺，以高度自觉的道德自律构建了贵族的精神境界。

谦让和顺是春秋贵族们又一显著的品质。春秋时期以"让"为君子们的一大美德，《左传·文公元年》云："卑让，德之基也。"此足以见，谦让在那一时期的确渊源有自。至于春秋时期，谦让和顺早已成为贵族君子们所共识的需要养成的品质。

子产作为春秋时期一大着墨颇多的人物，他的性格、品德我们是可以通过文字感知到的，冯李骅《左绣》中讲到："《左传》大抵前半出色写一管仲，后半出色写一子产……读其文，连性情心术声音笑貌，千载如生。"②子产性格中一大显著特点就是懂得谦让。鲁襄公二十五年，郑国子展、子产率师伐陈国，陈国大败。明年归国后，郑伯赏二人入陈之功，子产谦让的特点展现得淋漓尽致：

郑伯赏入陈之功。三月甲寅朔，享子展，赐之先路、三命之服，先八邑。赐子产次路、再命之服，先六邑。子产辞邑，曰："自上以下，降杀以两，礼也。臣之位在四，且子展之功也。臣不敢及赏礼，请辞邑。"公固予之。乃受三邑。公孙挥曰："子产其将知政矣！让不失礼。"

---

① 钱穆. 国史大纲[M]. 北京：商务印书馆，1995.
② （晋）杜预，（宋）林尧叟注释；（清）冯李骅，（清）陆浩评辑. 春秋左绣 卷1[M]. 潍阳成文信，清光绪二十五年（1899）.

子产认为，君主的赏赐应依照等级进行，他在郑国卿大夫中位列第四，子展、子西、伯有在其上，不能打破这一顺序；他在这次仅以副帅的身份出征，且多为子展的功劳，不敢贪功，于是辞郑伯赏赐之邑。郑伯执意要赏赐，子产就辞其半，仅受三邑。郑国大夫公孙挥认为子产将要知道为政的大道理了，果不其然，数年后，子产为政于郑国。公孙挥在此将谦让与知政联系起来，意谓知政的前提就是要谦让和顺，可以想见，此时谦让这一品质是何等重要。

3. 文雅的赋诗活动

如果说《诗经》是春秋时代礼乐教化的蓝本，那么《左传》则是贵族社会风雅精神的一面镜子。《诗经》全面走入了春秋贵族社会，祭祀外交，衣食住行，无处不诗，而左氏用热情之笔叙写的就是这样一个诗化的社会。《左传》中出场的历史人物往往信手拈来，便是《诗经》中的一首好诗。《左传》中共有219处出现诗的身影，这也说明对于诗歌的熟练运用是春秋贵族们的基本修养，以诗为言，配以乐声，既是贵族们在紧张外交场面做出的风雅之举，也是春秋时代独特的文化现象。在外交场合，赋诗交流关系重大，可观人物成败，可叹家国兴亡，若非自幼学诗，修养深厚，恐怕难以领会诗歌背后的深意，难以促成邦国间的友好，如此那些贵族男女们才可在悠扬的乐声中谈笑风生，应对自如，你来我往，赋诗言志，对于《诗》的谙熟可见一斑，只有拥有这样行云流水的能力，才能借助诗歌四两拨千斤，将那些难解的谜题、邦国的恩怨，诗化地消弭于机锋朝堂，需要时间，也需要耐心，这就是春秋时代特有的骄傲与温柔。在后世任何一个时代的朝堂上，都再也不会这样风雅，赋诗对于贵族士大夫来说首先是一种身份的象征。

《左传·僖公二十三年》曰：

他日，公享之。子犯曰："吾不如衰之文也。请使衰从。"公子赋《河水》。公赋《六月》。赵衰曰："重耳拜赐！"公子降，拜，稽首，公降一级而辞焉。衰曰："君称所以佐天子者命重耳，重耳敢不拜？"

赋诗外交是春秋时期的一种独特的文化气象。《左传》所载赋诗自鲁僖公二十三年重耳过秦始，以鲁定公四年申包胥如秦乞师而终。这一时期实为大半部春秋史，而后"七国则不闻矣"。

在《左传》中，列国国君、卿大夫们聘问、会盟、燕享之际深情赋诗的记载俯拾皆是,《诗》穿插游刃于《左传》之中,绝无附赘悬疣之感,反倒尽显风雅本色,实可说为《左传》增色良多。

赋诗有两种含义:一曰造篇,一曰诵古。造篇即简要地说明诗篇创作来由,既包括《诗经》中所收录的三百篇如"卫人所赋《硕人》也"(鲁隐公三年),"郑人为之赋《清人》"(鲁闵公二年)等,又包括不见于《诗经》的篇章,如"大隧之中,其乐也融融;姜出而赋,大隧之外,其乐也泄泄"(鲁隐公元年)等。而最能展现春秋时期"风雅精神"与君子文雅气质的是另外一种形式的赋诗,即诵古,将《诗》中已有之篇章"断章取义",并为我所用,一方赋诗,另一方则是对诗意进行解读。"赋诗者"与"听赋诗者"一来一回,相互赋诗吟咏,他们各自既是咏者,同时也是听者,以此种方式来相互沟通。正如毛振华在《〈左传〉赋诗研究》中所言:"在重礼、尚文的大环境下,春秋行人博学知礼,言谈举止有彬彬之致,其言辞生动形象,简洁凝练,特别是赋诗更具有'文典而美,语博而奥'的艺术魅力。"[1]

公元前637年,作为外交场合的优美赋诗正式登上了春秋时代的政治舞台,秦穆公宴请饱受流亡之苦还未取得君位的晋文公时,重耳赋《河水》之诗献给秦主,而秦穆公也激动地赋《六月》以相应和。这是风雅的赋诗方式第一次出现在外交场合。对于流亡过程中的重耳来说,若在宴饮之时应对不好,便可能没有后来的霸业,所以作陪人选就极为重要,秦穆公以《六月》相对,《六月》本是说尹吉甫佐宣王征伐之事,此时秦穆公的积极对答显然是有助其归国即位的深意。可见外交赋诗,对于个人命运乃至国家兴亡的重要。正是由于赵衰凭借了其良好的文化和《诗》礼修养,才使重耳得以顺利回国的。

而后,赋诗活动勃然兴起,纵观整个春秋时期,贵族们在外交场合常常赋诗,并配以音乐,由此证明诗经所带来的风雅精神在春秋贵族时期是一种特有的广泛精神,赋诗言志的潮流在春秋时期风靡各国,这对后世而言无疑是春秋贵族们的独特创造,如果诸侯会盟时,对方赋诗却不应答,就是一种极其不礼貌的行为,甚至可能会因此遭到讨伐,在战国以后的外交场合中再难找到这样优美含蓄又文雅的表达方式。这标志贵族化的一个高潮的出现,也是礼乐文化生命力的延伸,延续了近五百年之久的周代诗歌创作连绵不断并于外交赋诗一起有了新的活力。

---

[1] 毛振华.《左传》赋诗研究[M]. 上海:上海古籍出版社,2011. 05.

春秋中后期，各个国家、各个地方出现的诗歌基本上被选编成功，出现在了各个贵族们的书架，它可能就是现今流传的《诗经》的雏形。这一时期诗歌创新的数量虽然在减少，但诗歌改头换面以一种更为高级的身份开始登堂入室，雄赳赳气昂昂的成为外交朝堂上君王诸侯们表达心意，彰显身份的新时尚。诸侯们对《诗》虽有时不免存在断章取义之嫌，然而整体上这实在是一种文雅的外交方式。赋诗活动是一种再好不过的认同方式和话语方式，将贵族阶层与平民阶层完全区别开来，平民阶层根本不知道贵族们在说什么，只有受过多年文化礼仪的贵族们才可以于诗歌唱和，推杯换盏间，达成外交任务，是一种纯粹展现贵族身份的艺术活动。而赋诗不仅是一种外交活动，他的内蕴是风雅艺术的弘扬，将自己要表达的意图，所思所想，通过吟唱诗歌这种方式，婉转地表情达意，若对方听懂，那自然再美好不过，与战国时期巧舌如簧为了逐利的士人们不同，春秋时期贵族们在正式场合互相赋诗的举动，既是一种含蓄的展现才华的手段，又成为贵族交际圈的通行证，赋诗之间，所散发的优雅的气度，于缓带轻飘间昭示着贵族们独特的政治地位和文化佼佼者形象，作为这一时期，春秋贵族们独有的赋诗，则成为那个时代风雅精神的一项代表，与高尚的道德修养一起，托举出一个人整体的气度，一个完美的贵族合该如此，必须具有区别于平民阶层的各方面的优秀，而这样的贵族人物在《左传》中屡见不鲜，左氏对具有美好品德的这样的贵族士大夫也十分偏爱。太多的笔墨太多的激情都倾注于他们身上，如子产，季扎等风度翩翩的贵族士大夫们以一种近乎完美的姿态出现与留存在《左传》中。

4. 优雅的外在风度

在礼乐文化的熏陶下与崇尚威仪的时代背景影响之下，社会对贵族们的精神风貌与外在风采提出要求，即"容止可观"。容止是展现春秋时期贵族"风雅精神"的重要方式，是凸显春秋君子们"文质彬彬"的一大途径。竹添光鸿注容止曰："容止，颜色风采也"[1]，即容貌举止、仪形风度。

首先，优雅的容止是春秋时期贵族选立嫡子的一大重要标准。《管子·君臣篇》云："选为都佼，冒之以衣服，旌之以章旗。"尹知章对此注曰："所立之嫡，必选其都雅佼好者，又以美衣丽服覆冒之，章表旗帜旌异之。"[2] 选立之嫡子须有较为

---

[1] （日）竹添光鸿注. 左氏会笺[M]. 成都：巴蜀书社，2008. 09.
[2] 黎翔凤校注. 管子校注[M]. 北京：中华书局，2004. 06.

佼好的容止，而后以服章装饰，用以区别庶子，体现出嫡子尊贵的身份。

其次，除选立嫡子外，嫁娶也重容止。《左传·昭公元年》载郑国徐吾犯之妹貌美，公孙黑（子皙）与公孙楚（子南）都想娶她。面对这种棘手的情况，徐吾犯不知所措，询于子产。子产认为婚嫁之事应听从女方意见，让女方选择，从其所欲。于是二人盛装以求此女芳心，"子皙盛饰入，布币而出"，"子南戎服入，左右射，超乘而出"。子皙之盛饰如何，子南之气概如何，我们不得而知，但可以肯定的是，无论是子皙还是子南，对于各自的仪容、容止都是十分重视的。我们可以说春秋时期，大到选立嫡子，小到嫁娶都要须尽力展现佼好的容貌举止与仪形风度。

贵族君子们也十分注重自身的仪容举止。晋公子重耳因避骊姬之乱，过楚，楚成王享之。楚国子玉请杀公子重耳，楚成王未应允，他认为"晋公子广而俭，文而有礼。其从者肃而宽，忠而能力……违天必有大咎"。[①]金圣叹在《天下才子必读古文》中对此评价到："楚子知人。公子方作如此语，乃楚子评之，却云文而有礼。想古人眼力，直是超绝后来。"[②]金圣叹所言楚成王之眼力，正从侧面表现出晋公子重耳非凡的贵族气质与优雅有礼的举止，就连其随从，诸如赵衰、狐偃、魏犨、胥臣等人，想必也应是保有风度翩翩、肃穆庄严的君子仪容。

齐晋鞌之战前，时任晋国司马韩厥梦到自己父亲告诫自己不要站在车左、车右，于是韩厥代御者立于中央。韩厥为晋国司马，按规制应立于车左主射，因梦见亡父之故"中御而从齐侯"。齐侯御者邴夏谓齐侯曰："射其御者，君子也。"邴夏并不知道对方御者居何官职，仅从韩厥的仪态、容止就可推断韩厥为君子，此足以想见韩厥仪容是何等雍容得体，容止是极为可观的。

（三）《左传》中风雅精神对后世的影响

1. 家国情怀，生死以之

《左传》中记载了许多个性鲜明、胆识过人的君子。他们在战场上奋勇杀敌彰显英雄气度，政治中建国安民体现济世情怀。这种忠君报国、执着理想、关注现实的精神在后世的效仿与继承中，不断发展，内容不断被丰富创新，君子的爱

---

① 杨伯峻．春秋左传注[M]．北京：中华书局，1990．05．
② （清）金圣叹选评；李镇等点校．天下才子必读书[M]．北京：中国国际广播出版社，1997．05．

国精神由单纯的忠君逐渐升华为普遍的文化情怀与强烈的爱国主义。

僖公三十三年，晋襄公因母亲释放了俘获的秦国三员大将。先轸知道后非常愤怒以致当着晋襄公的面在地上吐唾沫。先轸后来意识到对君主的无礼并为此羞愧内疚。于是，在与狄的战争中，选择战死沙场，以死谢罪。先轸之死可以看出他身上的血性及对国家的赤胆忠心。正因为他对国家的赤诚之心才导致他听闻晋襄公将敌人放虎归山后，异常愤怒致使他行径莽撞、违背礼制。然而做出不合礼法的行为后，先轸并没有选择盲目地自裁认罪，而是在战场上为国尽忠，选择如此悲壮的方式谢罪，体现了他爱国忠君之心。

《左传》中像先轸一样为国家将个人生死置之度外的君子还有很多，比如荀偃没有完成伐齐大业死不瞑目。虽然春秋时期《左传》中记述的君子爱国精神并不成熟完善，但它是中华民族民族意识的一次解放与觉醒。而正是由于春秋君子这种忠君爱国，舍生取义，为国家呕心沥血的精神激励着士大夫们积极入世，将自己的精神追求赋予到政治与国家建设中，在实现自己社会价值、政治抱负的同时，其精神世界也得到了充分展现。而爱国精神也在士大夫们实现自我人生追求时得到丰富发展。

楚怀王听信谗言，致使屈原受到小人构陷，屡遭排挤，后顷襄王时屈原流放，自投汨罗江而死。屈原在政治生活中虽遭党人和小人的排挤打压，但依然肩负道义，追求真理，"虽九死其犹未悔"；发出"哀民生之多艰"的慨叹。屈原现实生活中不得志，却用诗歌抒发自己拳拳爱国之心。

汉代出使匈奴，在被扣押长达十九载期间，几经风雨，为维护国家尊严，苏武两次自杀未遂。单于愈发想要苏武归降，便命令苏武去北海牧羊，并断绝食物供给。苏武杖汉节牧羊，以致羊节旄尽落。就是在这样恶劣的情况下，苏武依然不卑不亢，不屈不挠。在十九年后，几经波折，终回到汉朝。苏武对祖国的至诚之心，对国家、民族的忠贞不渝的信念，其坚贞不屈的民族气节是对爱国精神最完整的诠释。再到"收拾旧山河，朝天阙"的抗金名将岳飞，"留取丹心照汗青"的文天祥，以及收复宝岛台湾的郑成功。国家统一、民族复兴被深深地熔铸于更深层次的爱国精神追求中；再到鲁迅、梁思成等人，这些优秀的文人士子把爱国主义发扬光大，并用一生为之践行。这些具有深厚的爱国情怀的士人也被称之"中国脊梁"。直至当代，仍有无数保家卫国的戍边战士、抗击疫情的一线医护人员、维护社会安定的警察以及无数投身于志愿事业的人们，君子精神从春秋历经数千年传承至今，爱国精神不仅仅主要集中于君子群体，而是普及到了社会、国家的每个人。

春秋君子的忠君爱国精神深深融入民族历史之中，而这种深厚的爱国情怀历久弥新，经过历代文人志士的努力，逐渐深化践行形成浓浓的爱国情操和民族气节，唤起中国群体意识中的社会责任感和历史使命感，构成了中华民族几千年生生不息的重要精神基因。

2. 自强不息，人格独立

《中庸》记载："君子和而不流，强哉矫！中立而不倚，强哉矫！国有道，不变塞焉，强哉矫！国无道，至死不变，强哉矫！"强调君子在政治生活中时刻保持中庸的立场，不随波逐流。

昭公二十六年，景公看到一座漂亮的房子，便发出感慨"谁会拥有如此美丽的房子？"于是乎，晏婴提出以礼治国的理念，委婉劝谏齐景公要遵从礼，这样才能国泰民安。君子在国家和谐发展时，不忘初心，时刻保持清醒，在君主行为有失偏颇之时，及时警醒。在国家政治昏暗时坚定信念，不失操守，力挽狂澜，直言进谏。这样才诠释了君子为坚持理想而无所畏惧的独立人格。

此外，君子的独立精神还包括意志坚定，自强不息、志向远大。子产执政后，为解决国内外各种矛盾，大力推行改革。首先进行等级制规范和土地制改革，其次加强军队建设，最后铸刑书，加强法制建设，实施宽猛相济的治理之策。子产的每一次改革都受到巨大的阻力，甚至遭到丰卷的追杀。在襄公三十年，子产改革初期，民间流传着"取我衣冠而褚之，取我田畴而伍之。孰杀子产，吾其与之！"的歌谣。可见，子产改革阻力重重，平民与贵族都不认可。面对众人反对，子产不为所动，坚持自我最终改革成果泽被人间。

君子的身上体现了"富贵不能淫，贫贱不能移，威武不能屈"的大丈夫精神。他们大都以天下为先，将自己的政治理想与人生价值融入其中，并为此披肝沥胆、九死不悔。他们坚守气节、保持人格独立，展现了一种积极向上的君子精神，并为之鼓舞一大批志士仁人为之追怀。

乱世之中，孔子周游列国，宣传着自己的学说，以期实现自己的政治愿景。由于时代原因，政见不同，他仍然坚持自我，绝不屈从。虽游学多年，不被统治者重用，但仍坚持理想。

汉代司马迁在李陵被俘后敢于讲真话，为李陵求情，最终触怒汉武帝，结果惨遭宫刑。他秉承史家"秉笔直书"的精神写出了"究天人之际，通古今之变，成一家之言"的《史记》。谭嗣同在戊戌变法失败后拒绝逃亡，发出"各国变法无不从流血而成，今日中国未闻有因变法而流血者，此国之所以不昌也。有之，请自嗣同始"的豪言壮语，选择以死来殉变法事业，用自己的牺牲唤醒人们对封建顽固势力的反抗。正是由于春秋君子自强不息、无畏无惧的独立精神的熏染逐渐演化为一种为真理毫不让步、不向恶势力低头的反抗和不屈精神。

此外，春秋君子的民本思想、济世精神、笃守道义、群体意识等都对我们民族自强不息、忠贞报国、荣辱不惊等性格的形成产生了积极影响。君子风度是中华民族独特的精神标识，彰显着人们深沉的精神追求，也正因历代仁人志士的不断践行、发扬使之成为中华民族精神的精髓。

（四）《左传》的文学特点

（1）作者善于对自然形态的历史事件与社会生活进行文学艺术加工，叙事完整，富于故事性、戏剧性，善于抓住重要的、紧张动人的情节重笔描绘，以引人入胜。如隐公元年，《春秋》只有一句话："夏五月，郑伯克段于鄢。"《左传》则把郑庄公剪除公叔段的前因、后果、来龙去脉交代得清清楚楚，起伏跌宕，颇有戏剧性。作者从郑武公娶武姜、武姜生庄公及公叔段但偏爱公叔段、一心想让公叔段掌握郑国大权写起，逐次展现庄公和公叔段的矛盾，细述了公叔段在姜氏的支持下不断扩展武装、土地和郑庄公对公叔段欲擒故纵的策略。后来，公叔段想用武装夺权，姜氏做内应，郑庄公抓住这个时机，伐京，伐鄢，把公叔段赶出郑国，并放逐了姜氏。最后，作者又记述了郑庄公和姜氏和好的经过，把郑庄公一家矛盾的产生、发展、激化、解决和由此引起的政治斗争、军事斗争描写得绘声绘色，引人入胜而又让人回味无穷。

有些事件和历史史实经历的时间很长，特别复杂，作者写起来也能得心应手，应付裕如。例如僖公二十三、二十四年写晋公子重耳出亡，作者照应僖公五年晋献公杀太子申生、重耳出亡，从晋惠公死、怀公立、通缉重耳写起，集中写他流亡在狄、卫、齐、曹、宋、郑、楚、齐诸国的情况，一波三折，极富故事性。在流亡过程中，作者特别描写了重耳在狄别季隗、过卫野人献块、在齐姜氏与狐偃设谋醉遣、在曹曹共公窥浴观胁、在秦怀嬴奉匜沃盥等戏剧性的情节，之后又穿插回国前狐偃辞行、回国后寺人披告密、竖头须求见等故事，扑朔迷离，把重耳从一个不谙世事、只追求享乐的贵公子经过19年颠沛流离的磨炼锻炼成一个有胆识谋略的英雄人物的过程表现得清楚明白，入情入理。《左传》中这样戏剧性的故事描写还有很多。

（2）《左传》善于描写大规模大场面的战争，而且是把战争作为社会矛盾激化的形态全面描述，把军事行动和政治矛盾结合起来写。《左传》全书记载战争几百次，其中著名的战役，如晋楚城濮之战，秦晋殽之战，晋楚邲之战，齐晋鞌之战，晋楚鄢陵之战，齐鲁长勺之战等，战争的起因，战前军事、外交谋略，兵力调遣、行阵布置，战争的激烈程度，战局的变化，战争的胜负、结局等，都有详略适宜、有条理的交代、描写。如齐鲁长勺之战，鲁弱齐强，战争开始之前，作者就通过曹刿和鲁庄公的对话交代鲁国的民心向背。接着又从"一鼓作气，再而衰，三而竭"的道理阐述鲁军战胜齐军的战术原则，"疏而不遗，俭而无阙"地把一场战争交代得清清楚楚。有些战役战线拉得很长，交战各国的军事联合、外交策略也很复杂，但《左传》写来却迂徐有致、有条不紊，如秦晋殽之战，先从穆公访蹇叔和蹇叔哭师写起：

杞子自郑使告于秦曰："郑人使我掌其北门之管，若潜师以来，国可得也。"穆公访诸蹇叔，蹇叔曰："劳师以袭远，非所闻也。师劳力竭，远主备之，无乃不可乎！师之所为，郑必知之。勤而无所，必有悖心。且行千里，其谁不知？"公辞焉。召孟明、西乞、白乙，使出师于东门之外。蹇叔哭之，曰："孟子，吾见师之出而不见其入也！"公使谓之曰："尔何知？中寿，尔墓之木拱矣！"

接下来又写了郑弦高犒师，晋在殽阻击秦军，文嬴请三帅、秦伯迎三帅等故事，把殽之战前秦、郑、晋各方的形势、动态、秦越国鄙远的贪心和晋抓住时机截击秦军的过程及晋对俘虏的处理、秦穆公对此次失败的认识都全面地做了交代，纵横捭阖，极有章法。晋楚城濮之战晋破曹伐卫、激怒齐秦而孤立楚国，进而大破楚军的军事外交策略写得也很有特色。

《左传》不仅长于以大手笔描述大规模的战役，具体的、刀光剑影的鏖战场面也写得激烈、曲折、生动逼真。如齐晋鞌之战：

癸酉，师陈于鞌。邴夏御齐侯，逢丑父为右。晋解张御郤克，郑丘缓为右。

齐侯曰："余姑翦灭此而朝食。"不介马而驰之。郤克伤于矢，流血及屦，未绝鼓音，曰："余病矣！"张侯曰："自始合，而矢贯余手及肘，余折以御。左轮朱殷，岂敢言病？吾子忍之！"缓曰："自始合，苟有险，余必下推车，子岂识之？然子病矣！"张侯曰："师之耳目，在吾旗鼓，进退从之。此车一人殿之，可以集事。若之何其以病败君之大事也？擐甲执兵，固即死也，病未及死，吾子勉之！"左并辔，右援枹而鼓。马逸不能止，师从之。齐师败绩，逐之，三周华不注。

一开始就用简单的几句话交代了齐军的轻敌（齐侯曰："余姑翦灭此而朝食。"不介马而驰之）。接着用较多的笔墨写晋军将士的团结对敌、浴血死战：主帅郤克中箭，鲜血流到脚后跟，仍击鼓不停，指挥战斗；御手解张被敌人的箭射穿了手、臂，他把箭杆折断，继续驾车，鲜血把车子左轮都染红了；车右郑丘缓一遇险情就下去冒着生命危险推车。他们殊死奋战，以"擐甲执兵，固即死也"相鼓舞、相帮助。郤克伤势很重，解张就左手并辔驾车，右手帮助郤克敲鼓，终于以顽强勇敢的战斗精神战胜了强敌。整个场面写得激烈昂扬，动人心魄，展现出作者高超的表现力。

（3）《左传》语言精练、婉转传神，能以符合人物身份、性格的个性化语言刻画人物，尤长于行人（奔走于诸侯国之间的政治、外交人员）辞令之美。如《左传》论战之处颇多，但每次论战，均有不同的表现形式。曹刿论战，是地位低下的人向当政者发论，故处处委婉；子鱼论战，是贵族口吻，言辞激烈，处处则坦率直陈。《左传》写行人辞令，"其文典而美，其语博而奥，述远古则委曲如存，征近代则循环可覆"，体现了该书的语言美。其著名者，像文公十七年郑子家书告赵宣子："传曰：'鹿死不择音。'小国之事大国也，德则其人也；不德则其鹿也。铤而走险，急何能择？"僖公四年屈完对齐侯："君若以德绥诸侯，谁敢不服？君若以力，楚国方城以为城，汉水以为池，虽众，无所用之。"词锋犀利、柔中带刚，颇具说服力而又有文采。

《左传》的一般叙事，也都简练精当，意蕴厚实。如宣公十二年晋楚邲之战写晋军败于楚，"中军、下军争舟，舟中之指可掬"（中军、下军抢船逃命，先上船的人用刀乱砍后来攀船人的手，船中的断指可以用手捧）；楚将士饥寒，"（楚）王巡三军，拊而勉之，三军之士皆如挟纩"（楚庄王巡视三军，拍着将士的肩膀鼓励他们，温暖的话语像给战士们穿上了棉衣），简练形象，举轻驭重，十分精彩。

其余如襄公十五年子罕辞玉，"我以不贪为宝，尔以玉为宝。若以与我，皆丧宝也。不若人有其宝"；闵公二年齐桓公迁邢封卫，说"邢迁如归，卫国忘亡"；僖公二十六年齐孝公伐鲁，说鲁"室如悬罄，野无青草"等，婉转有致，比喻贴切，很受后人称道。

三、《论语》

（一）"无私以劳天下"的道德意识

中华文化是伦理型文化，重德尚义是其基本特点，这一特点在远古时代流传下来的神话里就有所反映。上古神话中的"群体意识与献身精神"，其间就表现出诸多道德意识的因素。《周易·系辞下》在谈到传说中"八卦"的创造时说："古者包牺氏之王天下也，仰则观象于天，俯则观法于地，观鸟兽之文与地之宜，近取诸身，远取诸物，于是始作八卦，以通神明之德，以类万物之情。作结绳而为罔罟，以佃以渔，盖取诸《离》。包牺氏没，神农氏作，斫木为耜，揉木为耒，耒耨之利，以教天下，盖取诸《益》。日中为市，致天下之民，聚天下之货，交易而退，各得其所，盖取诸《噬嗑》。神农氏没，黄帝、尧、舜氏作，通其变，使民不倦，神而化之，使民宜之。"这些虽然多出于后代人的理解与推想，但其中内含的致天下之民、为天下谋利的精神，无疑是中华民族道德意识的核心。

殷商时期，神权至上的观念占统治地位，人们认为天神是天地间的最高主宰，所有自然现象的变化以及人类社会种种活动，都受着神意志的支配，君主作为神的代言人成为人间的最高主宰，具有至高无上的权力。但随着社会意识的发展和政治斗争的淡化，人的主体精神越来越多地显现，民众群体力量也越来越凸显。因此，在商代的文献中，"德"已经成为一种政治诉求。《尚书·商书·盘庚》篇是学界公认的商代文献，其中10处用到"德"字。文中盘庚告诫那些贵族要"汝克黜乃心，施实德于民"，去除内心的一切杂念，用美好的德行对待百姓；强调"无有远迩，用罪伐厥死，用德彰厥善"，不论远近，因罪遭罚必死，因德显明最善。周初的统治者更加认识到"天视自我民视，天听自我民听""民之所欲，天必从之"（《尚书·泰誓》），提出"敬德保民"（《尚书·酒诰》）的思想。神的地位开始向人的方向倾斜，民的力量开始被重视。

（二）恭敬忠敏的仁人品格

"仁"是儒家思想的核心。它是一种道德本性，也是一种社会本性，是加强道德修养和处理人们关系的统一。

但是，要给"仁"下一个明确的定义是困难的。这不仅因为《论语》记载的孔子话中没有对"仁"进行明确的界定，不仅因为《论语》中的记载多是不同场景的话语片段，而且因为孔子赋予"仁"的内涵太丰富了，所以我们必须针对《论语》中"仁"的全部予以分类分析，庶可认识儒家仁学思想的初衷。

《论语》中记录的一些孔子描述"仁"的话语和对学生问"仁"的回答，可以帮助我们领会"仁"的含义，我们把它们择其要者引述在这里：

子曰："巧言令色，鲜矣仁！"（《学而》）

子曰："人之过也，各于其党。观过，斯知仁矣。"（《里仁》）

子曰："知者乐水，仁者乐山；知者动，仁者静；知者乐，仁者寿。"（《雍也》）

子曰："……夫仁者，己欲立而立人，己欲达而达人。能近取譬，可谓仁之方也已。"（《雍也》）

颜渊问仁，子曰："克己复礼为仁。一日克己复礼，天下归仁焉。为仁由己，而由人乎哉？"（《颜渊》）

在这里，"仁"本质上显示着慈爱，而且像山那样厚重；它不允许有些微的虚假，不允许第二次犯同样的错误；它不仅要求"克己"，更加重视"成人"；它有刚、毅、木、讷等种种形态，却内含着恭、敬、忠、宽、信、敏、惠等诸多精神。于是我们看到，在《论语》的思想里，"仁"是一种信念、一种品质、一种人格。

"仁"作为一种理想、一种信念，它是让士人刚毅坚强、"死而后已"地追求的重任："曾子曰：士不可以不弘毅，任重而道远。仁以为己任，不亦重乎？死而后已，不亦远乎？"（《泰伯》）它是让志士仁人不惧生死、赫然成就的英名："子曰：志士仁人，无求生以害仁，有杀身以成仁。"（《卫灵公》）"仁"又是一种永恒的存在，远在天边，近在眼前。它让你去做一生的追求，而它又与你相伴左右，孔子说："仁远乎哉？我欲仁，斯仁至矣。"（《述而》）只要你认真去做，仁离你并不遥远。只有仁德之人，才有资格去爱、去恨，具有了"仁"的精神，才具备了正确的道德评价能力，所以他说："唯仁者，能好人，能恶人。"（《里仁》）

"仁"作为一种品质，一个标准，仁爱、厚重，而充满智慧，值得依赖。喜欢山，是喜欢山的那种厚重和宽广，"仁"便具有这样的特点，因此才值得信赖，所以说要"志于道，据于德，依于仁，游于艺"（《述而》）。在孔子的人生中，"仁"是一种氛围，一种环境。生活在这样的环境中，体验在这样的氛围里，才叫明智，所以说"里仁为美"（《里仁》）。在爱的基础上，要善于甄别，善于选择，通过"亲仁"来塑造自己的人格："弟子入则孝，出则悌，谨而信，泛爱众而亲仁，行有余力，则以学文。"（《学而》）同时，要宽宏大度，不仅要"己所不欲，勿施于人"，更要善于成就他人成就自己："己欲立而立人，己欲达而达人。"

"仁"作为一种人格，一个原则，要讲诚信，举贤人，恪守忠诚，坚持气节。帝舜能够任用皋陶、成汤能够重用伊尹，所以才能远离佞人，实现仁政（《颜渊》）；伯夷、叔齐忠诚商朝，不食周粟，竟饿死于首阳山（《述而》）；不忍商纣王的暴政，微子愤而离开朝廷，箕子甘心降身为奴，比干屡谏剖心而死（《微子》）。都被孔子称为"仁"人。

（三）"文质彬彬"的君子风范

《论语·雍也》中说："子曰：'质胜文则野，文胜质则史。文质彬彬，然后君子。'"这是一段非常有名的话，人们从不同角度进行了多方面的阐发，特别是在中国古代文学批评史上具有重要影响，并形成了一个重要的理论范畴——文与质。但从根本的意义上说，"文质彬彬"谈的是君子风范。"质"强调的是内在的品格，"文"强调的是外在的修养。在《论语》中，"质"主要是指其所具有的仁、义、智、信、勇等方面的内在品格，"文"主要是指其礼仪等方面的外在修养。

1. 学习品质

孔子开创了我国古代教育的新局面，他把引导弟子学习作为第一要务，《论语》开篇就讲："学而时习之，不亦说乎！"他把"好学"作为评价学生的重要标准，告诫弟子："好仁不好学，其蔽也愚；好知不好学，其蔽也荡；好信不好学，其蔽也贼；好直不好学，其蔽也绞；好勇不好学，其蔽也乱；好刚不好学，其蔽也狂。"

《论语》具有丰富的学习思想，对学习目的、学习态度、学习方法等都有具体的论述。在学习目的上，重视经世致用、提高素养、追求真理；在学习态度上，强调诚实为学、随时学习、坚持不懈；在学习方法上，主张温故知新、勤学多问、学思并重、学行转化、择善而从、举一反三等。这些思想至今仍有重要意义。下面选录几则，让我们重温这熠熠生辉的思想：

子曰："君子……学则不固。"（学而）

子曰："君子不器。"（为政）

子曰："朝闻道，夕死可矣。"（为政）

子曰："当仁不让于师。"（卫灵公）

子曰："学如不及，犹恐失之。"（泰伯）

子曰："温故而知新，可以为师矣。"（为政）

2. 向道精神

"道"是信念，是理想。孔子说过："君子谋道不谋食……君子忧道不忧贫。"（《卫灵公》）可见对"道"的规划和忧虑是"君子"的突出品质；孔子曾憧憬地表白："朝闻道，夕死可矣。"（《里仁》）可见他一生都充满着向道的精神和求道的热情；他的弟子子夏也说过："百工居肆以成其事，君子学以致其道。"（《子张》）可见"道"是孔门一直的追求。"向道"就要有胸怀天下、安定天下的责任感："君子之于天下也，无适也，无莫也，义之与比。"（《里仁》）

3. 不屈意志

孔子自述自己一生的经历说："吾十有五而志于学，三十而立，四十而不惑，五十而知天命，六十而耳顺，七十而从心所欲，不逾矩。"（《为政》）少年时立下志向，学习便成为他一生的追求。为了追求大道，他"学而不厌，诲人不倦"（《述而》），甚至"知其不可而为之"（《宪问》），最后终于成就了他"仰之弥高，钻之弥深"（《子罕》）的至圣人生。他看不上那些口中喊着"志于道"，却受不了粗食破衣的人，而对生活简陋的颜回大加赞赏："一箪食，一瓢饮，在陋巷，人不堪其忧，回也不改其乐。贤哉回也！"（《雍也》）

4. 求实品格

孔子一生有着高远的理想和追求，他向往并规划着"大道之行也"的"大同"社会，也带领学生周游列国推行自己的德政主张。他认为仁人志士必须实事求是，因而君子之人要言行统一，要先行后言，不能言过其行。他说："古者言之不出，耻躬之不逮也。"（《里仁》）古人不多说话，就是因为怕做不到。又说："君子欲讷于言而敏于行。"（《里仁》）要言语谨慎，行为敏捷。所以当他的学生宰予经常夸夸其谈而又不愿实施、白天睡觉时，孔子一方面痛斥他"朽木不可雕也，粪土之墙不可圬也"，另一方面提出了要"听其言而观其行"的原则。

5. 谦逊作风

孔子认为"君子"与"小人"不同，应该胸怀坦荡、目标高远："君子怀德，小人怀土；君子怀刑，小人怀惠"（《里仁》）、"君子坦荡荡，小人长戚戚"（《述而》）。因此，君子从不因为别人不理解自己而不高兴："人不知而不愠"（《学而》），而是担心自己能力不及人所望："君子病无能焉，不病人之不己知也"（《卫灵公》），经常从自身方面思考增强其能力："君子求诸己，小人求诸人。"（《卫灵公》）他们从不骄傲自满："君子泰而不骄，小人骄而不泰"（《子路》），所以君子能够团结协作："君子周而不比，小人比而不周。"（《为政》）而不结党营私："君子矜而不争，群而不党。"（《卫灵公》）

6. 礼乐修养

"礼"是社会各阶级的行为规范，是社会政治生活中"辨君臣上下长幼之位""别男女父子兄弟之亲、婚姻疏数之交"的准则。它从定亲疏和定尊卑两个角度规定了人们的关系，前者要求"亲亲"，强调家庭成员之间父慈子孝、兄友弟悌，后者要求"尊尊"，强调政治等级之间尊敬和服从名分地位高的人。孔子认为"礼"是立身、立业、立命的重要根据，因而说："不学礼，无以立"（《季氏》）。"乐"为"德之光华"，发于内心，感人至深，具有"移风易俗""合和父子君臣，附亲万民"的作用。因而孔子非常喜欢音乐，在齐国听到舜时的乐章《韶》，竟然陶醉得"三月不知肉味"，而且深深感慨："不图为乐之至于斯也！"（《述而》）他高度赞美《诗》，说"诗三百，一言以蔽之，曰思无邪"（《为政》），并为之整理乐曲："吾自卫返鲁，然后乐正，雅颂各得其所。"（《子罕》）他非常重视乐教，认为修身从学《诗》开始，以礼立身，通过乐来成就中正平和之性："兴于诗，立于礼，成于乐"（《泰伯》）。

7. 忧患意识

春秋是中国历史上"礼崩乐坏"的时期，也是思想交替、社会变革的转折时期。孔子生活在这个动荡的时代，他有"志于道"却忧虑着大"道"的消亡，他仰望着"大同"的理想却忧虑着难以建立起"为政以德"和"礼乐之治"的社会秩序；他强调自省："见贤思齐焉，见不贤而内自省也"（《里仁》），他强调自新："温故而知新，可以为师矣"（《为政》），他强调改过："过则勿惮改"（《学而》）；

他向往着君子的人格却忧虑着"德之不修，学之不讲，闻义不能徙，不善不能改"（《述而》）；他虽然"学如不及，犹恐失之"（《泰伯》），发愤忘食，夜以继日，"不知老之将至"，但忘着滚滚流逝的河水，他还是发出了"逝者如斯夫，不舍昼夜"（《子罕》）的恨世感慨！

四、《楚辞》

（一）楚辞之起源

"楚辞"者，楚人之辞赋也。其名始见于《史记·张汤传》，（《传》称朱买臣以楚辞与庄助俱幸，侍中，为太中大夫，用事。故《汉书·地理志》遂言吴有严助朱买臣贵显，文辞并发，故世传"楚辞"。）再见于《汉书·朱买臣传》，三见于《王褒传》，或谓其文虽始于楚，而名则兴于汉，其然否不可知矣。自刘子政辑录屈宋以下诸人之辞赋为《楚辞》一书，遂为后世集部之祖。黄伯思《东观余论·校定楚辞序》云："屈宋诸骚，皆书楚语，作楚声，纪楚地，名楚物，故可谓之'楚辞'。"[①]（陈振孙《书录解题》引其文，作《翼骚序》。）其诠释"楚辞"之义是也。后人放效之作，遂亦通有此目。而汉人又往往止称之为赋。其后更有因《离骚》之名而概称"楚辞"为"骚"或"楚骚"，"骚赋"者，非其实矣。

《楚辞》继"三百篇"而勃兴于南方，昔人咸以为《诗》之变体。虽然，奇文之郁起，岂偶然哉？请得略陈其故。

1. 关于北方文学者

《汉书·艺文志》曰："古者诸侯卿大夫交接邻国，以微言相感，当揖让之时，必称《诗》以喻其志，盖以别贤不肖而观盛衰焉。故孔子曰，'不学诗，无以言'也。春秋之后，周道浸坏，聘问歌咏不行于列国，学诗之士逸在布衣，而贤人失志之赋作矣。大儒孙卿，及楚臣屈原，离谗忧国，皆作赋以风，咸有恻隐古诗之义。"[②]班氏谓辞赋之起，由于聘问歌咏之事废，极为有见。考春秋时，行人往来，辞命为先，所谓"言之无文，行而不远"，"子产有辞，诸侯赖之"是也。顾欲善其辞命，厥惟学《诗》，故孔子以诵《诗》专对并举。观《左传》所载诸侯聘会宴燕享之时，必借赋《诗》歌《诗》以为周旋酬酢之助者，不可胜数。其最著者，如襄公

[①] （宋）黄伯恩. 东观余论[M]. 北京：北京图书馆出版社，2004. 12.
[②] （汉）班固著；（唐）颜师古注. 汉书·艺文志[M]. 北京：商务印书馆，1955. 10.

二十七年《传》，郑伯享赵孟于垂陇。子展赋《草虫》，伯有赋《鹑之贲贲》，子西赋《黍苗》，子产赋《隰桑》，子太叔赋《野有蔓草》，印段赋《蟋蟀》，公孙段赋《桑扈》，举座无不赋者，可谓极一时之盛事矣。又如昭公十二年《传》记宋华定来聘，为赋《蓼萧》，弗知，又不答赋。昭子谓其必亡。而襄公十六年《传》，"晋侯与诸侯宴于温，使诸大夫舞。曰：'歌诗必类。齐高厚之诗不类。'荀偃怒曰：'诸侯有异志矣！'使诸大夫盟高厚。高厚逃归。"盖尔时赋《诗》歌《诗》之重要如此。楚本后起，文化较低，北方诸侯皆夷之。及其盛也，与中土交际渐繁，聘会渐多，感实用之需要，受文学之熏陶，遂不得不研习"三百篇"而同化于诸夏矣。故《左传》文公十年，楚子舟引《大雅·烝民》及《民劳》，宣十二年，叔孙引《小雅·六月》，楚子引《周颂·时迈》，成二年，申叔跪引《鄘风·桑中》，子重引《大雅·文王》，襄二十七年，蓬罢如晋，赋《既醉》，昭三年，楚子享郑伯，赋《吉日》，昭七年，莘尹无宇引《小雅·北山》，昭二十三年，沈尹戌亦引《文王》，二十四年，又引《大雅·桑柔》，而昭十二年《传》子革且引逸诗《祈招》以谏：此皆楚人通达《诗经》之证也。故骚体文中每句用一兮字，其形式亦出于《诗》，而屈子《天问》且纯为《诗》之遗体。考《诗经》泰半皆出黄河流域，然则谓《楚辞》之起原实受北方文学之影响也，何疑？

2. 关于南方文学者

《诗》三百篇无楚风，然江汉之间皆为楚地。《汉广》、《江沱》诸诗，列于二《南》；《汝坟》在河南之南部，地与楚境相近；《野有死麕》之白茅，本亦楚产，即《左传》所谓包茅，可知亦为南方诗歌。是《诗》无楚风，而实有楚诗也。《汉书·地理志》陈国，今淮阳之地，盖古豫州之东南，而今河南湖北及安徽一部之地。则《诗》中之《陈风》亦当属之南方。春秋末，楚灭陈而有其地，又悉兼并其附近诸小国；故曰"汉阳诸姬，楚实尽之"，楚境既广，故其时南方诸国之文学亦遂占而有之。蕴蓄既久，华实斯茂；迄于战国，楚辞崛起，有由来矣。又按老子亦楚苦县人，其所著《道德经》五千言，虽不可以文论，然其中多为韵文，且其形式亦间与《楚辞》之《九歌》相同，例如十五章云："豫焉若冬涉川，犹兮若畏四邻。俨兮其若容，涣兮若冰之将释，敦兮其若朴，旷兮其若谷，混兮其若浊。"此类哲理诗极似骚体文之先驱，特其兮字之位置微有不同，遂觉音节稍促耳。此外南方诗歌之散见于古籍者，有《子文歌》，颂楚令尹子文刑其族人事，《楚人歌》，咏楚庄王纳诸御已之谏而罢筑层台事,《徐人歌》,咏吴公子挂剑事,《楚狂接舆歌》,《孺子沧浪歌》,公孙有山氏之《庚癸歌》,皆古南方诗歌之可信者,篇什虽曰不多,然其胚胎《楚辞》之功则甚著。至《说苑·善说》篇之《越人歌》,其词尤与《楚辞》无异。故就形式观之,骚体之成,固远在屈宋之先矣。

3. 关于楚国者

《楚辞》之起兴楚地关系最深,约言之,可分为三种:《汉书·地理志》曰:"楚人信巫鬼而重淫祀。"《匡衡传》谓陈夫人好巫鬼而民淫祀,《地理志》亦谓陈太姬好祭祀,用史巫,故其俗好巫鬼。《陈风》所称击鼓于宛邱之上,婆娑于枌树之下,盖陈太姬之遗风也。而《越绝书·外传·记吴地传》有巫门、巫里、巫山、巫㮤城等名,则是时南方诸国巫风之盛可知。其后吴并于越,陈越又先后灭于楚,故此风遂以楚为最盛,而其影响于文学者亦最大。盖巫觋所司者祭祀,而祭祀必有祈祷,祈祷必用祝辞与歌舞,故迷信之风愈炽,文学之材料亦愈多;观《九歌》一篇专咏灵巫降神之事,可以见矣。故《吕氏春秋·侈乐》篇云:"楚之衰也,作为巫音。"此其关于民俗者一也。先秦之世,各国风谣不同,音乐亦异。风谣之播于声音者为土乐,土乐又影响于文学,此在诸国然,而楚为尤甚。按《左氏》成公九年《传》称,晋侯使与锺仪琴,操南音。文子曰,"楚囚,君子也;乐操土风,不忘旧也。"又襄公十八年《传》,师旷曰:"吾骤歌北风,又歌南风。南风不竞,多死声。"夫曰南音,曰南风,又曰土风,则楚乐必异乎北方之撰也。《汉书·礼乐志》谓《房中祠乐》为楚声,即本其调以制曲耳。又按《吕览》涂山氏女作歌曰"候人兮猗",实始作为南音,是南音者,"兮猗"之音,即楚辞之滥觞也。《候人歌》既可取为乐歌。则楚辞之起与音乐之关系亦深矣。尝疑楚辞本亦可歌,与"三百篇"同。盖谱诸管弦者为楚声,著于竹帛者为楚辞。汉宣帝召九江被公诵读楚辞,诵读云者,即以声节之之谓也。《隋书·经籍志》谓:"隋有僧道骞者,善读之,能为楚声,音韵清切。至唐传《楚辞》者,皆祖骞公之音。"可知通楚声者,隋唐时尚有人焉。此其关于音乐者二也。刘内曰:"离骚代兴,触类而长,物貌难尽,故重沓舒状,于是嵯峨之类聚,葳蕤之群积矣。"又曰:"山林皋壤,实文思之奥府。屈平所以能洞鉴风骚之情者,抑亦江山之助乎?"(《文心雕龙·物色》)王夫之曰:"楚,泽国也;其南沅湘之交,抑山国也。叠波旷宇,以荡遥情,而迫之以盘嵌戍削之幽苑,故推宕无涯,而天采亹发,江山光怪之气莫能掩抑。"(《楚辞通释·序例》)二氏论屈子文得江山之助，诚为卓识。盖所谓地理者，大之如五岳四渎，乌峨漂汩；小之如鸟兽鱼虫，飞起蠕动；可以拓作者之胸襟，增文学之资料。后世赋家极乐铺叙地理，凡山川形势，水陆奇珍，乃至一章一木之微，靡不描摹尽致者，乃《风》《骚》之舆台，得其一体以自广者耳。今楚，于山则有九嶷南岳之高，于水则有江汉沅湘之大，于湖潴则有云梦洞庭之巨浸，其间崖谷洲渚，森林鱼鸟之胜，诗人讴歌之天国在焉。故《湘君》一篇，言地理者十九，而《涉江》所纪，亦绝似山水之写真，虽作者或有意铺陈，然使其不遇此等境地以为文学之资，将亦束手而无所凭借矣。此其关于地理者三也。

然此仅泛论其文学之渊源而已；若止就屈赋言之，其学术思想之痕迹尚有可得而述者。盖屈赋虽为辞章之祖，其文实为灵均一家之书，后人第见其文章之美，而昧其学派之源，此不思之过也。窃疑屈子之学，出于古者史官及羲和之官，易言之，即辞赋家与阴阳道家有密切之关系是也。

（二）《楚辞》的艺术特色

1. 楚辞的巫风浸染

楚国是一个原始巫风弥漫的世界，人们的精神无拘无束地沉浸于宗教幻想中。这种浓烈的原始宗教气氛，不仅为大量瑰丽神话的滋生提供了良田沃土，而且为各地神话的广泛传播提供了充足的条件和大量的场所。巫风与神话的融合，使楚人沉浸在超现实的神奇境界的无限联想与向往之中。被鲁迅先生称为"巫书"的《山海经》记载了大量的怪禽异兽和神话传说，反映了早期楚人的浪漫想象。而从王逸关于屈原仰见楚之先王庙及公卿祠堂图画，观天地山川神灵及古圣贤怪物行事而作《天问》的记载，我们可以了解到，即使到了战国时代，南方楚地仍笼罩着这种奇异神怪的想象的氛围。重鬼信神，巫风盛行，使得楚地没有中原地区那种严格的礼法束缚，而更多地洋溢着虚幻、神秘的气氛，从而使其文化具有更多的热烈、奔放、神奇、瑰丽的浪漫激情。

楚国这种高山大泽、云烟变幻的自然环境，培养了楚人丰富的想象力，为楚文化的产生与发展提供了一个理想的天地，并使楚文化富于飘逸、奇谲、幽渺、恣肆的浪漫气息。这种情况在出土的楚文物中得到了极为形象的体现。1978年湖北随县擂鼓墩曾侯乙墓出土的内棺上的纹饰形象地展示了楚人的民族文化与审美情趣。此棺周围布满鬼怪纹饰，描绘了龙、凤、神兽等许多形象，或错落而置，或和平直处，或争斗不止，神态各异，色彩绚丽，异彩纷呈，仿佛这里便是一个纷纭繁复的世界！而在这具棺身的前后左右都描绘了供墓主灵魂出入的窗纹，更是幻想奇特，韵味十足！值得注意的是，楚文物中，无论礼器，还是日常用器；无论铜鼎彝器，还是丝绸刺绣或木雕漆器，都充满丰富的想象、奇异的夸张，表现出多姿多彩的艺术风貌。

楚族神话和楚文物表现出的浪漫精神启发了楚辞作家那奇伟瑰丽的想象力，决定了楚辞的文学倾向。一方面，它成为楚辞作家必不可少的创作素材；另一方面，它也孕育了楚辞的表现方法。《九歌》中有许多清新优美的神话故事；《招魂》是神仙鬼怪充斥其间；《天问》中一句问话就是一段神话故事和历史传说，170多个问题构成了一部神话的结集。即使像《离骚》那样政治性极强的诗篇，诗人也从神话传说汲取丰富的形象，通过自己自由奔放的想象，把它们组织在一起，构成了层出不穷的生动情节和壮丽画面：诗篇自我形象驱使着日神羲和、月神望舒、风神飞廉、雷神丰隆等天神，在县圃、崦嵫、咸池、天津、不周山等神境中驰骋飞翔、热烈追求。诗人之所以有如此气魄的夸张和想象，是由于他生活在一块神话色彩颇浓郁的可以驰骋想象的天地，在这里，诗人奔放的情感和奇谲的幻想得到了淋漓尽致的表现。

2. 楚辞的理性精神

楚国的巫风文化诱生了大量的原始宗教艺术，无论是巫画，还是巫歌、巫舞，都具有神奇怪异的场面，充满浓烈狂热的情趣和自由奔放的想象；巫文化传统也使神话在楚国避免了历史化的厄运，而保持了较原始的状态和较良好的环境。这些在楚辞形成的过程中，都起了重要作用。但原始艺术总是和过于荒诞的观念、虚幻的信仰与幼稚的期望掺杂在一起，因此从审美感受的角度看，它不免过于单薄，而只有通过升华才能获得强烈的艺术魅力。而其升华的关键在于把融合着远大理想、峻洁人格和现实精神的深沉情感灌注其中，只有这样，具有奇幻想象特征的艺术，才能体现出时代与社会的审美理想，才能激起人们心灵震荡的审美感受。在这里，北方的理性精神之于楚辞正起到了这种升华的作用。它表现在以下三个方面。

一是民本思想的深蕴。民本思想是北方文化理性精神萌发的产物。殷商时期，神权至上的观念占统治地位，人们认为天神是天地间的最高主宰，所有自然现象的变化以及人类社会的种种活动，都受着神的意志的支配，君主作为神的代言人成为人间的最高主宰，具有至高无上的权力。然而，标志着中国历史跨入领主制封建社会的西周时代，基于对殷商覆辙的痛切认识，在继承传统天命观念的同时，其统治思想逐渐渗入了"人"的因素，体现了一定程度的理性内容。他们认识到"天惟时求民主"（《尚书·多方》），民心向背是天命的具体体现。由此，便形成了"敬德保民"的中国早期的民本思想。到了春秋，民本思想进一步壮大，它推动着当时的社会大变革，从而也就推动了理性精神的进一步觉醒。思想家们较为普遍地认识到民对君乃至对神的制约作用，提出了"天生民而树之君，以利之也""夫民，神之主也"的论断，从而改变了"听于神"的传统观念，重民、济民、爱民成为春秋战国普遍的文化意识。《楚辞》中"皇天无私阿兮，览民德焉错辅"（《离骚》）、"愿摇起而横奔兮，览民尤以自镇"（《抽思》）等所表现出的民本思想正源于此。

　　二是批判精神的高扬。由于商周之际思想上从神到人的大转换，君与臣、君与民的关系得到重新调整，人的自我意识逐渐得到确认，神圣的社会责任感和历史使命感使北方的思想家、政治家用理性精神观照、分析、批判现实政治中一切不合理的现象，而不是沦为对现实政治的辩护、认同和屈服。因此，当内忧屡作、外患频仍、社会动荡、国势衰微的时候，他们往往敢于坚持原则，申明自己的政治观点，指斥当权者的恶德恶行，并且提出富于改革精神的力图补阙救失、匡乱扶危的政纲。《诗经》大小雅中的"政治怨刺诗"便是这种批判精神的反映。孔子、孟子、荀子等思想家，更把是否具有批判精神作为衡量士人品格的标准之一。楚辞中表现出的作者不随世俯仰，不盲从君主，以及对腐朽势力的猛烈抨击、对奸佞党人的愤怒痛斥，对昏庸楚王的大胆遣责，均是这种精神的直承和发扬。

　　三是人格完善的追求。在北方文化中，人格的自我完善是士人最高的人生价值形态。孔子宣称"克己复礼为仁"（《论语·颜渊》），要求以对诗、书、礼、乐的知识性探寻和学习为起点，并以此指导自己的社会生活方式，以此严格约束、锻炼、塑造自己，修身养性："君子无终日之间违仁，造次必于是，颠沛必于是。"（《论语·里仁》）甚至不惜自己的生命去"杀身以成仁"（《论语·卫灵公》）。孟子不仅努力维护自我人格的尊严："乐其道而忘人之势，故王公不致尽敬礼，则不得亟而见之。见且由不得亟，而况得人臣之乎？"（《孟子·尽心上》）而且为了人格的完善甘愿"舍生而取义"(《孟子·告子上》)。这种人生态度对南方士人有着极大的影响，王国维先生在《屈子文学之精神》中曾论道："南方之人，以长于思辨而短于实行，故知实践之不可能，而即于其理想中，求其安慰之地，故有遁世无闷、嚣然自得以没齿者矣。若北方之人，则往往以坚忍之志，强毅之气，恃其改作之理想，以与当日之社会争。"王氏所言未必全面，但楚辞中无论是"苏世独立，横而不流"(《橘颂》)的特立独行，还是"伏清白以死直"(《离骚》)、"重仁袭义兮，谨厚以为丰"(《怀沙》)的坚持节操，还是"路漫漫其修远兮，吾将上下而求索"(《离骚》)的追求精神，都既沾濡着荆楚文化的传统，又蕴藏着较多的北方文化的内涵。

(三)《楚辞》代表人物及著作

1. 屈原及其著作

(1) 屈原简介

屈原名平，楚之同姓也。据其自述，父名伯庸。又据摄提孟陬之语，其生年略可推定，盖楚宣王二十七年戊寅正月也。博闻强志，明于治乱，娴于辞令；故《离骚》又云："纷吾既有此内美兮，又重之以修能。"怀王时为左徒，入则与王图议国事，以出号令；出则接遇宾客，应对诸侯。王甚任之。同列上官大夫心害其能。怀王使为宪令，属草稿未定，上官大夫见而欲夺之，屈原不与，因谗于王，王怒而疏之。其后秦欲伐齐，齐与楚从亲，惠王患之；乃令张仪绐怀王以商於之地六百里，使绝齐使。及索地不得，兴师伐秦，大败。自是楚国外交失策，时而联齐，时而联秦。秦昭王初立，厚赂于楚，楚往迎妇(见《史记·楚世家》)，屈原切谏，不听，被放汉北，作《抽思》及《悲回风》。寻复起用。昭王欲与怀王会，原曰："秦虎狼之国，不可信，不如无行。"怀王稚子子兰劝王行；入武关，秦伏兵绝其后，因留之以求割地。怀王怒，不听，竟死于秦。顷襄王立，以子兰为令尹。屈原咎其劝王入秦，子兰使上官大夫短屈原，顷襄王怒而迁之于江南，作《离骚》《思美人》《哀郢》《涉江》《橘颂》等篇。是时楚日削弱，屈原不忍亲见宗国之亡，而又感于怀王反复无常，客死归葬，复作《怀沙》《惜往日》以谍哀思，卒自沉汨罗江以死。死时年约六十。

《汉书·艺文志·诗赋略》，屈原赋二十五篇。今所传《楚辞》，屈赋具在，并无散佚。惟诸家于二十五篇之数，算法不同，异议滋多。有以《离骚》《天问》

《远游》《卜居》《渔父》《九歌》（十一篇）《九章》（九篇）为二十五篇者，自王逸以来多主之。有删去《九歌》之《国殇》《礼魂》，而加入《大招》《惜誓》者，则姚宽之妄断也。（见《西溪丛语》）以《九歌》之《礼魂》为前十章送神通用之曲，而加《招魂》一篇者，则王夫之之创说也。有以《九歌》之《山鬼》《国殇》《礼魂》三篇合为一篇，而更加《大招》《招魂》二篇以足其数者，则林云铭之好事也。（见《楚辞灯》）有以《九歌》之《湘君》《湘夫人》合为一篇，《大司命》《少司命》合为一篇，余则与林说同者，又蒋骥之异说也。（见《山带阁注楚辞》）凡此或意为菱葰，或妄事分合，总由于拘牵《艺文》之目而起。今班《志》原目不可见，王氏《章句》二十五篇或即刘向旧本，则其说为最古，当亦较为可信。第自屈原之死，后人哀思者多，而西汉辞赋盛行，作者飙起，其间摹拟相继，真伪杂出，相传说久，遂多疑误，故王叔师于《大招》《惜誓》二篇之作者尚不能明也。以今考之，《招魂》一篇，当为屈原所作；《大招》则后人之模仿《招魂》者；《卜居》《渔父》，亦均出于依托。《汉志》所载屈原赋二十五篇，今则不能足其数矣。

（2）屈原代表作

①《离骚》

《离骚》较完整地展现了诗人的政治理想，抒发了为实现自己理想而不懈追求的崇高精神。诗人的政治理想，他自己称为"美政"。其美政理想的重要方面是举贤授能和修明法度："汤禹俨而祗敬兮，周论道而莫差。举贤而授能兮，循绳墨而不颇。"诗人列举夏、商、周开国君主的事迹，说明举贤授能和遵循法度是政治清明、行无偏颇的重要保证。诗人还援引殷高宗荐举傅说、周文王重用吕望、齐桓公任宁戚为相的史实，进一步指出选拔人才要不拘一格，而只有依靠这些贤才方能成就壮伟的事业。对于"固时俗之工巧兮，缅规矩而改错；背绳墨以追曲兮，竞周容以为度"的黑暗政治进行了批判，指出正是这样不依法度、曲媚逢迎，造成了国家"路幽昧以险隘"的岌岌可危的命运。

屈原"美政"理想的基础是民本思想。《离骚》有如下一段：

皇天无私阿兮，览民德焉错辅。夫惟圣哲以茂行兮，苟得用此下土。瞻前而顾后兮，相观民之计极。夫孰非义而可用兮，孰非善而可服？

意思是上天是公正无私的，它要观察人们的德行以决定是否给予帮助和扶持。只有圣明睿智、道德高尚的人，才能得到上天的辅助并享有天下。纵览历代兴亡，遍观民心所向，哪有对人民不义、不善而能够保有天下的呢？

屈原"美政"理想的目标指向是"存君兴国"，一统天下。战国时代，天下一统已成为人心所向的历史趋势，"横成则秦帝，从成即楚王"（《战国策·秦策四》）的说法也被人们普遍认可。尽管屈原生活的怀、襄时期，楚国已是内忧外困，日趋衰落，但他仍然基于楚国的有利条件，站在时代的历史高度，洞察社会的发展前景，希望通过举贤授能、修明法度改革楚国的政治，以达到富国强兵、一统天下的目的。在诗中，屈原大一统的思想多有表现。他自述世系时称自己是："帝高阳之苗裔"，"高阳"即传说中五帝之一的颛顼，而五帝（包括高阳颛顼）则为中华民族的共同祖先。他称颂的前圣、"前修"如尧、舜、禹、汤、武丁、周文王、齐桓公以及傅说、吕望、宁戚等都是华夏各国公认的圣君贤臣，所批判的败国亡身者如羿、浇、桀、纣等也都是天下公认的暴君，这些都不局限于楚国的历史。另外，《离骚》中，诗人神游天地、上下求索时经过的地区，遇到的神灵羲和、望舒、飞廉、丰隆、宓妃、有娀之佚女、巫咸等，也都突破了楚国的范围，包括了神话传说中整个中国的广阔空间，这些都反映了屈原的大一统思想。

为实现"美政"理想，诗人曾精心培养人才，希望依靠这些力量改变楚国的政治局面："余既滋兰之九畹兮，又树蕙之百亩。畦留夷与揭车兮，杂杜衡与芳芷。冀枝叶之峻茂兮，愿俟时乎吾将刈。"但现实的黑暗熄灭了诗人理想的火花，群小的贪婪摧毁了"众芳"幼稚的心灵。诗人一方面感叹"虽萎绝其亦何伤兮，哀众芳之芜秽"，另一方面又独立地与黑暗势力展开了坚决的斗争。他悲怨地责数楚王朝令夕改、弃贤用谗的昏聩腐朽，辛辣地揭露楚国颠倒黑白、玉石杂糅的险恶世风，尖锐地抨击奸佞群小苟且偷安、祸国殃民的恶德败行，表现出强烈的批判精神。在诗中，面对黑暗的现实、污浊的政治、不明的君主、恶毒的党人、变质的群贤，诗人始终保持坚贞高洁而正直光明的德行："民生各有所乐兮，余独好修以为常"，"芳菲菲而难亏兮，芬至今犹未沫"。他坚持理想，执着追求，并为了这种理想与追求抗争到底，甚至不惜牺牲自己的生命："路漫漫其修远兮，吾将上下而求索"。"亦余心之所善兮，虽九死其犹未悔""虽体解吾犹未变兮，岂余心之可惩？""既莫足与为美政兮，吾将从彭咸之所居！"表现出"鸷鸟不群"的高风亮节和"独立不迁"的峻洁人格。

《离骚》是将真切现实与浪漫幻想交织而成的艺术作品。它揭露楚国的黑暗现实，叙述诗人的坎坷遭际，抒发主人公的顽强抗争，表现出强烈的现实精神；同时它描绘向重华陈辞以及灵氛占卜、巫咸夕降的动人场面，状写"周流乎天"的神奇境界、抒情主人公上下求索的自由旅程，都显示出超俗的浪漫特质。在结构的安排上，诗篇前半部分写人生际遇，后半部分写神境遨游，最后又回到楚国现实。把现实世界中种种不能实现的理想与愿望，借助神话传说的素材，以幻想的方式传达出来。但他终究割舍不下故国的情思，艺术的幻想不可能真正持久地使他从现实的苦闷中解脱出来，于是在"乱辞"中，他从神游的兴高采烈跌入人间的冷酷绝望。在全诗中，幻想与现实交织互动，既矛盾又依存，共同推动着作品层次结构的渐次展开和深化，从而形成一个完美的艺术整体。

为了创造那种亦真亦幻的艺术境界，《离骚》继承了《诗经》开创的"比兴"传统，超越了《诗经》比兴个别事物的简单类比，而把比兴手法提高到一个新的境界，完成了从比兴到象征即从现实的艺术联想到超现实的艺术想象的转变和飞跃。《诗经》中的比往往比较简单，即"以彼物比此物"，即使复杂如博喻，也不过是几个比喻的简单连缀；《诗经》中的兴往往在诗的开篇，"先言他物以引起所咏之词"，对全诗起着标示主题、烘托气氛的作用。但无论比或兴，《诗经》都取材于自然形态的物类事象，取喻于它们的自然属性，而不是经过作者运用想象和虚构创造出来的艺术形象。屈原则把《诗经》中的比与兴有机地结合起来，采取了比的手法，发挥了兴的作用，使之具有了象征的功能。在《离骚》中诗人已经不再去单纯地考虑事物的自然属性，不再去追求自然事物与思想感受之间的简单对应关系，而是把本体和喻体混成一体，融在统一的艺术形象中，并且通过想象和虚构，创造出一个饱含感情的艺术境界，构成一个五彩纷呈、出神入化的象征体系。兰、蕙、菊、桂、杜衡等香草芳木象征美好崇高，菉、艾等恶草臭木则象征奸邪污秽。于是餐英饮露、披香戴芳，象征诗人不断地进行自身修养与完善；植兰树蕙、莳香冀芳象征诗人辛勤地培养人才并寄予厚望，香草"荃"更成为君王的化身，香花恶草的对立也反映着楚国朝廷现实的政治斗争。在这里，物我而一，融为一体，"物"不仅是人（或神）存在的环境，为人（或神）创造气氛，而且就是人（或神）本身，这便与《诗经》中用作比兴的事物有了本质不同。不仅如此，屈原还以现实为基础，进行了超现实的奇幻想象，编织出一幅神话与人间交相辉映的绚丽画面。"三求美女""灵氛占卜""巫咸降神""飘然远逝"等一幕幕融情于境的具有象征意义的艺术境界，构成了一个完美的象征体系。

（2）屈原作品的艺术特点

赋的成熟形态最先在楚地发展起来，那就是《楚辞》，屈原是其"首席"。这里以屈原的作品为主，阐述它格调的殊异与精彩。

屈原的《离骚》最为名篇，人们往往用之以概括全部屈赋乃至楚辞，称之为"骚体"。司马迁说《离骚》兼有《诗经》风、雅的精神，"其文约，其辞微，其志洁，其行廉"，"其与日月争光可也"。评价很高，并不夸张。这是一首长篇抒情诗，共370多句，2460多字。开篇叙述他的家世和本人的品德才能，追求理想以及遭遇不幸，坚持不懈的斗争意志。这里体现着政治家、思想家的义理精神，如云：

纷吾既有此内美兮，又重之以修能。扈江蓠与辟芷兮，纫秋兰以为佩。

汩余若将不及兮，恐年岁之不吾与。朝搴阰之木兰兮，夕揽洲之宿莽。

日月忽其不淹兮，春与秋其代序；惟草木之零落兮，恐美人之迟暮。

用形象性的文笔表达了个人的志趣、及时建立功业的心情。不幸遭到谗言猜忌：

惟党人之偷乐兮，路幽昧以险隘。岂余身之惮殃兮？恐皇舆之败绩。

忽奔走以先后兮，及前王之踵武。荃不察余之中情兮，反信谗而齌怒。

诗人一路忧心焦思，拟古观今，游天蹈远，祈神问卜以求得解释、排除险阻，实现自己的抱负，这儿又是以极其丰富的想象力，用浪漫主义的艺术手法，表达他"路漫漫其修远兮，吾将上下而求索"之坚忍不拔的决心。如：

饮余马于咸池兮，总余辔乎扶桑。

折若木以拂日兮，聊逍遥以相羊。

前望舒使先驱兮，后飞廉使奔属。

吾令帝阍开关兮，倚阊阖而望予。

朝吾将济于白水兮，登阆风而绁马。

忽反顾以流涕兮，哀高丘之无女。

览相观于四极兮，周流乎天余乃下。

望瑶台之偃蹇兮，见有娀之佚女。

邅吾道乎昆仑兮，路修远以周流。

扬云霓之晻蔼兮，鸣玉鸾之啾啾。

朝发轫于天津兮，余夕至乎西极。

凤皇翼其承旗兮，高翱翔之翼翼。

路不周以左转兮，指西海以为期。

……

驾八龙之婉婉兮，载云旗之委蛇。

所有神话中的"天上宫阙"都游了一遍，举凡日月风云雷电龙凤，都成了交通工具。把浓烈的乡国之爱和人生美好之情，带上了九天，挥洒到四极，于古代诗歌史上别开生面。这样的浪漫主义的飘逸，为《诗·国风》所难见；现实主义的丰富、厚重，远过"怨诽"的《小雅》，成为中国诗歌史优美传统的不祧之祖。

《离骚》的现实主义风格，继续贯彻于《九章》《远游》诸篇，而浪漫主义则在《九歌》中以稍变的格调延展。《九歌》的浪漫风格并不全同于《离骚》，可以说是一种润色了的民歌情歌。如果说《离骚》是凡人向九天遨游，这里则是诸神下降人间来享宴歌舞、传情递爱，极尽欢娱之能事。如《湘君》：

君不行兮夷犹，蹇谁留兮中洲？美要眇兮宜修，沛吾乘兮桂舟。

扬灵兮未极，女婵媛兮为予太息。横流涕兮潺湲，隐思君兮陫侧。

又如《湘夫人》：

帝子降兮北渚，目眇眇兮愁予。袅袅兮秋风，洞庭波兮木叶下。

沅有芷兮澧有兰，思公子兮未敢言。荒忽兮远望，观流水兮潺湲。

这些民歌格调的作品，不由得让人想起了那首越人歌。这里除了礼神和借此加进男女的爱慕，保存古老民风之外，已经具有文雅典丽的品格，洞庭秋波，沅芷澧兰，萧萧落叶，山雨猿啼，这些山水风物，一一成为后来诗词里的元素。

屈原作品的艺术特点显然是不同于《诗经》的，他没有将他所见的社会事件与人物原封不动地写进作品中，而是把自己的主观感情——强烈的爱与强烈的恨——与各种意象融合在一起，并且将执着的愿为理想殉身的精神信念贯穿其中，体现出积极浪漫主义的色彩，给读者以强烈的情感冲击。

第一，比兴手法的大量运用。屈原继承了《诗经》的比兴传统并做了很大的发展。在用自然物作比时，他特别地区分自然物本身的性质，如善恶、美丑、香臭等，然后将其赋予各种人物，如将君子比作鸾鸟凤凰，将小人比作燕雀乌鹊。他又创造性地用人来作比，用灵修、美人、宓妃等比喻君臣，用众女比喻谗臣。

最值得注意的是，他将自己比作被抛弃、被冷落的美人，从弃妇哀怨的角度来表现对君主的热情、关怀、思念，乃至怨恨、愤怒。从此以后在中国古典文学中形成了"香草美人"的传统，文学史上以闺情来寄托君臣关系的作品更是数不胜数。

第二，光怪陆离的幻想世界。无情的黑暗现实使诗人失望，但他又不愿就此颓废消沉。于是他"精骛八极，心游万仞"，遨游在神话、历史所构建的幻想世界中。在《离骚》里，他到九嶷山找帝舜，到春宫寻宓妃，飞龙为他驾着美玉象牙做成的车，早晨在天河，晚上到昆仑。在《涉江》里，他驾着青龙白龙，与帝舜在美玉的园圃中游玩，以玉树的花为食。鸾鸟、凤凰、飘风、云霓都是他的侍从，望舒、飞廉、雷神、蹇修都为他所驱使。《九歌》更表现出诗人幻想中壮丽美妙的神的世界。其想象力之丰富，大概唯有《庄子》能与之比美。

第三，大胆的夸张。诗人对自己的才能极为自负，他毫不吝惜地将各种美好事物加诸己身，甚至加到无以复加的地步。对自己的装扮饮食，他是"带长铗之陆离兮，冠切云之崔嵬。被明月兮珮宝璐"。他"朝饮木兰之坠露兮，夕餐秋菊之落英"。他的品行当然是高洁的："纷吾既有此内美兮，又重之以修能。"对于那些小人，他又给予极端的轻蔑："众皆竞进以贪婪兮，凭不厌乎求索。羌内恕己以量人兮，各兴心而嫉妒。"美与丑都夸张到极致，强烈地体现了诗人的情感。

第四，华美的语言。为了表现光怪陆离的幻想世界，为了夸张事物的特征，诗人运用了许多华美艳丽的语言。如提过多次的他对自己的服饰佩戴的描写，用了大量色彩艳丽、芳香扑鼻的草木之名以为衬托。又多描写华贵、繁复的场景，诗句好铺排、对偶，大量运用"耿介""冉冉""菲菲"等叠音词或联绵词。体现出一种大大不同于《诗经》之素朴的艳丽之美。

第五，奇特的结构。屈原作品的结构不同寻常，它们都是抒情作品，但抒情中又杂有叙事的成分。而这叙事的成分不能加以时间或空间顺序的理性分析。因为在纵横捭阖的情感抒发中，是非理性的直觉在引导诗人。《离骚》中东西、天地转换迅速，《天问》中自然、人事更迭没有明显线索，一以贯之的是诗人的激情。

2. 宋玉的辞赋

宋玉是稍后于屈原的作家，在《史记·屈原贾生列传》《韩诗外传》《新序》等书中有一点关于他的零星材料，通过这些材料，我们大概可以了解到，宋玉是屈原的学生，曾因为友人的推荐在楚顷襄王朝做过小官，但很不得意。

《史记》云："屈原既死之后，楚有宋玉、唐勒、景差之徒者，皆好辞而以赋见称。然皆祖屈原之从容辞令，终莫敢直谏。"可见宋玉既擅长写辞，更长于写赋。据《汉书·艺文志》，宋玉有赋十六篇。今天所能见到的，有《楚辞章句》中《招魂》《九辩》，《文选》中《风赋》《高唐赋》《神女赋》《登徒子好色赋》《对楚王问》五篇，《古文苑》中《笛赋》《大言赋》《小言赋》《讽赋》《钓赋》《舞赋》六篇。在这十三篇之中，得到公认的宋玉作品只有《九辩》，但正如前面所说，如果没有有力的考古证明，还是以旧说为准。

《九辩》的创作主旨，依据王逸《九辩序》，是"闵惜其师忠而放逐，故作《九辩》以述其志"。所以《九辩》是宋玉悲悯屈原的遭遇，用屈原的口吻写的一篇作品，从遣词造句到章法结构都有模仿屈原之处，但是，其中又不可避免地渗入了宋玉个人的感情及性格，与屈作又有很大不同之处，在一定程度上是具有创造意义的。诗歌一开篇，就以"悲哉！秋之为气也"奠定下全诗的感伤基调，接着，诗人描写了秋天的萧瑟景色，远行与送别的愁绪，贫士失职的不平等等。从声音、颜色、情调等角度的融合来表达他悲愁的情绪，将感情寓于客观景物之中，情绪与形象达到了水乳交融，创造出令人读之生悲的秋的意境，引起后世无数文人的共鸣，使"悲秋"成了文人共通的主题。在写景状物方面，宋玉更加深刻入微，如写秋天的树木时，对树木的枝和叶的颜色与形状作了细致的描写："叶菸邑而无色兮，枝烦挐而交横。颜淫溢而将罢兮，柯仿佛而萎黄，萷櫹椮之可哀兮，形销铄而瘀伤。"在语言形式方面，宋玉比屈原更为富丽灵活。以开篇写秋景一段为例，用了"萧瑟""憭栗""泬寥""憯凄增欷""坎廪""廓落""惆怅"等一系列形容词，准确地表达出各种意志，又形成排比句式，营造出悲凉的气氛。每句字数也不等，利用句子的长短与音节形成顿挫的语气，随情感的宣泄而时高时低，时快时慢。《九辩》富丽的辞藻与感伤的情绪交织在一起，被刘勰称为"绮靡而伤情"。

《招魂》也是宋玉为屈原而作："宋玉怜哀屈原，忠而斥弃，愁懑山泽，魂魄放佚，厥命将落。故作《招魂》，欲以复其精神，延其年寿，外陈四方之恶，内崇楚国之美，以讽谏怀王，冀其觉悟而还之也。"《招魂》的突出特点在于奇异的想象和铺张夸诞的叙述。诗中将东南西北天上地下都夸张描写成邪恶恐怖，布满妖魔鬼怪，根本无法生存的地方。而楚国却有秀美的山川风景，高大的居室，华贵的陈设，及艳丽的美人，以极其夸张的对比来突出楚国的优美舒适借以吸引魂魄的归来。在艺术上，诗人用了非常细腻的笔触来刻画精致的生活，用华丽的词藻来铺排宫廷的奢华与气派。在刻画与铺排上较《九辩》更进了一步，开汉赋之先声。所以李贺说："宋玉赋当以《招魂》为最幽秀奇古，体格较骚一变。"

现存宋玉的赋中，以《文选》中的五篇成就为高。《风赋》中宋玉将风分"大王之雄风"与"庶人之雌风"，借风有贫富之说来讽谏楚顷襄王，揭示社会的不平等现象。《高唐赋》记叙了宋玉与顷襄王游云梦见神女的故事，《神女赋》则专写了神女的来去与艳丽形象。前者是描写山川的美文，后者是描写女子的美文。这些赋共同体现了宋玉赋华美艳丽的特征：形象生动而夸张，色彩鲜明而丰富，场面热烈而宏大，比喻优美，句式灵活多变。宋玉以其出色的艺术成就大量创作了"赋"这一新兴文体，为其发展奠定了基础。

五、《荀子》

（一）先秦文学研究现状

《荀子》是先秦时期的重要典籍，其中关于《荀子》思想的论文达两千多篇，可谓夥矣，而《荀子》文学研究论文仅二百余篇，可见文学研究是其薄弱环节。重哲学思想研究，轻文学层面的阐释，此为荀学研究中的明显不平衡性。概言之，学界对《荀子》文学的研究集中体现在《荀子》文体研究、《荀子》的风格研究、《荀子》文学思想研究、《荀子》比较研究以及《荀子》对后世文学的影响等几个方面。

荀子作为先秦儒家的集大成者，其传世说理散文《荀子》是战国晚期的代表作。《荀子》的编纂方式集合多种文体形态，学界对此研究的重点主要表现在《荀子》与散文、《荀子》与诗赋两个方面。

对《荀子》的散文研究，无论是文学史专著还是单篇论文，学界基本认可《荀子》为先秦说理散文的集大成。然对于《荀子》篇章结构的分析、人物形象的论述以及散文文体研究相对薄弱。此外，对于《荀子》的散文特色，大都冠以说理透彻、逻辑严密等相关词汇，缺乏新的阐释视角。对于先秦典籍来讲，文本的创作活动及生成是一个复杂的过程，一方面需要窥探文本内部结构显现出的重复、矛盾、竞争等问题，另一方面应注意文本生成所处大环境所赋予文本的一些变化。比如经学、史学、子学以及民间文学对《荀子》文本的影响，这将对全面、系统、有效、深入的梳理、分析文本提供了一条路径。

作为《荀子》文学成就较高的诗赋，学界对此多有探讨。主要体现在对《成相》篇与《赋》篇的研究。学界对《成相》《赋》篇的研究成果颇丰。关于《成相》《赋》的诸如渊源、篇题、文体等问题，亦是众说纷纭，莫衷一是，实为学界一大难题。如关于荀子《赋》篇为赋的源头，部分学者持相反态度，认为以"赋"命名，恐非荀子所题，可能是刘向在编纂荀子书时所题。对于《赋》篇篇名的不同倾向，很大程度上因早期文本文献传承的复杂性所致。的确，对此问题的求证分析，不能囿于前人之言语，需要多元性地考索、论证。对此，李炳海先生《先秦赋类作品探源理路的历史回顾和现实应对》作了详细的梳理，并提出了发展路径，即"应从研究对象的特殊性切入操作"[①]，具有方法论的意义。此种方法不仅适用《赋》篇之研究，对于《成相》篇以及其他难解之问题亦同样适用。

此外，亦有从论体、非体、语体、序体（序跋体）等方面进行了表述与研究。如论体，陈骙《文则》言"自有《乐论》《礼论》之类，文遂有论"[②]。

2.《荀子》风格研究

对《荀子》的风格研究，一般颇为简洁、宏观地概述其总体风格。但值得注意的是，对于风格研究，尚有很大研究的空间，比如不同文体所呈现的文本形态具有不同的风格，如《荀子》的散文与诗歌、赋之间风格的差异。其次，还需要关注时代所赋予作品的风格，如部分学者将时代的风格分为"由治乱所形成的时代风格""由思想所影响所形成的时代风格""由文学演变所形成的时代风格"等，这些都有助于更好地把握、分析《荀子》风格的生成与定型。最后，还需要关注不同的地域对作品风格的影响，如荀子历游多国，《荀子》一书亦非一时一地而作，这便涉及作品与不同地域风格间的关系。

3.《荀子》文学思想研究

作为文学研究的重镇之一，文学思想研究向来着墨颇多，《荀子》也不例外。学界关于《荀子》的文学思想研究颇丰。研究者从不同角度对《荀子》文学思想予以阐述。但有几点值得注意：首先，如对《荀子》文学思想的哲学基础的研究，学界多聚讼纷纭，各执己见。需要指出的是过于立奇、立新，会将所研究之物的

---

① 李炳海. 先秦赋类作品探源理路的历史回顾和现实应对 [J]. 甘肃社会科学，2015（05）：10-15.

② （宋）陈骙. 文则 [M]. 商务印书馆，1937. 12.

特殊性变成一种普遍性。其次，学界关于《荀子》引《诗》、论《诗》的类型、方式与特点方面论述颇多，但需要注意的是作者书写文本、构建文本的生成过程。鉴于《诗经》在先秦时期的权威地位，作者很大程度上因文化价值的认同而不得不引《诗》，这必然掺杂了对《诗》的强制引用、强制阐释的过程。此外，由于频繁的引《诗》，也在一定程度上出现了解《诗》、以《诗》构建文本的特点，这是需要注意的。

（二）《荀子》的艺术特色

《荀子》文章多为长篇议论文，立论严整，论证缜密，思想丰赡，句法整齐，用语准确，表现出很高的组织能力和分析能力。其著名者如《天论》：

天行有常，不为尧存，不为桀亡。应之以治则吉，应之以乱则凶。强本而节用，则天不能贫；养备而动时，则天不能病；修道而不贰，则天不能祸。故水旱不能使之饥，寒暑不能使之疾，祆怪不能使之凶。本荒而用侈，则天不能使之富；养略而动罕，则天不能使之全；倍道而妄行，则天不能使之吉。……故明于天人之分，则可谓至人矣。

大天而思之，孰与物畜而制之！从天而颂之，孰与制天命而用之！望时而待之，孰与应时而使之！因物而多之，孰与骋能而化之！思物而物之，孰与理物而勿失之也！愿于物之所以生，孰与有物之所以成！故错人而思天，则失万物之情。

除了注重文章的逻辑性和缜密性，《荀子》还很注重辞藻宏富，用广博的比喻和鲜明的形象去说明深刻的道理。如《劝学》篇：

积土成山，风雨兴焉；积水成渊，蛟龙生焉；积善成德，而神明自得，圣心备焉。故不积跬步，无以至千里；不积小流，无以成江海。骐骥一跃，不能十步；驽马十驾，功在不舍。锲而舍之，朽木不折；锲而不舍，金石可镂。

这一段话，作者连用了各种形象的比喻和排比的句式，引物连类，论证循序渐进、锲而不舍才是学习的正确态度。文章词汇丰富，节奏铿锵，被历代称道。

第四章　先秦时期艺术的发展

先秦艺术，即新石器时代至春秋战国的各类艺术创造，是中国传统艺术的开篇和重要组成部分，它深刻影响了中国艺术的基本走势。本章节分别从先秦时期的乐舞艺术、先秦时期的绘画艺术、先秦时期的青铜艺术、先秦时期的陶器艺术、先秦时期的建筑艺术几个方面展开论述。

第一节　先秦时期的乐舞艺术

古代以歌（诗）、乐、舞为一体的艺术表现，据《礼记·乐记》所述，就是把"羽钥干戚"的舞具，同"钟鼓管磬"一起，都归为"乐之器也"；而"屈伸俯仰、缀兆舒疾，乐之文也"。即舞蹈动作是"乐"的文采表现，舞就是"乐"的"动其容也"。《诗经》的"颂"诗即为"美盛德之形容"，"颂"与"容"的音义相通，"颂"是庙堂的祭歌，是要配舞的。所以《周颂》里面有六首诗，就是《大武》舞的乐章。春秋时代吴国季札在鲁国观"周乐"，都讲"见舞某某者"，就是乐与舞一道观看的。

乐舞既是人类天性的爱好，也是一种健身的方式，故云："昔陶唐氏之始，阴多滞伏而湛积，……民气郁阏而滞着，筋骨瑟缩不达，故作为舞以宣导之。"（《吕氏春秋·古乐》）先民已经知道乐舞有宣泄郁闷、舒展筋骨的功用。

中华民族素称"礼乐之邦"，史前时代，乐舞就已见丰富多彩，"葛天氏之乐，三人操牛尾，投足而歌八阕。"（《吕氏春秋·古乐》）乐与舞就是配合为一。

乐舞是人类最早产生的艺术形式之一，它的发生几乎和人类的形成同步。人类通过劳动逐渐脱离动物界时，音乐和舞蹈也就随之萌芽了。因为音乐舞蹈是表现人类最强烈感情的艺术，所以它在诸种艺术中起源最早，变化也最大。

1973年青海大通上孙家寨一座新石器时代的墓葬里，出土了一件舞蹈纹彩陶盆，近年来该省的同德县宗日又出土了另一件舞蹈纹彩陶盆，两个彩陶盆内壁都画着几组人物手拉手翩翩起舞，这自然是当时的人们歌舞场面的描绘。有趣的是，在中国古代的神话传说中，不管是汉族，还是少数民族，有不少都是涉及古代的乐舞的。

一、商代乐舞

（一）商代乐舞概述

商代的舞蹈已有了巫舞和乐舞之分。巫舞，是祭神、迎神、娱神的乐舞，主要服务于宗教活动，带有浓厚的宗教迷信色彩；乐舞是供贵族享用的歌舞表演，以娱人为主，格调较轻松。商代是神权政治社会，宗教活动带有政治的性质，所以后世关于巫舞的记载较多。《说文》："巫，祝也。女能事无形，以舞降神者也。"商代的巫舞流传下来的有《桑林》（祈雨的乐舞）、《大濩》（祭祀先王的乐舞）、《羽》（祭祀四方的乐舞）等，这些乐舞因为年代久远，其内容已不可考。

（二）乐舞职官

商朝已经形成的官制中包括乐舞部门。史载商纣时，有大师、少师等一批乐官抱着祭器投奔周人（《史记·周本纪》）。同时有师涓为纣王制作乐舞之曲。礼书记述商的"大学"又名"瞽宗"，即是盲人乐师死后受到尊崇，并以之为学科名称的遗制。这都反映当时的乐师为数不少、地位也不低。甲骨文还纪录着"舞臣"的职名。除"万"这类乐舞职人以外，还有舞人称作"多老"。"多老"当是有经历的资深乐舞职人或职官，也可能是一种巫师。

商代还有一批女性乐舞者，除了求雨活动中的女巫之外，王室还有许多女乐，提供贵族们的声色之乐。殷墟武官村一座大墓，殉葬的女性骨架达24具，她们的身旁放置着乐器和绢帛，以及附着鸟羽作为舞具的小铜戈，推知她们就是这种乐舞人。

商代的乐舞特具贵族性、宗教性。乐舞都被用到宗庙祭祀和天旱求雨、祷告娱神上来，再就是入学礼派上用场，也是贵族的礼仪所需。所以，乐舞中看不到民间的、人民自娱自乐的东西。乐舞的宗教化、贵族化开始于原始社会瓦解、氏族显贵滋生的阶段，此后逐渐脱离社会一般群体的风尚。那种一讲原始社会的乐舞，动辄是向天向神要福消灾，一概归之于宗教、巫术之论，应该就是这一历史阶段的现象。应该注意：我们今日能面对的多是"文明社会"上层留下的资料，局限性很大。比照这前后的考古文物参以文献，依然能够了解这个历史转变。艺术一经贵族化就丧失了生命力，商统治集团把乐舞既利用于祭祀鬼神，又纳入骄奢淫逸的生活，增大了他们的腐化程度，加速了王朝的灭亡。纣王命乐师制作"靡靡之音"和"北里之舞"，成了典型的亡国之音。在它前朝的夏代，也早有"前车之鉴"。

二、西周乐舞

（一）乐舞的伦理化与等级化

西周的乐舞，文献记载渐多，乐调、舞名也益繁。一个突出的特征是伦理化和等级化，尤其表现于音乐的理念。《礼记·乐记》是集中谈论音乐理论和乐舞规则的。其作成当然不在西周，但继承了传统理论，它说："故礼以道其志，乐以和其声"，旨在"同民心而出治道"，明确提出"乐者，通伦理者也"。又认为，音乐对人的感情和社会风气，有能动的教化与协调作用；礼同乐紧密配合，乐以礼为节制，礼以乐为调和；礼乐的好坏，反映政治的盛衰；理想境界是"大乐与天地同和，大礼与天地同节"，"如此则四海之内合敬同爱矣"。这套理论，虽说是东周人的整合，但其伦理思想的渊源，当是溯自西周以来，经过了精心细绎，对周代乐舞做了一个理论性的总结。《乐记》论及《大武》舞，说到周统治者伐纣及其后各阶段的布政成就，等等，既是伦理化，且是圣道王功化了。

伴随着伦理化的是等级化，表现在使用乐曲上，依规格、场面的不同而有别。如"金奏"只限于王、侯使用，卿大夫则否，乡饮酒礼更不能用。用金奏的曲调也有规定，天子用《肆夏》，诸侯用《陔夏》。金奏不用笙奏和间歌，只用管奏并配以舞。用《诗经》中的乐曲，最高规格是天子用"颂"，诸侯用"大雅"，大夫士用"小雅"。射礼配乐，王用《驺虞》，诸侯用《狸首》，大夫用《采蘋》，士用《采蘩》。在室内悬乐器，按等级有宫悬、轩悬、判悬、特悬之分。舞队有八佾、六佾、四佾、二佾之别。乃至使用乐器也有"王执路鼓，诸侯执贲鼓，军将执晋鼓……"等差。这些《周礼》中的记载虽是经过后人整合的,也是逐步规范起来的。但是,西周既有严格政治的宗法的等级存在,乐舞分等级必不能免。

(二)乐曲舞名的丰富与细分

西周乐曲舞名的繁多中而最为周人称道的,大概算是《大武》,因为这是记述周人开国奠基之作。《乐记》解释《大武》舞的各章,可谓曲尽其妙,同时还说及《狸首》《驺虞》等等礼仪乐舞的制作,又说到武舞、文舞及其所蕴涵的德性。对于《大武》舞的"六成",历来研究者均按《乐记》所述的舞容、舞事,选出《诗经·周颂》里的六篇,与之配合。

《大武》是军事乐舞,有传说武王伐纣时,士兵在宿营地"欢乐以达旦,前歌后舞",用"歌舞以陵殷人",后来就有《巴渝舞》之类。虽属传说,倒是民间尤其是少数民族乐舞的一次提及,弥足珍贵。据摩尔根《古代社会》所言,世界上其他原始民族开战出征时,也有以歌舞激励士气的行为。①

西周的乐舞,除了继承上世六代的以外,还有上世流传下来的、以《夏》为名的所谓《九夏》:王夏、肆夏、昭夏、纳夏、章夏、齐夏、族夏、祴(陔)夏、骜夏(《周礼·春官·钟师》)。"夏"即"雅",就是雅乐;若为舞就是正舞、大舞。故而另有小舞。《春官·乐师》职文说:"以教国子小舞","有帗舞,有羽舞,有皇舞,有旄舞,有干舞,有人舞"等等。大致都是学生所习之舞,也可能为民间常用的。"干舞"有大有小,以干配戚为大舞,以干配戈为小舞。又有小童"舞勺""成童舞象",《勺》可能即《大武》中的一章即《周颂》的"酌";《象》是周公东征所作,又名"三象",今见《匡卣》铭文有"象乐二"之文,字从象从乐,被认为当是《象》舞。至于求雨的雩舞、驱鬼的傩舞,西周一如商代,照样流行。

社会一般的乐舞,西周则多有记述。《诗经》的"国风"部分,固然常见民间娱乐性的舞蹈,而在"雅"诗中亦复如是。《伐木》说到款待亲友,是"有酒湑我……蹲蹲舞我";《宾之初筵》描述宴饮,既有比射,又有"籥舞笙鼓","屡舞僛僛",虽诗意在于警戒,却如实记录了宴饮中少不了歌舞的社会风习,当然这都是士以上至贵族阶级所能有的。民间社会开始见到一些乐舞,如所谓"吹豳籥"歌豳诗,如所谓"琴瑟击鼓,以御田祖",还有蜡祭时群体性的乐舞。至于

---

① (美)摩尔根(Lewis Henry Morgan).古代社会[M]. 杨东莼等译. 北京:生活·读书·新知三联书店,1957.09.

一般欣赏、演奏音乐，大概更为普遍，士大夫们乐器不离身家，"大夫无故不彻悬，士无故不彻琴瑟""琴瑟在御，莫不静好"。行礼时"行以肆夏，趋以采齐"，把音乐渗透到生活中。

（三）乐舞曲调的程序化

既有这么众多的乐舞、乐器，就有表达不同感情意志的乐调和舞蹈。奏乐有"金奏""笙歌""下管"的等差，舞容有"发扬蹈厉"，"我徂维求定"的区别，必然有不同的格调加以分别，各有一定的程序加以规范。乐以配舞，有什么乐曲就有什么格调的舞蹈。当时存在着的许多乐曲，可惜我们今天无法看到哪怕是零简碎牍的曲谱。今日学者从《诗经》的章句节奏，摸索到其中有规范的歌唱程序。如：一个曲调有重复歌唱，或有"换头"；有的曲调前面或后面用副歌，或前有引子，后有尾声（或只用其一）；有的用两个曲调各自重复或交替运用，或不规则地重复而成一曲等丰富多变的形式。这多半在"风"诗和"小雅"中表现出来，且运用娴熟。而"大雅"则句式规整，平铺直叙，一般端庄严正（除"变雅"外）；"颂"就没有调式，一般也不分章，只是数句祭祀颂歌，一派庄严肃穆，近乎金文里的"嘏辞"。这种情况，有时代早晚的背景，主要是用场不同，用各有当。总之，乐既有曲式，舞自当也有程式。

西周这方面的实物资料很少，目前知道只有宝鸡茹家庄强伯及其配偶两座墓各出土一件青铜雕塑舞蹈人像，一男一女，呈现各自的起舞动作，姿态俨然，时属西周中期，从墓主地位，这也是属于贵族阶层的乐舞。

三、春秋战国时期的乐舞

（一）礼崩乐坏

春秋战国"礼崩乐坏"代表西周建立的宗法血缘政治在新的阶级权贵、政治环境、社会阶段面前崩塌，与此同时，与"礼"息息相关的"乐"，也因其崩塌而遭到破坏。西周严格规定了乐舞的仪式用度、队列规模、服制等级，甚至内容形式也需紧扣政治主题，但同时，实行宗法血缘人情政治，伦理道德成为人与人之间情感的维系。可以说，西周的礼乐体系表现出政治等级与人情血缘之间的依存关系，并具体反映在"礼""乐"的相互作用。"乐"服务于"礼"，它融合了"礼"

所不可避免的冷漠与棱角，使其统治方式表面上变得温暖柔和起来。所以，西周"制礼作乐"并未否定"乐"的娱乐作用，也未将两者对立，而是在"礼"的政治性与"乐"的情感性中寻找契合点，即所谓"乐而不淫，哀而不伤"，即中国传统艺术"和""中庸"的审美意识。西周"和"的审美意识虽为后世舞蹈所追求之境界，但在当时，日复一日、年复一年重复、僵化的表演，残存于举手投足间那一点零星的情感亦消磨殆尽。倘若说"六大舞""六小舞"的创立初衷除却彰显政教寓意外，还透露出宏观情感欲望的话，那随着对其政治性的过度强调，以及功能性的不断夸大，将这类乐舞立于庙堂之上，高不可攀，久而久之变成刻板的程式化体系，冷漠、僵化、无情可言。

春秋战国是一个感性欲望极具爆裂、情感渲染异常绚烂的时代，现实的黑暗与惨烈使得人们沉湎于肢体声色享乐中。西周赋予乐舞的政治寓意和典雅规范不再是人们追求的目标，审美取向亦由"理性""人性"变为"感性""欲望"，雅舞艺术价值正在不断丧失。当艺术不再有饱满的情感、新鲜的血液来给予营养时，必然走向另一发展方向。于是，雅舞自身的发展瓶颈与外在审美取向的转变必然造成"乐坏"之结果，不仅如此，舞蹈自身还寻求了一种更为新鲜、更符合彼时社会发展现状的形式——民间乐舞，这为先秦舞蹈审美能力的发展提供了极大可能。

（二）民间乐舞的兴盛

民间乐舞虽于春秋战国时期兴盛，但其自原始社会时期便一直伴随着人类的生产生活，如远古时期存于墙壁上的乐舞壁画，在现今的民间乐舞中仍有活态遗存。自进入奴隶社会，尤其西周"制礼作乐"体制下，民间乐舞本身的自娱性、随意性不符合典雅庄重、森严规范的审美需求。另一方面，处于奴隶地位的被统治阶级在政治经济上原本不具备话语权，但随着西周王权崩溃，产业结构有了质的变化。手工业、商业在民间得到一定发展，虽然仍改变不了被压榨、被统治的现实，但混乱的社会给了这一阶层喘息空间，于是，民间乐舞便在夹缝中产生、兴盛。民间乐舞在春秋战国时期兴盛，不仅是社会发展演变的结果，也代表人们对乐舞审美鉴赏能力开始逐渐多元、丰富起来。

自"礼崩乐坏"后，民间乐舞鲜活、多样、清新的表现形式愈发受到人们喜爱，相应的审美趣味开始逐渐形成。四川成都出土战国时期百花潭宴乐渔猎攻战纹铜壶，铜壶纹饰第一层右侧，绘有表现采桑活动的乐舞。3名女子在桑树上采摘，树下有5名女子劳作，旁边另有5名女子扭身舞蹈，周边有人围观。该画面生动刻画了青年女子于"桑间濮上"尽情歌舞的生活状态。铜壶第二层左侧，描绘了宫廷宴乐场景，左边部分有5人敲击钟磬，身下5人跪坐吹奏箫笛，另一人敲击建鼓，右边部分立4人，手持矛状物起舞，场面热闹。再如战国时期乐舞纹铜壶盖，图中1人跪坐演奏排箫，6人于树下俯仰屈伸、扬袖作舞。依据以上图式纹样，说明当时民间乐舞极为盛行，以至成为各类工艺器具的刻画对象。由此看出，民间乐舞在当时的流行程度以及各贵族对其喜爱程度，比宫廷乐舞有过之而无不及。

民间乐舞因注重刻画现实生活，因此在僵化、刻板、重复的雅舞面前，从内容到形式上均呈现出强烈的生命情调与新生儿般旺盛的生命力。这一形式比起雅舞来说，无疑是新鲜的、活泼的、引人入胜的，难怪魏文侯在听到"古乐"时会"唯恐卧"，而听到"新乐"时会"不知倦"。《乐记》"魏文侯"篇有言：

魏文侯问于子夏曰："吾端冕而听古乐，则唯恐卧；听郑卫之音，则不知倦。敢问：古乐之如彼何也？新乐之如此何也？"子夏对曰："今夫古乐，进旅退旅，和正以广……修身及家，平均天下。此古乐之发也。今夫新乐，进俯退俯，奸声以滥，溺而不止……乐终不可以语，不可以道古。此新乐之发也。"

文侯曰："敢问溺音何从出也？"子夏对曰："郑音好滥淫志，宋音燕女溺志，卫音趋数烦志，齐音敖辟乔志；此四者皆淫于色而害于德，是以祭祀弗用也。"

子夏提到几类民间乐舞："郑音""宋音""卫音""齐音"。且不说对"四音"的评价为何，但从文中可得到两个信息：一是当时民间乐舞种类形式应是丰富多样的，从"郑""宋""卫""齐"的分析来看，郑音、宋音较为轻佻娆曼、纤柔妩媚，而卫音以急促快速著称，想必乐曲较为激快热烈，齐音乐曲则以傲辟为特点。文中虽描写的是乐音风格特点，但舞蹈想必也与乐曲风格相一致。由此可见，当时民间乐舞因地域差异性而具有不同的审美样式，且风格特点较为明确，不似雅乐雅舞般刻板端正。二是尽管魏文侯在说了自己听完各地乐舞的感受后，子夏以"修身齐家，平均天下。此古乐之发也"来表明古乐的内涵寓意，但由此看出，在那"礼崩乐坏"时代，诸侯们欣赏各地民间乐舞已成为常态化，他们"不知倦"的真实反应映射出民间乐舞在当时的受欢迎程度。相对于程式化雅乐雅舞，贵族阶级对新鲜活泼的民间乐舞更感兴趣。

第二节　先秦时期的绘画艺术

绘画，则起源于人类早期一切用色彩、线条在平面上描绘、凿刻出的视觉形式。故有美术史论家将先秦壁画、漆画、帛画以及岩画、陶器装饰、玉器纹样、青铜器图案，都归于绘画的范畴。这是以绘画源头为坐标，侧重其发生与缘起之思路，它有利于追迹中国绘画艺术本质的形成。

一、陶器绘画

根据先秦绘画定义，陶器装饰中可列为绘画一类的有以下数例：

1977年，浙江余姚出土河姆渡文化陶钵上的猪纹（图4-2-1）。两幅猪纹分刻在陶钵的两侧，钵底宽17.5厘米，口宽21.7厘米，通高11.7厘米。猪纹长嘴、长腿，四足弯曲交替的动作，毕肖地表现了缓缓前行的姿态。腹稍下垂，其上刻有类似植物的纹饰。有人认为这纹饰是稻穗或稻粒，体现了家畜饲养与农业的关系。猪颈部棕毛耸立，似野性尚存。

图4-2-1　浙江余姚出土河姆渡文化陶钵上的猪纹

1985年，安徽蚌埠双墩新石器时代遗址出土鱼纹陶片，陶片径约9.5厘米。双墩是个有独特文化内涵的新石器文化遗址，所出陶片大多有刻画图饰，主要有动物、植物，以鱼和猪为多。此鱼纹用硬质工具反复磨划而成，故有复线。根据鱼鳍的长短与张开的鱼唇，可知磨划者对物象有仔细地观察和胸有成竹的表现。

第四章 先秦时期艺术的发展

1987年，湖北天门出土一件石家河文化的中口陶罐，口径13厘米，底径8.2厘米，高29.8厘米。陶罐腹部刻划一头上插羽冠、身似披铠甲、手执斧钺、足似着靴的人像，面部五官毕具。这一人物很可能具有酋长的身份。在陶罐上刻画有身份的人物，是意味陶罐所属，还是祭祀时用器，则不得而知。

《中原文物》1981年第1期报道，河南临汝出土仰韶文化庙底沟类型陶缸上有鹳鸟衔鱼图（图4-2-2）。陶缸高37厘米，口径32.7厘米。底部有穿孔，是灵魂出入的通道，此缸应为瓮棺葬用来埋葬死者的器具。图画描绘在陶缸外壁，画面高37厘米，宽44厘米。主要由三个部分组成：鹳、鱼、石斧等。白鹳短尾长腿，大眼圆睛，长喙粗颈。据图形，鸟啄鱼唇对接，意为衔有一鱼。鱼身挺直，小眼无鳞。其旁又画有一石斧，石斧圆弧刃，另装有一柄，下有网格状纹，可能是所缠的细绳和织物。鹳鸟衔鱼图以平涂加线条勾勒的手法，有强烈、简明的绘画风格。

图4-2-2 河南临汝出土仰韶文化庙底沟类型陶缸上有鹳鸟衔鱼图

鸟叼鱼的图画不止一例，1958年陕西宝鸡北首岭出土一件大头细颈陶瓶，瓶腹绘有一鸟，口衔一鱼之尾，鱼作扭动之状。

关于鹳鸟衔鱼图的图像学意义有数种观点，有人认为鹳鸟与鱼是两个氏族的图腾，图画象征两氏族交战的意义，斧则是鹳鸟氏族首领的身份体现；有人认为，鹳鸟衔鱼图是史前人渔猎和农业生产的反映，所谓鹳鸟实是鸬鹚，石斧是生产工具；还有人认为石斧是生产的象征，鸟鱼是人口增长的象征，鸟鱼相连绘，是两个氏族联姻的记载。

1993 年河南汝州洪山庙出土仰韶文化陶缸上的一批绘画，有鹿、蜥蜴、鸟、鱼、龟、人物等。这些图式有很强的绘画风格，有人认为表现了生殖的巫术活动。

1958 年甘肃甘谷县出土马家窑文化彩陶瓶，陶瓶上描绘了人面鱼图。瓶高 38.4 厘米，腹部绘一鲵鱼，鲵鱼头部似人面，双眼圆睁，眉及鼻处为十字，张口露齿。鱼体极度扭曲，上画网格纹，上端左右各画一肢、押出四指。在陶瓶上画鲵鱼、是甘肃东部彩陶的重要题材、此图显示图腾标志的一种绘画风格，其后的鲵鱼装饰已图案化。

1973 年青海大通县出土马家窑文化彩陶盆，陶盆上描绘著名的舞蹈图。类似陶盆上的舞蹈图在岩画中比较多、阴山、贺兰山以及巴丹吉林沙漠地区和新疆地区都有发现。岩画中的舞蹈图和陶盆上的舞蹈图有同一意义，是北方一种流传十分广远的民俗。舞蹈图描绘在陶盆内壁，共十五位舞蹈者，分三组，每组五人。若环视内壁，则所谓舞蹈图实际是一组二方连续的纹样；若取其一组，则是典型的剪影绘画，类似岩画。舞蹈者均为全身，姿态相同，还有头饰（或发辫）下垂，五人牵手相连，气氛欢快，情趣盎然。需要指出，舞蹈者胯部均侈出一物，有人认为是尾饰，有人认为是生殖器。根据新疆岩画的描绘，生殖器说比较允当，表现的是生殖巫术。

1982 年甘肃大地湾出土的地画，给美术史论界造成轰动，这是迄今已知唯一一幅描绘在居住遗址内部的绘画，它可能表现了祖先崇拜的内容。由于该地大量发现彩陶，而地画的年代与彩陶生产的年代相当，其作品可能是生产彩陶的"艺术家"留下的。从风格来看，可以归于彩陶绘画一类，故录于此。

发现地画的房址，长约 580 厘米，宽约 470 厘米，房址正中一火塘，地画画在后壁居中的位置。地表有白灰层，其上描画黑色图画，现存画面约有一平方米，上画有人物及动物，人物在上，两动物在人物下的方框内，向左横陈。考古工作者认为，上部所画人物是房主的先人，框内的动物是他们祭祀祖先的牺牲，整个画面表现了祖先崇拜的情景。

根据上述材料可知，一、新石器时代陶器上的绘画与岩画有近似的风格；二、绘画与纹样已具区别，但此时的绘画似有向纹样组织转进的趋势，显示规律化、设计化，重复化。良渚玉器神徽的图形由具象向抽象迁演，也是东亚大陆史前平面艺术这一规律的体现。

二、铜器绘画

商周的绘画艺术，体现于各类器物花纹上的底本终究比原始时代精进。青铜器的纹饰由简单花纹进至多组多章的结构，从单层发展到三层。在繁复的样式中，可以归结为几何形、物形、人形体三种。各种样式之内，千姿百态而又有一定的章法、分组和"聚纹"布局。

青铜器上的蛇纹最早出现在商代中期。商周时期的蛇纹主要有单体蛇纹与蟠虺纹，其中单体蛇纹盛行于商晚期，西周早期开始衰落，西周中期趋近于消亡；而蟠虺纹直至春秋中期才开始出现。单体蛇纹指的是以单体形式出现在图案单元中的蛇纹，蛇纹之间并不存在缠绕关系。单体蛇纹形象一般栩栩如生，多呈连续带状分布或对称分布。

蝉纹在青铜器上较少以主题纹饰出现，更多是作为辅助纹饰。在它与各种不同纹饰的组合搭配中最为常见的是与兽面纹的组合，其次是与龙纹、凤鸟纹的组合。此外还有一些与其他动物纹饰的组合，如蛇纹、虎纹、夔纹等。蝉纹与兽面纹的组合很常见，主要有两种：一种是兽面纹单元上方饰蝉纹，蝉纹大多位于器物的口沿，环绕器口一圈呈条带状，这种组合方式常见的器物是爵。第二种是在兽面纹单元下方饰蝉纹，蝉纹多位于鼎的腹部，饰于三角纹里，周围填充雷纹，或上部有雷纹，两侧无。典型器物：妇好中型圆鼎，该鼎蝉纹周围填充雷纹；另一鼎则只有上方有雷纹。

鸮形装饰元素常与凤鸟纹、兽面纹、龙纹、蝉纹、蛇纹、龟纹、虎纹、象纹、云雷纹、鳞纹等其他纹饰组合出现。在与凤鸟纹、龙纹组合时，鸮形装饰元素往往作为主题纹饰、整器造型或单独部件出现，凤鸟纹与龙纹一般作次要纹饰。与兽面纹组合时，鸮形装饰元素往往作次要纹饰、局部纹饰，而兽面纹作整器主题或主要纹饰。青铜器上鸮形纹饰多与凤鸟、龙、兽面纹饰搭配，可能是因为这三种纹饰在商时极为繁盛，许多有纹饰的青铜器上都存在此三种纹饰的缘故。鸮形纹饰也常和其他写实动物纹饰搭配出现，这些写实动物纹饰主要有蝉、蛇、龟、虎等。鸮形纹饰与蝉纹饰搭配时，蝉纹饰出现在鸮喙前端、鸮胸前以及器腹、盖钮、提梁上等。鸮形纹饰与蛇纹饰搭配时，蛇纹饰常构成鸮的双翅，或蛇纹饰在鸮形器的腹底部。鸮形纹饰与龟纹饰组合时，龟纹饰出现在鸮形器的器腹底部。鸮形纹饰与虎纹饰组合时，鸮与虎的方向往往是相背的，各据器的前后。除了以上的动物纹饰，鸮形纹饰还常常和云雷纹、鳞纹搭配。此时云雷纹和鳞纹常常作整器的地纹。

鱼纹大多出现在与水有关的器物之上，其中最主要的还是装饰于青铜盘。鱼纹主要出现的部位是盘的壁沿。青铜鱼纹的纹样组合可以通过一些具体的青铜器来探讨：蛙鱼纹斗的纹样组合是鱼纹+蛙纹；龙鱼纹盘的纹样组合是鱼纹+兽面纹+龙纹；鱼纹盘的纹样组合是鱼纹+龙纹+火纹；旅盘的纹样组合是鱼纹+鸟纹+虎纹+龟纹；龟鱼龙纹盘的纹样组合是鱼纹+龙纹+龟纹。由上可以发现，最常和鱼纹搭配的是龙、龟、蛙这些现实或传说中水生及两栖类动物纹饰，它们在一起共同体现着水的力量。青铜鱼纹的纹样组合可以通过一些具体的青铜器来探讨：蛙鱼纹斗的纹样组合是鱼纹+蛙纹；龙鱼纹盘的纹样组合是鱼纹+兽面纹+龙纹；鱼纹盘的纹样组合是鱼纹+火纹+龙纹；旅盘的纹样组合是鱼纹+虎纹+鸟纹+龟纹；龟鱼龙纹盘的纹样组合是鱼纹+龟纹+龙纹。

另外，青铜器上刻画的图像，又称线刻、针刻、锥刻图像。由于线刻的手段类似手笔描画，故而画面效果最接近传统的中国绘画形式。这类铜器画像主要见于长江下游，但分布的范围比较广，今山西、湖南、陕西、山东也有出土。

1985年镇江谏壁王家山出土一些匜、盘、鉴的残片，其上都有刻纹，多为人物、禽兽、台榭楼阁、苑囿等，表现了春秋战国时期长江下游贵族的生活状况，如燕乐、射侯、狩猎等，为中国古代礼乐制度、文物制度、建筑史、舆服史的研究提供了珍贵的材料。匜、盘、鉴的器壁极薄，图像是用锐利的小刀镂刻的。江苏六合出土的铜盘刻纹不完整，所见也不清晰，稍加辨认可知题材与王家山出土的相似。

目前，已知东周刻纹铜器有20多件，谏壁王家山、六合出土的年代大概在春秋晚期。早期图像所刻线条都是由连续的点组成。长江中游的长沙，以及黄河流域的山西、陕西等地所出刻纹铜器年代稍晚，所刻线条流畅得多，线不再由点

第四章　先秦时期艺术的发展

连接，而是一刀一段地刻成。东周刻纹铜器的出土地虽然分布广泛，但共性十分明显。第一，都是水器，主要是匜和盘，形制也接近；第二，工艺相同，均系热加工后捶打而成；第三，图像所表现的内容与风格基本相似，而且器底都刻镂了盘绕的水蛇。有人认为，刻纹铜器是长江下游吴地的特产，其他地区发现的是由吴地输出，或者仿制的。

铜器上还有刻画战争题材的。山西潞城县出土铜西残片上，两队武士身着甲衣对峙，武士或持弓箭，或持矛戟，或击建鼓、敲钲玲，或持盾牌。有的武士戴头盔，有的武士倒毙于地。但匜的流口如其他刻纹铜器，同样程式化地刻镂了鱼纹与边饰。

江苏淮阴高庄出土铜匜残片图像，却不属现实的题材，而是神话的内容。其上有珥蛇的巫师，还画有群兽和鸟、山峦和神树等。

山西定襄县中霍村出土铜匜残片图像，表现的是现实生活：一是贵族的射侯活动，一是酌酒、敬酒的情节，可能为一种礼仪。《礼记·射义》谓："古者诸侯之射也，必先行燕礼，卿、大夫、士之射也，必先行乡饮酒之礼者，所以明长幼之序也。"铜器上举凡射侯的画面，均配有宴饮的场面。射侯与宴饮相构，印证了文献的记载。

刻纹铜器的图式，是东周艺术的新风尚，其内容直接表现社会生活，一改商周铜器以兽面或神鸟为装饰的习惯。

除了刻纹铜器，还有用铸镶和镶嵌工艺来制作图像的。这些画像铜器，主要出土在河南、陕西、四川的东周墓中，其中以河南淅川徐家岭、四川成都百花潭、河南辉县琉璃阁、汲县山彪镇出土的铜壶、铜鉴上所绘图像最为著名。

1989年河南淅川和尚岭出土春秋晚期画像铜壶，共2件。铜壶通高20.4厘米，口径22厘米。壶上所刻图像，与新石器时代彩绘陶盆上的连臂舞蹈图相似。环绕看，似二方连续的图案，很有对称性。单个看，为有情节地绘画。根据考古报告可知，这些图像为神仙题材，有人、有动物（也可能是灵物），表现的可能是做法事的情景。但根据图像推测、也可能表现的是人兽搏斗的场面。另一件全是动物，没有人物，风格虽写实，但实为二方连续的纹样，没有情节。

1965年成都百花潭出土战国铜壶，形制为中原风格。珍贵的是，器周遍饰金属嵌错的图像，今人名为宴乐渔猎攻战图（图4-2-3）。铜器上表现现实生活、战争图景，在战国时期的铜器装饰中十分少见，这是工匠中知巧者为了新人耳目而创造的新样式，郭沫若说：这种形式"多用写实形而呈生动之气韵"。

图 4-2-3 四川成都出土战国铜壶上的宴乐渔猎攻战图

图像自上而下分为三层，各层又分右、左两个画面，共六幅图画。每层形式为通景画，表现了宴乐、弋射、选取弓材、水陆攻战的场面，最下面一层为狩猎图像。

1935 年出土于河南汲县山彪镇的战国水陆攻战纹鉴，外壁用红铜镶嵌成多组画像，众多战士与庞大的战争场面，沿器表上下分布，左右展开，对立的阵势构成对称的格局。战争气氛激烈，人物动态矫健，内容丰富，既有水战的喧嚣，又有攻城的鼓噪。

1977 年陕西凤翔出土战国镶嵌射宴图壶。壶身图像分四层、第一层为习射图，表现的是射侯与宴饮的内容。但图像是倒置的，有人认为铸造时，系模具放反所致；第二层为弋射图，表现射猎飞禽之场景；第三层为宴乐图，表现贵族钟鸣鼎食的生活；第四层为狩猎图，表现捕获猎物的场面。

河北唐山贾各庄出土战国镶嵌狩猎图铜壶，共六格，也是表现狩猎的内容。

流传海外的洛阳金村出土斗虎图铜镜，直径 17.5 厘米，铜镜共分六组，有三组画面表现人与兽、兽与兽及凤鸟的图画。其中骑士与虎搏斗的画面（图 4-2-4）惊心动魄。骑士蹲在马上以剑迎对猛虎，而马却畏缩不前，虎张牙舞爪，反身扑向骑士。人、马、虎的神态刻画，体现了画家准确的艺术表现力。重要的是，人物和动物的刻画，已不是剪影的画法，而重视细节的表现。由于点和线的运用，以致人蹲在马背上的动态关系，可以清晰地表现出来，这种图式更具真实感。

图 4-2-4　河南洛阳出土铜镜上的斗虎图

　　青铜水器是以线来表现物象的,如江苏镇江谏壁王家山出土的匜、盘、鉴等图画,但人物众多、场面浩大,其视觉效果与剪影法的造型实际无二致,没有细部的刻画。铜镜斗虎图用线表现人兽的细部,以及相互之间的关系,使先秦绘画呈现中国传统绘画的成熟模式。云南出土一批战国至汉代的青铜器,其上画像,如铸造在铜鼓、贮贝器上的播种、上仓、竞渡等图画也如此,尤其铜臂甲上的图画(图 4-2-5),是为滇国青铜器线刻图画中最精彩的一件。

图 4-2-5　古滇国铜臂甲上的刻画纹

　　以上刻纹、镶嵌、铸镶的铜器图像,都是中国早期绘画艺术在青铜器上的体现。

三、壁画与地幔

早在史前，先民们就颇为注意美化自己的生活环境，既把一些花纹图案刻画、绘制在器物直至生产工具上，且又将之艺术地装饰于居室墙壁或地面。甘肃秦安大地湾遗址一处房基地面在1平方米的白灰面范围绘有舞人和"陈牲"（祭祀）等内容。姜寨与北首岭等聚落中，有的墙壁上就出现二方连续图案的装饰画。牛河梁"女神庙"的墙壁碎块遗留着画有几何纹和用多种彩色交错三角形纹构成的图案以及在"平带"上绘着赭红色勾连纹的图案，纹样可称丰富多彩。直到陶寺遗址，在白灰面墙皮残块上犹见四千多年前的几何形纹饰。在陕西龙山文化的绥德小官遗址3座半地穴式的房子下部都绘制着枣红色几何平带纹所装饰的壁画。还有宁夏固原麻黄剪子遗址的齐家文化房址和内蒙古自治区内好几处遗址都发现类似的壁画遗迹。至于用锥、凿方式在墙间、地面刻凿出圆点或平、竖、斜线条组成多种带状如"平带""平圆带""宽带"等等，涂抹或施彩于墙裙乃至外墙者，更为多见，美化住所的目的俱是一致的。而大地湾是在地面作画，则被称为"地画"；且画中具有一定的情节内容，应是带有"独立画作"雏形的意味了。

至商周继续了这种艺术。在殷墟的建筑和墓葬都有发现，小屯村北一座用为玉石作坊的半地穴房址内，一块白灰面墙皮上绘以红色花纹与黑色圆点构成的纹样。这无疑是刚进入历史时期的早期壁画；在殷墟西区一墓出土一幅布幔，上面绘有彩色的蝉纹；此外，在山东滕州箭掌大的晚商M4也发现壁画的残迹。到西周，则有陕西扶风杨家堡一座墓的四壁画着菱形"二方连续"带状图案。

整体观之，与史前相比，商周这方面的进步并不算快。也许还有待于发现。

四、漆器绘画

先秦铜器画像主要出土在中原和四川，而漆器画像主要出土在长江中游。这与长江中游地理气候有很大关系。由于采用手绘而不是铸造的方式，漆器画像及帛画更具绘画特征。

商承祚在《长沙古物闻见记续记》中写道："楚棺内子盖间有绘画，或镂空花……画镂空，作何种花纹，据土夫言、为花鸟人物，施漆而后画也。"[①]

商氏在《长沙发掘小记》中谓："胜利后，谢少初于东郊陈家大山之磨子山

---

① 商承祚. 长沙古物闻见记 续记[M]. 北京：中华书局，1996. 11.

（今为苗圃）盗一晚周木椁墓……此外为陶鼎、敦、壶、瓠斗、漆羽觞各一。敦中置帛画，高30厘米，宽21厘米，绘一贵夫人"（即著名的人物龙凤图）。又说：1952年底，"颜家岭……木椁墓柜内漆奁画狩猎图。"①

他还在《长沙楚器发现记略》中云："楚墓所出器物，实以漆器最为名贵……今兹所得，奁为仅见，非贵其器，贵彩绘也。高约市尺六寸，径三寸许，外涂黑漆，绕画美女十一，坐五立六，或正或侧，或行或止、顾盼姿生，风光流动，绘杂不精，色仅黑白黄，然为粉彩而非漆画，故能表示其笔势之轻灵。"②

这是20世纪上半叶关于楚地战国漆画与帛画的文字记载。

1977年出土曾侯乙内棺的漆画，画在长249厘米的内棺左右侧板及头档上。左右侧板的图画基本对称，均以整齐的方格分割画面，并在方格中描绘不同神灵、龙凤及怪兽。画在东西侧板上的神怪图像分别有十尊，西侧又多画了四只神鸟。神像的形貌十分怪异，有的人面鸟身，头生尖角巨耳，两腿间羽毛拖地。有的巨兽张口，头颈有复杂饰物，胯下绘火焰状花纹。有的兽首人身、两腮长须。有的躯体饰鳞甲纹。这些神怪皆赤膊正面而立，手持双戈戟。西部侧板上方四只神鸟，直立如人形。神灵与神鸟均作同一姿势，似有扑腾之状。

曾侯乙墓还出土数只漆衣箱，上面的绘画属神话与天文的题材，风格与漆棺一致。画面饱满充实，装饰味浓郁，类似缀满图案的地毯。其中以编号E.66、E.67、E.61最为著名。

E.66盖面上朱书一篆文的"斗"字，环绕"斗"字写有二十八星宿的名称，故命名为二十八星宿图（图4-2-6）。图中星宿按顺时针方向排列，与我们仰头观察的天象正好相反，表明绘画者将衣箱的拱形盖面想象为圆形的天穹，将箱底想象为大地，由箱底向盖顶看，意在大地仰视天穹。而由盖顶向下看，如果是透明的话，天象图就应该反着画了。由此可见楚国画工的内心视觉是相当发达的。盖面两头，分别画了青龙与白虎，青龙这端的侧立面描绘蘑菇状云纹，白虎这端的侧立面绘了一只蟾蜍。箱的另一立面描画了相对的两只兽，另一面却没有彩绘。

---

① 商承祚. 长沙发掘小记[J]. 文物天地，1991，（第6期）：29-41.
② 商承祚. 长沙古物闻见续记[J]. 文物天地，1992，（第1期）：36-48.

图 4-2-6　湖北随州曾侯乙墓出土漆衣箱上的二十八星宿图

E.67 衣箱也是盖面和三个立面有绘画。盖面上画了四兽，均作回首反顾状，四兽之下描绘云纹。一侧立面描绘两兽相对，一兽背部绘一鸟伫立，另一兽的上方绘一鸟展翅，鸟后一人揪住鸟的尾巴，另一手持棍，似在打击飞翔的鸟。鸟的上下有圆点。《曾侯乙墓》的作者认为：圆点是太阳，鸟或为日中金乌，后面击打者可能是夸父，画题为夸父追日图。

E.61 衣箱盖面的绘画由于主题性特别强，也就特别引人注目。盖面描绘斜向的蘑菇云纹，云纹有大有小，两边各绘有两棵大树，一棵较高，一棵较矮，高树长出十一个枝头，矮树长出九个枝头，每一枝头上又长出一个光芒四射的太阳。高树上立两只鸟，矮树上立两只兽，其中一兽为正向人面，另一兽为侧面，故容貌不清。树间都画有一人挽弓射箭，这箭是成都百花潭出土的铜壶上所镂刻的那种矰缴（系有绳的箭，可回收），有一只鸟坠落。《曾侯乙墓》的作者说：所绘之树应是扶桑，枝头的鸟应是太阳，曳射之人应是羿，射下之鸟应是日中金乌。盖面的边缘还画有两条双首人面蛇，互相缠绕。这可能是传说中的女娲伏羲。一侧立面也画了伏羲、女娲，以及羿射日的故事。

1992 年湖北沙市喻家台战国墓出土漆瑟彩绘，其上绘画也似羿射日的题材。瑟端画红黄色龙凤，其中一片漆画上除一只腾空的大鸟，还画有两树，左边一棵树上立有两只鸟，树下另立有一鸟。树上稍大的鸟衔有一蛇。右边一棵树上又画有两鸟，由于色彩暗淡，不易辨识。另有一片漆画上画一凤鸟和一蛙形人，两旁画有龙蛇。据推测，这些绘画可能都与日月神话有关。

楚地是神话的故乡，中国神话传说大都流传整合在这里，如遍尝百草的神农，衔木石填海的精卫，怒触不周山的共工，敢与黄帝争神的刑天，以及因道渴而死的夸父等等，这些神的形象、神的精神都是在这块土地上生长起来的。曾侯乙衣箱上的漆画表现了这些故事，有些暂时不能解读的内容，可能也是神话的题材。

除了诡谲的神话，楚国画家还画一些现实的题材。中国美术史上著名的锦瑟彩绘、撞钟击磬图、建鼓舞图等作品，就是其中的杰出代表。

"锦瑟"宽37厘米，长约124厘米，瑟墙高6.3至7厘米不等，1957年出土在河南信阳长台关1号楚墓，下葬时间约当战国中期偏晚。所谓彩绘，指画在瑟的首尾以及首尾两端立墙上的漆画，有射猎、乐舞、宴享、巫祀等几大内容。较为主要的，有瑟首描画的射猎图、出猎图、巫师图、戏蛇图、群兽图、燕乐图、戏龙图。瑟尾描画有射猎图、出猎图、巫师图、默祷图、缚兽图等。此处介绍瑟首的几个画面。

"射猎图"猎者头戴黄色高顶、上平、腰细的帽子，裸胸，银灰色的下衣着地。右手持弓，左手张弦，做欲射状。他前面是一个屈身欲奔的鸟首、细腰、长腿的怪物。猎者周围有鹿、龙等形象。

巫师图。巫师方脸、大眼，颌下有长带卷曲状物。下肢似兽爪。巫师持法器图。巫师仰首、直身，手持法器，头戴高顶、上平、腰细的帽子，长衣博袖，伫立在盘曲的蛇身上，蛇则缠绕苍龙的上体，苍龙挺身、昂首、怒张前爪。

巫师戏蛇图。巫师头戴前鸟首后鹊尾形的帽子，双手似鸟爪，各持一蛇，张口扁眼，作咆哮状。巫师前面和后面还有两位急步前进的细腰女子。

巫师持法器图。巫师戴帽，双手持法器。画面下部残失。

燕乐图。至左自右，画有鼎、豆之类，器旁跪坐衣冠楚楚的两人，当为主人。第三人似为侍者，低首、曲身、挥袖。后有十人的乐队，分两列前进。上列左起第一人，双手挥舞鼓杖，他面前的鼓由于瑟体残损而缺失。后两人曲身前趋。最后两人直身跪于地，跪地者前一人双手合拢，所持物不详，估计是乐器。后一人吹笙，笙管较长，与现在的葫芦笙相似。至左自右，第一人作跪状，双手似持有物，不甚清晰。第二人肩上扛着一件不知名的乐器。第三人肩荷短瑟，瑟后的钮状物似瑟衲。第四人拍手唱歌。第五人弹瑟。场面生动，气氛欢乐。

巫师戏龙图。一巨人双手持一蛟龙，龙头昂起，龙身画鳞纹装饰。右侧有一鳞身猛兽，四肢前曲，张口欲噬。猛兽的腹下有一条卷尾小狗。

锦瑟彩绘以黑漆为地，用黄、红、赭、灰绿、银灰、金等色彩平涂间或勾勒的画法造型，色调单纯明快，形象生动自然，视觉效果十分强烈。漆画的构图随意而活泼，以现实生活场景为主，也有奇异的仙人神怪，并不拘泥人界与天界的区别。人间的实景与神异的幻想交织，气氛谲怪神秘。

撞钟击磬图、建鼓舞图画在鸳鸯形漆盒两侧的腹部，漆盒出土于曾侯乙墓。其模样：盖上浮雕龙纹，翅微上翘，尾平伸，足作卷曲状。全身以黑漆为地，上面描绘艳丽的图案，颈部与腹部朱绘鳞纹，翅部、尾部绘锯齿状带纹、菱格纹等，长约20厘米，宽12.5厘米，高16.5厘米。两幅主题性的绘画约7×4厘米，可谓方寸之间的微画。

撞钟击磬图在左侧，画面以两鸟（或兽）为簴，横梁为两层，上层悬挂钟，下层悬挂磬，旁边有一假人似鸟的乐师正在撞钟。

建鼓舞图在右侧，画中树一建鼓，座为兽形，一旁绘有击鼓者，或人或兽或巫不甚明了，上肢持两鼓槌而击鼓，另一侧画有一位佩剑武士，正翩翩起舞。

两幅主题性绘画居于繁密的装饰性纹样之间十分醒目。这种刻意的安排，是先民追求新的审美风尚和新的艺术趣味之结果。

1958年发掘，下葬年代与信阳长台关1号墓相当的2号墓出土一块漆画残片。残片高约9厘米，宽约4.5厘米，根据纹饰和形状，估计是从漆奁盖上剥落的。漆画分上下两层，上层内容不甚明了，下层有一车三人三马，显然反映的是现实题材，考古报告名为出行图。这块残片上，我们看到了类似人物龙凤图、人物御龙图的绘画风格，画家们用线大致准确地刻画了三人之间的边缘，这些交界线不仅表现出物体之间的前后关系，还细致地刻画了人物的五官、服饰、马的鬃毛和绳套、车舆、车轮等。由于颜料性质的差别，漆画上的线条在圆转、流畅方面，不及人物龙凤图、人物御龙图，有些地方略有顿挫而显得滞碍。

1986年湖北荆门包山2号墓出土了一幅保存完好的漆画，漆画的内容与出行图基本相似，年代与信阳长台关2号楚墓出行图大体相当，或者略早。

漆画本是附在漆奁（梳妆用的镜匣）的环形壁板上，长约88厘米，宽约5厘米，类似现代的摄影胶片，形式如中国画的长卷。根据图像，大多数学者认为该画表现了战国时期贵族出行的礼俗,故称迎宾出行图。

"迎宾出行图"由二十六个人物、四乘车、十匹马、五棵树、一头猪、两条狗、九只大雁组成出行、迎宾两大内容。画面以随风摇曳的柳树分隔为五个部分,各部分根据内容或长或短,画面相对独立,又首尾连贯。柳树的分隔,不仅使画面具有音乐的节奏,又使内容过渡自然,富于生活实感。

第一部分,左侧一人俯首躬身,拜伏于地,双手作揖。右侧一辆三马拉车临近揖者。车上青衣御者躬身作收缰状,黄衣乘者左手扶栏,双目平视立于车中,另一人陪乘一侧。车后飘拂的旌旗下,有一位着青衣者,其后三人呈倒品字格局作奔跑状。后面紧随一乘两驾马车,御者扬鞭催马,车上着黄衣人正立,着青衣人侧侍。

第二部分,自左至右,一车三马前行,车上青衣者御马,黄衣人正立,另一人陪侍一侧,其后又一青衣人随行。天空有两只大雁向左飞行。

第三部分,一犬一猪向左欢快奔跑。

第四部分,自左至右,两青衣人背面并列站立,接着一着黄衣者面向右方,似迎宾的主人,与右边似刚下车的出行者相向而对。再右边一车二马伫立,车上仅剩御者,马前有一犬惊吠。天空四只大雁向左飞翔,一只大雁向右飞翔。

第五部分,两人面右前行,又三人并列站立一侧,天空两只大雁向左飞翔。

迎宾出行图是迄今发现的保存最完好、画面最完整、最接近中国传统绘画模式的东周作品。

五、岩画

世界上迄今已有150多个国家发现岩画遗迹,岩画是世界性文化艺术现象,但1983年美国《考古学》杂志公布的《世界岩画分布图》,竟然缺失了东亚地区,主要是缺中国的岩画遗存。

实际上,中国岩画在世界范围内有重要地位。一、分布广泛,它为全面研究东亚大陆早期文化史及石器时代人类的艺术活动,提供了区域性材料;二、中国岩画的北方系统,是欧亚草原文化的重要组成部分,研究石器时代文化及人类早期文明的发展与交流,欧亚草原文化是为重要内容。可见,中国岩画,特别是北方草原地区的岩画,是不可或缺的。

阿纳蒂在一篇序言中简述了中国岩画的特点，并强调中国岩画之于世界的几点意义。

第一，他认为中国岩画大部属于"混合经济"型。换言之，中国岩画的大部分，分别或综合表现了农耕、游牧、狩猎三种生产方式，描绘了三种社会生活图景。而农耕与游牧"生产型经济"，恰是构成中国早期文明的两种原生形态，负载了民族文化本原基因。

第二，世界岩画分为三个时期："早期狩猎者""后期狩猎者"和"牧人时期"。中国尚未发现确实属于12000年以前的表现猎杀大型动物而狩猎者又不知使用弓箭的岩画。但他指出：东亚地区很早就有人类居住，所以没有理由说中国无"早期狩猎者"岩画，只是有待发现而已。他还认为，已知中国最早的12000年前后制作的阴山岩画，在风格方面与欧洲斯堪的纳维亚国家、中东土耳其、阿拉伯半岛、西奈沙漠、东亚西伯利亚岩画，属于一个类型。这些地区大体在北半球同一纬度带上。文化的一致性是否暗示民族的同一性，或者不同民族以及同一民族的亚系统之间相互交往，这是需要认真研究的课题。

中国岩画主要是"后期狩猎者"留下的，始于距今8000年至6000年间，绵延的时间很长。关于中国"牧人时期"岩画的发展，阿纳蒂认为：公元前1000年前后中亚斯基泰文化曾予以影响。但根据鄂尔多斯式青铜器起源与民族属性研究，此说有待讨论。根据中国境内草原青铜文化的演变脉络，实际情形可能正相反。[①]

第三，他认为中国岩画的发现，对环太平洋地区岩画的研究有重要意义。岩画中，一种类似魔鬼的人面像在中国境内大量发现，而美国、加拿大西海岸和澳大利亚也发现了这种图形。由于距离遥远以及研究深度不够，阿纳蒂谨慎地认为：这些地区的岩画人面像，很可能是从亚洲传过去的，因为中国黑龙江地区的考古发掘，发现距今七八千年前的陶器上有同样的图案，而且延续时间很长。

中国岩画的最早记载，见《韩非子·外储说左上》：赵主父命工匠架云梯攀缘播吾山，在山上雕刻人的足迹印，广三尺，长五尺，其旁雕刻文字曰："主父尝游于此"。赵主父即赵武灵王，播吾山可能是汉代常山郡蒲吾县的常山，即今天山西浑源东边的恒山。

---

① 阿纳蒂，许高鸿. 阿纳蒂谈中国岩画[J]. 美术杂志，1989，（第6期）：62-64.

实际上，所谓赵武灵王登上播吾之山，在历史上不过是虚妄之言，实为前道教文化的玄夸附会之辞。《韩非子》后文所谓秦昭王的华山之博，即昭王与神仙在华山上博弈，同样为不可信之记载。但当时赵国工匠或许真的在崖壁上镂刻了人的足迹，而且很可能受更早岩画的启发，因为今天所发现的岩画，足迹印是重要的、普遍的一种图像符号。

所以匠人"缘播吾"，在崖壁上镂刻人之足迹，很可能是战国时期一次即时"艺术活动"的记载。如果用法国历史学家布洛克发明的回归分析法来分析，它有助于揭示早期岩画足迹印的由来。

第三节　先秦时期的青铜艺术

一、艺术特征

从社会学角度看，青铜器造型是奴隶时代的产物，事实上，从原始社会进入阶级社会，统治阶级的特殊政治需求和生活需求都对青铜器造型的设计提出了迥别于原始社会的要求，为了适应统治阶级的需要，工匠艺术家们在造型设计方面，在承续部分原始陶器造型设计的基础上，创造新的造型，设计新的式样。从今天我们所看到的青铜器上，可以看出其造型设计十分丰富多样，不仅有时代风格，也有地区的不同风貌。也正因为如此，简单和过于绝对的描述难以反映先秦青铜器造型的艺术特色。仅就其形态而言，有大有小，有方有圆，有曲有直，有繁有简，但站在一个较为宏观的角度，也能看出先秦青铜器共有的美学特征。

（一）拙与巧

先秦早期的青铜器混体的古朴、稚拙，掩藏着某种原始的、天真的、朴拙的美，著名美学家李泽厚把它称为"童年气派的美丽"。其形制单纯质朴，甚至有些粗陋，从造型设计上看，青铜鼎、青铜扁等饪食器是从新石器时代的陶鼎、陶鬲的基础上发展而来的，其造型和功能都继承了陶器的一些特点。这与后期繁饰之风形成鲜明对比。这些形体的简陋稚拙乃出于社会历史的必然，是人类幼稚时期智慧、精神、力量的真实反映，也正因为如此，那些简单朴实的作品才显得如此真实、自然。中国民间的传统艺术、非洲土著人的木雕、印第安人的服饰，都透出人类初期的稚拙与天真，这是今天我们无法刻意模仿的。社会越发展，文明越进步，人们也才越能欣赏和评价这种美。比如商代的人面纹大钺，铺身作镂空人面纹，眉、瞳、鼻突起，龇牙咧嘴，面目粗陋而可怖。又如商代的双面人头铜神器，此器为一中空的扁平形双面人首造型，额部宽，颔部窄，呈倒置的等腰梯形。两面均有内空的圆突目，竖耳上部尖，肥鼻，有双孔，高颧骨，张口，两侧口角上翘，露齿，上四下八，除下犬齿外卷似獠牙外，其余均作长方的铲形。头顶正中有圆管，两侧各出一角，角端外卷，饰阴线卷云纹，下有方翠，整个形象夸张、神秘，同时又显得简单朴拙，给人以粗犷、稚拙的艺术感受。

再如陕西长安普渡村出土的斜纹扁、河南偃师二里头袋状空锥足晕、湖北黄陂盘龙城出土的兽面纹盏，都带有一些原始的质朴气息，形体明显继承了彩陶时期的造型特征。随着创作技巧、工艺水平的提高，青铜器形态越来越成熟，出现大量构思奇巧、结构复杂的青铜器物。商代中后期至西周，青铜艺术出现一个高峰，造型大方周正，严谨庄重，与充满狞厉诡异之气的纹饰有机结合，成为那个时代最有代表性的青铜斜纹造型特征。器物无论是整体还是局部形态的处理都非常到位，风格统一，其中不乏局部形态运用精巧的立体雕饰的青铜器。商周时期的仿生造型巧妙的因势象形，将美的生物形态与器物的实用功能完美结合，反映了那时人们的巧妙构思和丰富想象。春秋战国时期由于铁器的出现，青铜时代逐步向铁器时代过渡，青铜器物也逐步脱去了其神秘崇高的外衣，逐步世俗化、生活化。样式较商周时期有较明显的变化，造型不拘泥于程式化的传统形式，装饰趋于华丽与繁复，尤其是战国时期，各种奇巧富丽的结构与形式争奇斗艳，将青铜工艺水平发挥到了极致。这就是郭沫若所谓的青铜器发展的"新式期"，指出新式期之器物"轻灵而多奇构，纹缋刻镂更浅细……器之纹缋多为同一印版之反复，纹样繁多，不主故常。"[①] 湖北随县曾侯乙墓出土的铜尊盘以及河南淅川下寺出土的春秋时代云纹，是其中的典型代表。

（二）庄与谐

"庄"与"谐"代表着先秦青铜器不同时代的造型风格。庄者，庄重严谨，

---

① 郭沫若著. 青铜时代 [M]. 文治出版社，1945.

沉雄端丽；谐者，清新活泼，灵巧生动。从先秦器物造型的发展流变来看，器物造型风格经历了由"庄"逐步向"谐"的演化。青铜器物造型的这种变化与当时社会文化风尚的变化有密切关系。夏商之世，中国古史经过尧舜禹的二头军长制到夏代"传子不传贤"，开始进入一个新阶段，虽然仍在氏族社会结构基础之上，但早期宗法制统治秩序在逐渐形成和确立。在上层建筑和意识形态领域，以"礼"为旗号，以祖先祭祀为核心，具有浓厚宗教巫术性质的文化开始了，它的特征是：原始的全民性的巫术礼仪变为部分统治者所垄断的社会统治的等级法规，原始社会末期的专职巫师变为统治阶级的宗教政治工具。当时的巫、尹、史是统治阶级中一批活跃的"思想家"，他们"格于皇天""格于上帝"，在宗教的外衣下，为统治阶级的利益考虑未来，出谋划策，作为宗教活动的重要道具，青铜器在他们眼里必须能够体现早期宗法制社会统治者的威严、力量和意志，必须要有一种震慑人心的作用。以饕餮为代表的青铜器纹饰被当作一种规范性符号，具有极为重要的神圣意义和保护功能，这种符号在幻想中含有巨大的原始力量，因而它是神秘、恐怖、威吓的象征。所以，各式各样的青铜器物特征都在突出这种神圣的原始力量，突出在这神秘威吓面前的恐惧、残酷和凶狠。器物造型风格庄严凝重，神秘诡异，无论是形制巨大的司母戊方鼎，还是较小的兽面纹尊；无论是商代的云雷纹锁，还是仿生形的司母辛方鼎，都体现了这种风格。

到周代，商代那种严酷的社会政治环境逐步趋于缓和。周的文化，是一种重礼、待人较为宽厚的文化，它提出了"德"的观念，所谓"皇天无亲，惟德是辅"。同时周文化也比较看重现实，强调"礼治"，大行周礼。礼的特点是等级和秩序，它反映在周代的各个方面。从工艺美术的角度看，青铜器的制作都反映了等级差别，适应了礼制的需要。因而工艺制作的式样常有固定规格。由于商代奴隶主阶级对人民极端残酷的剥削和压迫，商朝最终灭亡，取而代之的周朝统治者看到人民反抗的力量，更为自觉地采取了利用原始氏族公社的传统和风习来缓和阶级矛盾、维护奴隶主统治的重大措施，制定了系统的宗族制度，由愚昧的崇拜鬼神、残暴地役使人民，转到提倡"敬天保民"。这一时期特别是西周后期，青铜器造型风格在庄重大方中亦显出端丽华美之气，周代纹样打破了商代以直线为主的特点，一般都组成"S"形，线形趋向柔和，方圆相济，器物的立体造型亦反映了这种倾向，局部出现曲线造型形式。天津艺术博物馆的西周晚期克钟用了大量曲线的钮透雕，周代的乙公簋三足采用了卷曲的形式，这在商代是很少见的。春秋战国时期是青铜时代的解体期，社会在发展，文明在跨进，生产力在提高，铁器和牛耕大量普及，保留了大量原始社会体制结构的早期宗法制走向衰亡。工商奴隶主和以政刑成文法典为标志的新兴势力、体制和变法运动代之而兴。社会的解体和观念的解放是连在一起的，殷周以来的巫术宗教传统在迅速褪色，失去其神圣的地位，再也无法用原始的、非理性的、不可言说的狞厉神秘来威吓和统治人心了。中国古代社会在意识形态领域进入一个理性主义的新时期。郭沫若所谓"开放期"和"新式期"即为这一时期，它代表着一种新的趣味、观念、标准和理想在勃兴，旧有的巫术宗教观念在衰退，这正好折射出当时新、旧两种体系、力量和观念的消长兴衰，反映着旧的败亡和新的崛起。尽管它们还是在青铜器物、纹饰、形象上变换花样，但已经具有了全新的性质、内容和含义。这种美在于宗教束缚的解除，是现实生活和人间趣味更自由地进入作为传统礼器的青铜领域。如果说周的青铜风格脱去了几分沉重和神秘，那么春秋战国时期的青铜器物则进一步生活化、艺术化，不再那么神秘莫测、恐怖狰狞。器形由厚重变得轻灵，造型由严正变得奇巧，特别是战国时期的车马、戈戟等，统统以接近生活的写实面貌和比较自由生动、不受拘束的新形式进入青铜领域。

（三）真与幻

先秦青铜器物造型奇特，想象丰富，体现出亦真亦幻的艺术特色。其中不少模仿了动物形态，器物因势造型，形体夸张而且加入了想象的成分。其中有客观现实的影子，更多的是主观创造的真实，真相与幻象交织，真真假假、虚虚实实，在似与不似之间赋予形体诡异神秘之气，具有无穷的艺术张力。这里特别值得提出的是楚文化及楚系青铜器。楚文化是东周时期位于江、汉、淮水之间的一种古老而发达的史前文化体系。楚地主要位于长江中游地区，我国古代对南方民族总称为蛮、蛮夷或南蛮。商周时期对长江中游地区的民族称之为荆蛮、楚蛮或荆楚。后来周成王封荆楚的一支首领熊绎于荆山丹阳，这标志着楚国的开始。西周后期，王室衰落，诸侯兴起，楚逐渐强大，战国时期的楚国已成为"战国七雄"中拥有疆土最为广阔的大国。

荆楚地区在20世纪70年代之后不断发现特色鲜明的春秋文化遗存，这说明大约在春秋中期前后，以荆楚民族为主体、以楚国为中心的楚文化体系已经形成。

楚地处长江流域，偏离当时文化中心中原地区，较少受到北方中原文化的浸淫，有其独立的渊源和体系。春秋战国时期，南方原始氏族社会结构更多地保留和残存，依旧强有力地保持和发展着远古传统。在意识形态领域，仍然弥漫在一片奇异想象和炽热情感的图腾神话世界中。在文学方面，以屈原为代表的楚诗人开创了我国诗歌的浪漫主义传统，屈原的诗闪射着炽烈的情感和浪漫的想象，集中代表了一种充满浪漫激情、保留着远古传统的南方文化体系。在工艺美术方面，楚漆器艺术可以说是中华民族造物史上不可或缺的一页，是楚人巧夺天工之作。楚漆器表现出充满神奇幻想的巫术观念和道家审美意识，充满了奇禽异兽和神秘符号的浪漫世界。它以其原始单纯的造型涵盖宇宙万物的精神气韵，以其象征的意象赋予形体以虚无缥缈而又万象常新的神秘气质。楚地的青铜器物亦如漆器，在造型当中保持其特有的气质与风格，特别是其创造的动物形象，亦真亦幻，通过超现实的模拟而使形象更具艺术张力。具有这种艺术特色的青铜器不乏其例。

湖北随县曾侯乙墓出土的鹿角立鹤堪称代表，鹤长喙上翘呈钩状，引颈昂首伫立，两翅展开作轻拍状，拱背，垂尾。鹤首两侧插有两支铜质鹿角形枝杈。鹤的头、颈和鹿角上有错金几何纹饰，其他部位有铸成和镶嵌的云龙纹。此器造型别致，是一件独具风格的青铜工艺精品。鹤和鹿是长寿和吉祥的象征，把鹿角插入鹤头，将二者置于一身，可称为"瑞鹤"。古人把仙人乘车叫"鹤驭""鹤驾"。此器出于墓主人棺侧，可能是反映死者成仙升天的思想。

（四）动与静

动与静是艺术表现中大量遇到的审美对象。生活本身原就是有静有动、动静结合的，而作为生活之反映的艺术，由于传达媒介的限制，或长于表达生活之动态，或长于表达生活之静态。青铜器大多是用作食器、水器、酒器的，需摆在几案上，自然需要平衡，因而以静感为主。如作为标准式样的先秦三足器，常给人以稳健敦实的印象，由此汉语中有"三足鼎立"之说，它反映的也是一种相互制衡的稳定结构和状态，但从人的审美需求来说，纯粹的静感是很难给人以愉悦的，因而，先秦的青铜器制作者千方百计地在静中求动，化静为动，创作了许多在审美意味上静中寓动的作品。这也说明我国古代的青铜艺术在审美价值的创造上所取得的可贵成就。在青铜器造型中，动静结合、静中寓动的美从形式来看是通过不同线型和结构组合来实现的。青铜酒器的造型特别讲究外形的形式美和动态节奏感。如修长而有节奏的觚，其侧面两条轮廓线大胆地向外推斥，使器身所呈现出的分离运动加强，给予极其活跃轻快的动感变化，而觚的侈口、细腰、宽底三段式结构又造成整体的稳固，如亭亭静置的处子。再如角，其轮廓线的运动造成一种渐强或渐弱的变化速率，动感愈加强烈。但三足的支撑使整体结构有一种静态的呈现。此外，诸如罩、壶、斛等器物，均是由于边缘线的运动过程发生了方向性转变，使这种运动显得更加自由。再让我们来看一个最富有变化的优美器皿——尊。它用"S"线型把长短、方向和变化速率不一的弧线糅合在一个统一体中。由此而造成推拉、扩张、收缩等，都产生了极大的张力，于是增加了器物的运动感。从表现的内容来看，是通过生机勃勃的动物或其他纹饰来实现的。比如青铜器中有不少造型其实就是动物的雕塑，如我们前面谈到的各种动物尊，它们具有寓动于静的形式美，那是不消说的了。那些仅仅将动物造型当作附属部件的装饰或者表面点缀的青铜器，也取得了很好的静中寓动的艺术效果。看看召伯虎簋，簋足为圈足，簋腹为扁圆柱形，很稳健，很凝重。为了使器皿增添动态感，器皿的制作者除了在簋体表面铸刻上各种以曲线为主的纹饰外，还特意将簋的两耳塑成凤凰形，那凤凰弯曲的长尾与垂直的簋体恰好构成一刚一柔、一静一动的视感对比，相辅而又相成。

二、青铜文化的区域性与交融性

这方面，宏观大势可说区域间是大同小异，可以看到各地区各门类或多或少都有相同的器物和工艺，各地区自具特征也是客观存在的。细分的话可以分出好些文化区系，而大致说来，主要还是北方和南方这一个大的界别，就整体的风格来说，正所谓北方崇尚厚重端庄，南方注重灵动俊秀。

（一）黄河流域

从秦晋到齐鲁，可以都归之为宗周的区系，秦国虽然先世为东夷、为西戎，长期被"戎狄视之"，而他们和宗周同处西土，尤其是秦襄公护送平王东迁有功，进一步加强了周秦的融合。被称作不其簋的秦器，说明早在西周晚期秦国的铜器及其铭文和宗周就没有两样。西土历次出现的"秦公"青铜礼乐器，其形制、纹饰和铭文均是如此。秦文字直接由西周文字发展而来，并一直流衍为大、小篆，总称之为"西土文字"。到战国，随着政治改革的深入，秦国对周制的鼎簋组合有所改变，对食器（如甌）的偏重以及重视兵器的铭刻，还吸收西北方民族的新器类与新款式如蒜头壶、茧形壶，等等，虽被评为是"突变""断裂"的现象，但是秦国青铜文化的整体面貌并无根本的改变。

"所谓晋文化，实乃周文化的一支。"晋地青铜器形制、纹饰和铭文，均为周式，观天马一曲村晋侯墓地所出器物可知，一件叔夨方鼎，其形制不用说，只看它的铭文，和周初王室的《保卣》《作册大鼎》的铭文仿佛出于一人手笔。即使到变革时代的春秋中期至战国，三晋青铜礼器的特征也依然和两周地区最为接近。它的铭文从变革前如《晋姜鼎》，到春秋晚期的《晋公盏》还保存西周金文的风格。《栾书缶》的错金铭文，与同时的黄河下游各国的变化相同，均属于周文化的一系。盟书的文字，可以说开战国文字的先河。然而它的笔法和结构还是脱胎自中原的金文，和南方楚系文字判然有别。其实，黄河下游的齐、鲁，也属于宗周区系，没有什么大的变异，如齐器、莒器往往和周、晋地区的相同或类似。

（二）长江流域

与上述区系大相歧异的是在南方，称为长江青铜文化，或称楚文化。细分则有江汉、两湖、江淮区域和徐、舒、吴、越、杨越族类之别。由于楚国崛起雄视一方，文化影响力极大，一些地区最终都或早或迟、或多或少地融入楚文化。其间经过数百年的历程，从中原脱胎而来的楚国本身，也逐渐改变自己的面貌。当春秋中期弃旧图新的变革兴起，郑国率先铸造出鹤莲方壶这种清新俊逸之器，为世人所瞩目，楚器亦多制作出遒劲张扬形态的鸟兽雕塑装饰，也许反映二者先后承袭的源流。许多小的国族，当未被楚国兼并或楚文化波及之前，他们大体上也属中原文化体系。像吴、越、徐国的器物，既具中原文化的元素，又糅合楚文化的特色，以至互相交融。这在江苏六合程桥三墓、浙江绍兴M306所出器物中有明显的体现。

楚地青铜文化特征，在前述青铜器类中举出一器多种形制，大多为这一方的创新，最抢眼当是它的折沿撇耳束腰浅腹平底高蹄足的升鼎，富劲秀而高涨的气势。次则为罐形鼎和球形敦以及楚器特有的铜盏之类。至于技术工艺的前述五项制作创新，其中不少就属于楚器的成就，从而形成它多层镂空和透雕、圆雕、浮雕以及多用攀附装饰的艺术风格，充分宣示出楚人的张扬飘逸气度和灵动俊秀风姿等人文精神。至于多用蟠虺文、盘龙等繁复纹饰，后来又一变而为素面或加施鎏金、漆绘等，或者可算是楚器的次一级特点；而重食器、水器以及大量日用生活器具的制造，使青铜器的广泛世俗化，也当是楚地最为显著的特征。

（三）交流至交融

战国中晚期以后，全国各地青铜文化的交流日深，出现了融合的趋势，既有各地青铜器物的彼此交流，更有互相吸收技艺加以仿制，而糅合多种元素创造新的款式，特别是主流文化与土著文化的结合则成为新的传统经验。带钩，原是北方的产物，在战国中期传至南方，在楚地普遍流行起来。吴越的兵器比较先进，他们的宝剑，不仅出土于楚墓，而且在山西、河南也有出现，还有南方的鸟篆铭文兵器亦在北方制作。镂空的盘龙或蟠虺纹饰的器物，楚器多见，而在晋墓中亦同样存在。中山墓出土不少错金银纹饰的铜器，其中的龙凤方案、有翼神兽和一些兽形器座，可以和楚墓所出者媲美。鼎、盒、壶的这一礼器组合，中原和楚地都同样行用和普及。创始于秦的以模型明器如陶质仓、灶、俑随葬之风，后来便流行全国。这些愈到战国晚期愈为多见，说明青铜文化这种融合的趋势，与这个时代社会政治上大一统的趋势同步，它反映的也是各地区、民族间，经历长期接触、交流而自然萌发起来的大融合的心理意识。不过到此，青铜时代也行将结束其光辉的历程。融合的趋势又恰好与由春秋中期开始过渡，到战国中晚期基本完成的社会制度的变革相应。看起来，中国的青铜时代正与奴隶制社会相始终。不过，这两者并非完全具有内在的必然联系，青铜文化固然需要社会发展和政权职能操作的条件，但毕竟还有它自身的科技工艺发展规律，所以一种尖端科技产品的兴起和衰退的过程并不一定和一种特定的社会制度紧密联系在一起。

第四节　先秦时期的陶器艺术

根据考古材料，我国辽河流域至珠江流域的广阔土地上，发现有新石器时代文化遗存约7000多处，命名为考古学文化的有数十种之多。所谓新石器时代考古学文化，是指史前某一社会集团，在某个区域内，于某一时间段里，生活、生产的遗迹和遗物，它集中体现了一个共同的传统。如果不嫌牵强，这里说的社

第四章　先秦时期艺术的发展

集团，大体指历史传说中的华夏集团、东夷集团、苗蛮集团，以及许多亚集团。如果撷取一个历史片段，那么，仰韶文化的遗物是华夏集团留下的，大汶口文化是东夷集团创造的，屈家岭文化则属于苗蛮集团。如果综合这些考古学文化的先序与后继的关系，则可在历史纵深里，看到不同部落联盟如何从邈远的野蛮时代走进文明的历程。

由于我国新石器文化分布广泛，而原始先民受地理气候影响又太大的缘故，史前各种文化中陶器艺术的面貌，包括器型和装饰是不一样的。

新石器时代重要文化遗存的分布，以及传说中史前部落联盟的活动区域，基本在黄河流域和长江中下游一带。传说与考古相套和，两大流域的新石器文化，无论在发展序列和相互关系上所显示的清晰度，为其他区域文化所不及，它是中国古代文明形成和发展的重要基础，也是中国历史的重要部分。

但是，中国新石器文化的完整结构，不仅仅是长江、黄河两大流域的史前历史，还应包括岭南和北方的新石器文化。尽管岭南及北方的新石器文化受长江、黄河文化不同程度的影响，毕竟还自有特色，并必然产生文化的回力。故而，兹把中国新石器文化分为黄河流域、长江流域、岭南、北方四个版块加以叙述，只是简繁有所区别。

一、黄河流域陶器装饰艺术

黄河流域的新石器文化及陶器装饰艺术，大致分中上游和下游两大系统。按发展序列，中上游有磁山—裴李岗文化、仰韶文化、马家窑文化、中原龙山文化；下游有大汶口文化、山东龙山文化。

黄河中游早期的陶器均为手制，火候较低，器表多素面。磁山有纹饰的陶器仅占三分之一，主要是绳纹、刻划纹、剔刺纹、附加堆纹等。裴李岗的陶器与之大致相似，装饰艺术方面无所赫然成就。但其后的仰韶文化情形就大不一样了。仰韶文化及稍迟的马家窑文化，特别是马家窑文化所创造的彩陶艺术，在世界上无出其右。

仰韶文化始自公元前5000年前后发生，两千年后，大约至公元前3000年时过渡为更先进的龙山文化。

仰韶文化的陶器生产已相当成熟，烧制的火候提高，绝大多数为夹砂红陶和泥质红陶。尽管制作还处在手工阶段，但已有慢轮修整的痕迹。而且到晚期，很可能出现了快轮制陶技术。制陶所用原料，并非黄河流域广泛分布的含砂黄土，而是有较好可塑性的河谷沉积土。至仰韶文化晚期，开始使用一种接近高岭土的材料，所烧成的白陶，对后来由陶器过渡到瓷器起了十分重要的作用。陶器装饰，一种是拍印的绳纹、篮纹和刻画的剔刺纹、另一种是具有代表性的彩绘纹样。一些泥质陶器入窑前先行彩绘，彩绘的工具可能是原始的毛笔或钝头工具。半坡、姜寨遗址曾出土盛有颜料的小罐和带有红色颜料的供研磨用锤、磨石及石砚等。这些遗物的发现，为我们了解史前"艺术家"的艺术活动提供了很重要的材料。起码我们知道史前"艺术家"有很高的社会地位，《考工记·卷上》谓："圣人作器"，史前大抵如此。

仰韶文化的分布范围，主要在黄河中游，包括陕之关中、晋之东南和豫之大部。上游的甘青、河套以及冀北、鄂西北等地，在某些时间段，也曾为仰韶文化所分布。这种分布范围的扩大和缩小，反映了仰韶文化势力的消长。

有考古学家分仰韶文化为八个类型：关中的半坡类型和史家类型、豫西的庙底沟类型、豫中的大河村类型、豫西南鄂西北的下王岗类型、晋南的西王村类型、豫北和冀南的后岗类型和大司空类型。

大致在仰韶文化彩陶开始衰落时，西边一支原始文化的彩陶逐渐呈兴旺趋势。

上游马家窑文化原称甘肃仰韶文化，20世纪40年代考古学家认识到马家窑出土陶器和仰韶文化陶器有很多不同，陶器的形制和纹饰实际别有面貌，因而提出马家窑文化的命名，1961年正式使用。马家窑文化是晚于仰韶文化、于公元前3800年前后出现的另一种新石器文化，前后延续了约1800年。主要分布在东至陇东山地，西到河西走廊和青海东北部，北至甘肃北部、宁夏南部，南到甘南和川北的区域内，以陇西平原为中心。

马家窑文化的彩陶特别发达，所出陶器中，彩陶数量约占20%到50%，而随葬品中的彩陶有的多达80%以上。这些彩绘风格繁丽，成为马家窑文化的重要特征。而且单件器物上的彩绘部分，远远超过其他文化彩绘的面积，许多细泥陶的外壁和口沿都布满了花纹，不少大口径器物里面和夹砂的炊器上也加以施彩。

据考古发掘，马家窑文化有很大的窑场，窑场的备料坑出土红胶泥条，正和该文化多用泥条盘筑的工艺相印证。与仰韶文化相似，窑场中也出土了研磨颜料的石板和调配颜料的陶碟。陶碟分格，中有紫红颜料。已知马家窑文化的彩陶，几乎都用黑色彩绘，紫红颜料可能是黑色烧制前所呈色相。另外，有人认为马家窑文化晚期的彩陶很可能已成商品，用于交换。

二、长江流域陶器装饰艺术

长江流域新石器文化大体分为两个版块，每个版块又可以分为若干区域。各区域中不同的审美趣味，或者版块中相似的艺术传统，主要反映在陶器、陶塑的纹饰与形态上。

中游的新石器文化有两个区域，沅江、湘江为一个，江汉地区为一个。黔阳高庙遗址发现有戳印、刻纹的陶器，是沅江流域原始艺术的代表。根据戳印及刻纹的痕迹，推测当时使用的工具可能是薄竹片，刻画的图样有波浪、带状、梯形、垂帘、凤鸟、兽面等。图案较为工整，其中凤鸟纹和兽面纹在艺术史以及文化人类学上具有重要意义。

凤鸟纹见于数件陶罐、陶盘的颈与外壁上，造型长冠勾喙，羽翼振飞，鸟的翅膀上还画了两个圆圈，考古工作者认为这是光芒四射的太阳，表现凤鸟载日的意义。兽面纹有两种类型，一种为两只獠牙，一种为上下四只獠牙，有的较为简明，有的还带有翅膀。兽面纹饰一般见于陶罐的颈部以及簋的底部。所谓兽面，其实并不状物，也不完整，只是一个符号，其狞厉的意义是由巨大獠牙所昭示的。有些兽面纹的獠牙间，还戳印一个似为侧面的人，有人认为它表现了人被神兽吞食的主题。陶器上的兽面噬人纹，使我们想起出土于湖南的商代著名青铜器虎食人卣，它的造型也表达了相似的神秘意蕴。

1986年，长沙南托三兴村大塘新石器时代遗址出土了一批陶片，这些陶片的装饰个别为彩绘，大多为刻纹或戳印纹。根据有限的材料，我们知道这些刻纹一部分以鸟为主题，一部分为抽象的图案。抽象的图案，或由短直线刻成形似歇山"屋顶"并带有放射线的图画，或用指甲、竹根戳印连续花纹以及同心圆纹，有些图案里还刻有符号。南托这些纹饰，尤其类似"屋顶"纹、兽面纹和十字交叉纹同见于高庙遗址，证明距今约7000年，沅江流域和湘江流域的文化是有联系的。

三、岭南陶器装饰艺术

岭南是我国南方五岭以南地区的概称，特指福建、广东、广西诸地，其气候，宋代周去非《岭外代答》称"长燠"，《太平御览》称"无霜雪"，全年温暖湿润，以热带森林为主，植被茂密，自然果品丰富。故而，这个地区的先民基本以渔猎、采集经济为主，兼有原始农业并饲养家畜。

岭南地区新石器文化以福建县石山文化、广东石峡文化、广西贝丘遗址和洞穴遗址为代表。

昙石山文化距今约5500年，重要遗址县石山处在福建闽江下游闽侯一个孤立的小山岗上。所发现陶器装饰主要有绳纹、篮纹、堆纹、曲尺纹、圆圈纹和镂孔，早期出现几何印纹硬陶。

石峡文化与县石山文化年代相当，主要分布在岭南粤北的曲江石峡，它与长江中下游及东部沿海新石器文化有密切关系。陶器制作以轮制和模制为主，陶器装饰与昙石山文化有相似之处，出现一定比例的几何印纹软陶，后期几何印纹硬陶得到发展。

广西新石器时代贝丘遗址和洞穴遗址，重要的有东兴、南宁、桂林三个地区。东兴在北部湾海边，年代较晚，是典型贝丘遗址。该文化先民以采蚝、捕鱼、狩猎为生，可能有一定农业。陶器纹饰以绳纹最多，其次为篮纹和划纹。南宁贝丘遗址有较多发现，其史前居民也从事采集和渔猎经济。陶器装饰多为绳纹和篮纹，有些陶器的颈部有两穿孔或四穿孔，可能为系绳处。桂林地区为喀斯特地貌，新石器文化多洞穴遗址，其中甑皮岩遗址年代为早，这里的原始先民主要从事渔猎和采集经济，陶器装饰主要为绳纹、篮纹与席纹。

岭南地区陶器制作工艺比较落后，有些甚至采用平地堆烧的办法，但福建和广东两地（包括长江以南的部分地区）产生的几何印纹硬陶，说明先民在陶土选用上已发现新材料，陶器制作有了新技术，烧制的火候有了提高。这不仅形成了南方百越人的印纹硬陶的传统，还延至商周，成为早期文明的重要因素，为原始瓷器出现奠定了基础。

岭南陶器艺术中的印纹陶和印纹硬陶，不仅影响中原的商周文化，对东南亚文化也产生作用。比较中国南方印纹陶和东南亚印纹陶胎质、造型和纹饰的特点，明显看出两者的相似性以及在时间上的传递关系。在纹饰上，中国南方印纹陶的云雷纹、波浪纹，均见于越南东山陶器、泰国班清陶器和马来西亚柔佛陶器上，制陶的工具如陶印模和陶拍也很相似。

四、北方陶器装饰艺术

这里的"北方"，包括东北黑、吉、辽和正北内蒙古自治区及西北新疆维吾尔自治区一部。诸地广阔幅员内，分布有森林、草原、沙漠、戈壁等多种复杂地貌，其间生息着以农业经济或者游牧经济为生活来源的不同民族。

新石器时代中期，距今约六七千年前，东北一部、华北一部为森林覆盖；东北平原、呼伦贝尔高原、内蒙古高原和黄土高原西北部，系温带草原，同时兼有森林植被；草原西边，直至新疆，为荒漠地带。但荒漠的高山地区，常有茂密的森林和滋蔓的草甸。

新石器时代北方自然条件十分复杂，故而居住民族的文化有很大差异。据考古学资料，西北部和北方的一部，新石器文化的发现很不够，缺乏环节，难成系统。其中，发掘面积较大、出土陶器较多且具有地方特征的文化和遗址主要集中在东北地区，分别有红山文化、富河文化、新开流文化。

红山文化是在本地发生发展的一种新石器文化，有自己的特点。当然，其间受到了黄河中游磁山文化和仰韶文化的影响。范围大体在内蒙古东南，辽宁西边，具体在今赤峰和阜新之间。据考古发现，其先民既过着以农业为主的定居生活，同时以畜牧和渔猎为次要经济。这是北方新石器文化一个比较典型的模式。

红山文化以玉器著称于世，陶器艺术也有其特色，如眼眶内嵌蓝色圆玉片之彩塑头像和反映生殖崇拜的女神裸体塑像。但陶器装饰纹样比较单一，一种"之"字形的刻画纹为主要图案。"之"字有横竖两种格式，均成组装饰在器表，或者完全覆盖器表。这些纹饰有的是刻画的，有的是压印的，对使用时把持其器有防滑功效。彩绘纹饰仅见于泥质红陶，有黑紫两色。与仰韶文化相同，是先彩绘后烧制的，纹饰有三角形、菱形、涡纹、鳞形等。

富河文化分布在红山文化的北边，大体在乌尔吉木伦河和西拉木伦河之间，晚于红山文化。该文化有一定的原始农业，但以渔猎经济为主。由于迄今没有发现墓葬，故对他们的习俗和生活无所了解。富河文化的陶器都是夹砂陶，质地疏松，火候不高。考古学家从陶器、石器、骨器方面鉴定，认为富河文化与红山文化有显著不同，但陶器装饰主要是压印的"之"字形篦点纹和"之"字形弧线纹，这与红山文化却是一致的。

新开流文化分布在今黑龙江密山县境内，兴凯湖西边，范围不大。陶器主要为夹砂灰陶，泥质红陶极少，器物用泥条盘筑法制成，制陶工艺水平不高。陶器的纹饰以菱形和鱼鳞状的最有特色，还有篦点纹和网状堆纹，红山文化和富河文化的"之"字形纹不见。考古学家认为，该文化的陶器纹饰有写实的倾向，比如鱼鳞和渔网等。根据这些纹饰和出土的骨雕鹰首、角雕鱼形器，以及遗址中大量鱼类骨骼，可以判断该文化以渔猎经济为主要生活来源。

发掘的新开流文化墓葬材料，可以使我们获得这样一个信息：随葬品多的墓主，往往在氏族中有较高的地位，但这些成员同时也参加劳动；随葬了石质和角质工具的，证明墓主生前还善于制造工具。这种现象在仰韶文化、马家窑文化、含山遗址中都有反映。由此可以推测，新石器时代制作陶器或玉器的"艺术家"，在部落中有很高的地位。这种地位是因为拥有智慧和能力而得到公举的。当时尚无世袭制度。

另外，内蒙古西部地区分布两种包含彩陶遗存的新石器时代遗址，一种以清水河县白泥窑系遗址为代表，一种以托克托县海生不浪遗址为代表。两者都在呼和浩特南边，托克托稍偏西。年代约当中原龙山文化时。前者陶器从器型到纹饰，都接近仰韶文化庙底沟类型。但考古学家认为，邻近的托克托海生不浪遗址的陶器和装饰以及彩陶纹样，既别于仰韶文化，亦别于马家窑文化，有自己的风格。

新疆地区新石器时代遗存虽有发现，但所见陶片多为采集。根据这些陶片，可知装饰纹样有压印篦点纹、刻划纹、附加堆纹，彩陶有三角纹、弧线和网纹等，多为黑彩描绘。

第五节　先秦时期的建筑艺术

建筑物首要在于人类起居的实用目的，同时人们也注意美化自己的切身环境。早在史前时代，人们的聚落就要选择背丘向阳近水之地，住房的方向也注意取正南北中轴线或东西向的迎日采光。自从有了地面建筑之后，在墙壁、地面的表层就涂抹得光洁和坚实，或者加饰简单而鲜艳的花纹，或压划某些几何形的图案，在仰韶文化的河南灵宝西坡遗址一座大型房基内，存有壁画和地画，山西陶寺遗址则出现蓝色彩绘的墙皮。及至商周，室内绘制壁画或加饰地幔就较多见。简言之，实用和美观二者结合，开始有了建筑艺术。

一、高宏与规整的美

一些高档次的房屋分置多间，有前堂、后寝、左右旁室，逐渐形成宫室结构，加上庭院、门塾，左右室延长为庑，连接门塾，周遭回环，组成一个封闭的整体；建筑群内又以中轴线为主体，向两侧分布，端庄严谨；堂室地面夯筑高出的台基，主室屋顶为四坡重檐的"四阿重屋"，与四旁相较，呈现主体高耸并构成高低错落的审美效果。这样，出于安居的实用目的同时，也兼顾着营造一种端庄的艺术美和居高临下的富贵气派。这种重檐式的结构，使木架梁柱得以延伸，后来便在其上修饰各种奇巧的"天面屋顶"，变成后世斗拱、藻井的建筑技艺。

二、巧构组群——宫城模式

封闭的庭院建筑组群的模式，打从偃师二里头宫殿到尸乡沟早商城址的宫室已具雏形；进而扩展，城垣建立望楼，城门设置卫房，从而成为三代宫城亦即中国早期城市文明的一种定制。往下，从郑州的商城、黄陂的都城和殷墟基址群直至西周的凤雏等宫室的主体结构，都基本上同一格局。只有召陈、云塘和长安花园村的宫室模式有所变化，表现出周人西土的建筑风格。而花园村的五号基址出现"阙"的建筑形式，使得宫殿更显巍峨，所谓"作庙翼翼"然也。西周文献《尚书·顾命》《诗·小雅·斯干》和金文册命礼仪的描述，基本上可与考古所见互证。

三、宫苑结合——人工与自然美的交融

上述早期都城定制，几乎同时有宫城与苑囿的结合。文王时的都城内就建有"灵台""灵沼"，有"麀鹿濯濯，白鸟营营"和"于牣鱼跃"的景观（《诗·大雅·灵台》）。最新发现的周原最大的"池苑遗址"，进而证明文王"灵沼"的真实性。偃师商城之北发掘出一片水池遗迹，甲骨文"圃""囿"字的出现，商王室在囿大量捕鱼，说明商代的都城中已经建有苑囿池沼。当时建筑开始了和自然景物的结合。《诗·小雅·斯干》篇云："秩秩斯干，幽幽南山。如竹苞矣，如松茂矣。"

将山水树木自然风景美与人工创造的艺术美融为一体，应该是后世山水田园住宅的滥觞。

相传《斯干》是"宣王考室"的作品，除以上的描述之外，它接着赞颂这座建筑的杰作：那经过着力版筑的墙垣，呈现着排列斩齐的夯层；这宫室高宏严正有如人体竦立，楼墙轮廓有如飞箭的笔直，那屋顶重檐飞耸有如鸟翅张开，雕梁绘柱的构架有如绚丽的雉羽腾飞；那庭堂高敞平正，楹柱粗壮屹立，白天住着感受爽快，夜间觉得深幽静寂。这样的描写，说明这时建筑的技术和艺术一同所达到的水平。西周时期建筑技术的进步，砖瓦和榫卯的使用，也增添了建筑物的美观。

第五章　先秦时期宗教的发展

先秦是中国宗教发展的关键时期，中国几千年的宗教文明，皆与这一时期的奠基有着根本的关系。古代宗教是在原始宗教的基础上发展而成的一种较高等级的宗教形式，较之原始宗教，它增加了极其宝贵的伦理内容。五帝时期，随着国家的形成，原始宗教向古代宗教转化；夏商完备国家机器的建立，使古代宗教得到了充分发展，臻于成熟；西周宗法制，为古代宗教伦理化提供了沃土；春秋时期，随着宗法制的解体，氏族贵族政权衰落，诸子理性学说出现，中国思想走出古代宗教，进入新的历程。本章节分别从中国原始人类的宗教观念、先秦宗教的发展与时代特征两方面展开论述。

第一节　中国原始人类的宗教观念

原始社会的原始宗教观念与同时代朴素、实在的思想意识相联系，两者结合为一个混沌的整体。在中国远古的原始社会，也同样如此。朴素、实在的思想意识是原始社会人们认识活动的基础，而原始的宗教观念则是原始社会人们认识活动的必然环节和重要的组成部分。毫无疑问，这显然是由当时生产力发展水平还十分低下条件所决定的。也正是由于原始人类饱受各种各样的外力的支配，尤其是不可抗拒的自然力对他们的支配和社会关系对他们的约束，反映在人们的思想中就形成了原始的宗教观念。这些原始的宗教观念概括起来大致包括如下四个方面。

一、原始人类的宗教观念是多神的

由于原始人类的生产力极其低下，人们在大自然前面又是那样的软弱无力，不用说无法掌握和控制自然力，连对自己周围的自然现象也无法理解，尤其对那些突发性的巨大自然力和偶发现象无不感到恐惧，因而产生对自然物的崇拜，形成普遍的拜物教。当然，其崇拜的主要对象都是一些与人们的生活有着密切关系而又神秘的自然物，如太阳、水、火、风、雷、山、泽以及各种各样的神秘物质。这种把自然物质奉为神灵，赋予它们以神秘的、超自然的和非人所能理解的力量，实际上就是万物有灵的观念，就是我们今天所说的远古人类原始的多神的宗教观念。

二、原始人的神话是在幻想中产生的

原始人类在同自然界做斗争时总是要求支配自然力，但由于生产水平的低下，人类虽然在支配自然力的过程中取得了一定的成就，然而在实际上所能达到的支配自然力的程度是极其有限的。由于理想和实际之间存在着很大差距，于是在人们的头脑中就产生了在幻想中支配自然的神话，以弥补事实上之不足。比如，盘古开天辟地、女娲炼石补天、后羿射九日等神话传说，既反映了人类在生产劳动过程中征服自然、改造自然的朴素、实在的积极进取的精神，同时也有许多不切实际的幻想。正如马克思所说："任何神话都用想象和借助想象以征服自然力、支配自然力，把自然力加以形象化；因而随着这些自然力之实际被支配，神话也就消失了。"[①] 马克思关于神话的这一论述不仅说明了神话作为一种宗教观念既有其产生的原因，也有其消亡的条件，并且，这两者产生的原因和消亡的条件是同一的。

三、神最初产生于"灵魂不死"观念的人格化

在原始社会，人们既不了解自己身体的构造及人死亡的原因，又不知道自己的精神活动究竟是怎么回事，也不能合理地解释自己的梦境。那时，人们总以为自己的思维和感觉是可以离开人的肉体而独立进行的一种精神活动，梦中的景象就是人的灵魂暂时离开了人的肉体的活动。于是就产生了人的肉体虽然是会死亡的，但人的灵魂是可以不死的这样一种观念，这就是人类最初的"灵魂不死"观。

---

① 中共中央马克思恩格斯列宁斯大林著作编译局编译. 马克思恩格斯选集（第2卷）[M]. 北京：人民出版社，1995.06.

恩格斯说："在远古时代，人们还完全不知道自己身体的构造，并且受梦中景象的影响，于是便产生了一种观念：他们的思维和感觉不是他们身体的活动，而是一种独特的、寓于这个身体之中而在人死亡时就离开身体的灵魂的活动。从这个时候起，人们不得不思考这种灵魂对外部世界的关系。既然灵魂在人死时离开肉体而继续活动着，那么就没有任何理由去设想它本身还会死亡：这样就产生了灵魂不死的观念，这种观念，在那个发展阶段上绝不是一种安慰，而是一种不可抗拒的命运，并且往往是一种真正的不幸。……由于自然力被人格化，最初的神产生了。随着宗教的向前发展，这些神愈来愈具有超世界的形象，直到最后，由于智力发展中自然发生的抽象化过程——几乎可以说是蒸馏过程，在人们的头脑中，从或多或少有限的和互相限制的许多神中产生了一神教的唯一神的观念。"[1] 根据考古发现，我国山顶洞人的尸骨上有赤铁矿的粉粒，仰部人的随葬品中有生产工具、生活用品，以及死者头向西方，等等，都说明了那时的人类已经有了原始的宗教观念。

四、氏族神、祖先神的崇拜与自然物的崇拜相结合

中国远古人类对氏族神、祖先神的崇拜往往是同他们对自然物的崇拜内在地结合在一起的。就是说，中华民族的祖先也同世界其他民族一样，在度过了漫长的旧石器时代之后进入了新石器时代，前氏族社会也随之进入了氏族社会。而在氏族社会里，从氏族到部落的全部制度和一切习惯，对每一个成员都具有强制命令的作用，因而都是不可冒犯的行为准则。个人的一切思想、行动、感情，都同氏族休戚相关、生死与共。个人如果受到离开氏族或部落的惩罚，其生活乃至生存就会失去保障而陷入绝境。这种社会现实反映在人的思想上就形成了把氏族神、种族神神圣化，产生对氏族神、种族神的崇拜，以及对氏族祖先灵魂的崇拜，以至于把自己氏族祖先理想化为具有尽善尽美人格的神圣化人物。正是由于原始人类在受到氏族血缘关系支配的同时，还要受到自然力的支配，因此，他们对氏族神、种族神、祖先神的崇拜，又往往同他们对自然物的崇拜即同一般拜物教内在地结合在一起，所以他们往往采用一种植物或者动物作为本氏族的名称、象征或者标志，这就形成了氏族图腾。相传黄帝在同蚩尤、炎帝等对手作战时，训练了

---

[1] 中共中央马克思恩格斯列宁斯大林著作编译局编译. 马克思恩格斯选集（第4卷）[M]. 北京：人民出版社，1995. 06.

熊、罴（读皮）、貔（读皮）、貅（读休）、貙（读初）、虎等六种野兽参加作战，这实际上是以这六种凶猛的野兽之名命名的六个氏族共同组成一个部落联盟。因为，根据实际情况，人是根本不可能训练这些凶猛的野兽去做任何事情的。即使运用今天的技术装备和现代的培训方法，要训练如此凶猛的野兽也是十分困难的。如果真有其事，也只能是在马戏团才可以看到它们表演节目。而在仰韶文化的彩陶上所发现的鸟、蛙、鱼和人首虫身等图像，也只是中国远古人类以这些图腾来代表自己的氏族和部落，或者以这些标志代表自己的祖先而已。

正是中国远古人类对自然力和社会关系支配自己的现象无法理解，因而用灵魂不死、万物有灵的观念来解释自然和社会现象，才由此而形成了自己原始的宗教观。原始的宗教观念不过是原始社会生产力低下的产物，它反映了原始人在同自然做斗争时软弱无力的实际情况。这种软弱无力的实际情况反映在意识形态领域，就会表现为不仅歪曲了人对自然的依存关系，也歪曲了人类对客观世界的认识过程。

第二节 先秦宗教的发展与时代特征

一、先秦宗教的发展

（一）天上诸神的信仰崇拜

在人类早期，由于认识征服自然的能力较低，因此对于天上的日月星辰等天体，对于雾雨雷电等气象都有一种神秘和敬畏感，久而久之就产生了信仰崇拜。

在日月星辰中，对人类影响最大，最受关注的是太阳。世界上很多民族对太阳都有过信仰崇拜，中国的先民也是如此。太阳的东升西落，周而复始，它的出现给人类带来了光明，它的西落则给人类留下了黑暗，这些都使先民感到神秘。太阳既可以在寒冷的冬天给人温暖，又会在炎热的夏季给人带来酷暑。既可以在风调雨顺的情况下使作物正常生长，又可以在干旱的情况下仍然光芒四射，使大地干裂，颗粒无收。因此先民对太阳充满敬畏。

在有文字记载以前，从考古文物中，我们可以推测出当时已经有了太阳崇拜。

第五章　先秦时期宗教的发展

早在新石器时代，在属于仰韶文化的河南陕县庙底沟遗址、郑州大河村遗址等地出土的原始彩陶上，就发现有太阳纹饰。在山东大汶口文化遗址发现的陶器上，常见两种符号，一个是云气上托一日形，一个是日傍于五山之巅，表现了当时人们对日落、日出的观察和重视。在内蒙古狼山发现的原始岩画中，不仅有画有日月星辰的原始天神图，而且还有对太阳膜拜的图像。在广西花山发现的岩画则表现了迎日情景。

在《山海经》《淮南子》等典籍中记载了一些有关太阳的传说，其一致性的说法是都认为曾经有十日。《山海经·大荒南经》说："东南海之外，甘水之间，有羲和之国，有女子名曰羲和，方日浴于甘渊。羲和者，帝俊之妻，生十日。"《山海经·大荒东经》又说："汤谷上有扶木，一日方至，一日方出，皆载于乌。"认为十日都乘载着乌，轮流出行。而据《淮南子·本经训》："逮至尧之时，十日并出，焦禾稼，杀草木，而民无所食。尧乃使羿……，上射十日而下杀猰貐。"据宋镇豪介绍，河南杞县鹿台岗龙山遗址发现有一组祭祀遗存，"外室呈方形，内为一直径约5米的圆室，圆室有两条直角相交的十字形纯净黄土带，与太阳经纬方向一致；附近又有一组祭祀坛，中间是一个直径约1.5米的大圆土墩，10个直径半米的小圆土墩均匀环其周围。这一考古发现，似可把'十日'信仰观念上推到龙山时期"[①]。朱天顺认为，羲和生十日的传说，可能与某个原始氏族部落以太阳为图腾崇拜有关。而后羿射日，表面上是人与太阳的敌对关系，而实际上则反映了崇奉后羿为主神的一族和崇拜太阳神为族神的一族的敌对关系。而据有的学者考证，"华夏族的'华'与'夏'，华夏帝王的炎帝、黄帝、太昊、少昊等，都是太阳或太阳酋长的不同称谓；从文物、典籍各方面看，都与太阳有密切关系。"[②]

《礼记·祭义》云："郊之祭，大报天而主日，配以月。夏后氏祭其暗，殷人祭其阳，周人祭日以朝及暗。"认为三代都有祭日仪式，但是具体时间不同。

《左传》昭公十七年引《夏书》曰："辰不集于房，瞽奏鼓，啬夫驰，庶人走。"杜预注云："逸书也。集，安也。房，舍也。日月不安于舍则食。"说明，至少在夏代已经开始对日食产生畏惧。此外，《竹书纪年》云："胤甲居于河西，天有妖孽，十日并出，其年胤甲陟。"《墨子·非攻下》则称："至乎夏王桀，天有酷命，日月

---

① 宋镇豪. 夏商社会生活史[M]. 北京：中国社会科学出版社，1994.09.
② 景以恩. 太阳神崇拜与华夏族的起源[J]. 民间文学论坛，1998，（第1期）：5-12.

不时，寒暑杂至，五谷焦死。"从这些记载看，在夏代太阳经常以灾异的面目出现，因此，宋镇豪认为："夏人心目中的日神，基本承自中原中西部地区原始信仰余绪，以恶神相视。"①

商代同样认为日神可以引起自然界的变化，只是认为这种变化不仅是灾异，有时也会带来吉祥。如商人认为日食既可能给人间带来灾难，也可能预示着幸福祥和。

《尚书·尧典》有关于迎日、送日的记载，《尧典》的成书年代还有争论，但从甲骨卜辞来看，至晚在商代已经出现朝夕迎送日神的礼仪。

西周时期，日神是天子祭天时的主要祭祀对象，祭日有固定的时间。西周以后，齐国祭祀的八神中，包括日神，楚国则把日神称之为"东君""东皇太一"。据《春秋》《左传》，春秋时期仍然保持着"伐鼓用牲"的救日祭礼。如《春秋·庄公二十五年》："六月辛未朔，日有食之。鼓，用牲于社。"

月亮的阴晴圆缺引起先民的无限遐思，"嫦娥奔月"是最著名的神话传说。《山海经·大荒西经》有常羲生十二月的记载。新石器时代仰韶文化时期，一些出土的陶器上已经有月形纹，在一些原始岩画中，月亮被和太阳一起描绘为天上的群神。月亮虽然为人类在夜间提供了照明，但其作用与太阳相比还是较小的，因此在历代的诸神崇拜中，月神的地位比较低，往往处于从属的地位。甲骨卜辞中有关于月食的占卜，但没有记载占卜的目的，也没有记载要进行祭祀，因此朱天顺认为这些卜辞，"最大可能是把月食当成某种征兆而进行问卜的记录。由此可见，月神崇拜在殷代是不被放在重要地位的"②。《礼记·祭义》中说："郊之祭，大报天而主日，配以月。"在郊祭祭天时，以太阳为主要神灵，月神为陪衬。

浩瀚宇宙之中璀璨的星辰给先民带来了神秘之感，斗转星移，流星陨落，彗星掠过，都使人产生种种联想。随着人们对天文的认识，先民认为星辰与气象以至农业都有很大的联系，因此当时对星辰的崇拜主要集中在对农业历法有参照意义的星辰，如商人的辰星和今人的参星。《尚书·洪范》说："庶民惟星，星有好风，星有好雨。"《周礼·春官》中有专门掌管祭祀星辰的官员——保章氏。战国时期，占星术盛行，人们认为，某种星相必定给人们带来某种吉凶祸福。并且流行分野

---

① 宋镇豪. 夏商社会生活史 [M]. 北京：中国社会科学出版社，1994. 09.
② 朱天顺. 中国古代宗教初探 [M]. 上海：上海人民出版社，1982. 07.

说，认为天上的二十八宿与地上的诸侯各国相对应，通，过观测天象来预言吉凶。

古人认为，风雨雷电等气象来自于天，因此这些气象也被列为天上诸神。《山海经·大荒北经》记载了黄帝与蚩尤交战的神话传说："蚩尤请风伯雨师，黄帝乃下天女曰魃，雨止，遂杀蚩尤。"《山海经·海内东经》记载雷神的形象："雷泽中有雷神，龙身而人头，鼓其腹。"此外还有云神、虹神等等。

在气象诸神中，与人类关系最大，最受重视的是风神和雨神。

殷墟甲骨中发现有一片专门记载四方之名和四方风名的甲骨，《山海经》也有关于四方风神的记载，只是名称不同。陈梦家认为，四方之名即是四方之神名，而四方风名就是风神之名，四方风应为四方之神的使者。[①]从甲骨卜辞来看，商代的祭风主要有两个目的：来风和宁风。商人祭风神用犬，这种风俗到汉代仍然盛行。西周至春秋战国时期，楚国和中原北方对风神的称谓不同，楚国称为"飞廉"，而北方则称为"风伯""风师"。

人类进入农业文明后，降雨对于人类的生活非常重要，降水适宜，则农作物丰收，人民生活无忧；太少，则农作物焦枯，而且生活用水也成问题；降水太多，同样对农作物不利，而且容易发生洪水。《墨子·七患》曰："夏书曰：禹七年水；殷书曰：汤五年旱。此其离（罹）凶饿甚矣。"洪水和旱灾同样会造成灾荒。因此，早期人类对于雨水非常重视。殷商甲骨卜辞中有"燎雨""燎于云雨"的记载，表明商代曾直接燎祭雨神。此外，卜辞中也有关于去雨、退雨、宁雨以及求雨的记载，而致祭的对象则一般不是雨神，而是方神、土地山川神、商人祖先等，表明当时人认为，降雨、止雨并非雨神的特权，而是很多神灵都有这种神性。

（二）地上诸神崇拜

在古代先民的观念中，天生万物，地承载养育万物，大凡地上生长的植物和生活的动物，都有赖大地母亲的爱护滋养。《释名·释地》说："土，吐也，吐生万物也。"《易经》坤卦《象传》云："万物资生，乃顺承天。坤厚载物……"大地虽然比不上上天的创造主宰万物之功，但其养育万物之恩却是非常深厚的，因此古人往往把大地比喻为万物之母。而人类的生存，则要依靠万物，人类的衣食住行所需的各种物品，都要取自土地、山岳、河川。另一方面，土地、山岳、河川，

[①] 陈梦家. 殷墟卜辞综述, 考古学专刊（甲种 第二号）[M]. 北京：科学出版社，1956. 07.

并不是总给人类带来富足幸福，在古人眼中，它们也有发怒的时候，地动山崩，河水泛滥，都会给人类造成灾难。人类对于依赖的这些生存资源和环境，感到神秘莫测，认为其中必有神灵主宰，才会这样喜怒无常，于是慢慢形成了对地上诸神的崇拜。

土地是，人类居住的地方，也是人类最直接的生活资料来源，因此在地上诸神中，土地神最受崇拜，所受祭祀最广。《礼记·郊特牲》云："社，所以神地之道也。地载万物，天垂象，取财于地，取法于天，是以尊天而亲地也，故教民美报焉。"

《史记·封禅书》说："自禹兴而修社祀，郊社所从来，尚矣。"说夏代就有了社祀的形式，可能不太可靠，但说夏代已经存在土地神崇拜，还是可信的。土地神在商代称为"土"神，从有关土神的祭祀记载来看，商代的土神已经摆脱了原始土地崇拜的性质，它不但掌管农业的丰年与否，而且还兼管风雨日月等气象、天体。到了周代，土地神被明确称为"社"，其职能进一步扩大，由自然发展到人事，甚至成为国家的保护神。从《左传》《礼记》等书的记载来看，社神的职掌非常广泛，对社神的祭祀也非常频繁，从春耕时的祭祀"春祈"，秋收后的祭祀"秋报"，冬天杀牲后的祭祀"蜡祭"等常规祭祀，到发生战事时的祭祀和载之出征，天子外出打猎以及遇到日食、食、天旱等自然灾害时的祭祀等等。西周时期不同等级、行政单位都立有社。《礼记·祭法》曰："王为群姓立社，曰大社。王自为立社，曰王社。诸侯为百姓立社，曰国社。诸侯自为立社，曰侯社。大夫以下成群立社，曰置社。"社祭在春秋战国时期有所发展，当时从国家到州、县、里都有社，并举行社祭，它的职能逐渐从掌管土地事务过渡到各级社会的保护神。

《孝经·援神契》说："社者，五土之总神。土地广博不可遍敬，故封土为社以祀之，以报功也。"作为五土总神的社，由于土地辽阔不能一一祭祀，因此累土为社，加以祭祀。据何星亮等人研究，封土为丘可能是最早的社神形象，但并不是唯一的形象，古人还把石头、树、树枝、木桩作为社神的形象，甚至较晚时还以人形为社神的形象。①

地上的农作物，是先民生命最直接的依靠，当时人对谷神也是崇拜有加。五谷众多，不能一一崇拜祭祀，于是以稷为总称，周代时称谷神稷。《白虎通·社稷》

---

① 何星亮. 土地神及其崇拜[J]. 社会科学战线，1992，（第4期）：323-332

说:"人非土不立,非谷不食。……五谷众多,不可一一祭也。……稷,五谷之长,故立稷而祭之也。"由于社神、稷神对人类生活非常重要,关系到一个国家民族的兴衰存亡,这对于古代农业文明尤其如此,因此又称国家为"社稷"。经过商周,社神由于职掌的不断扩大,地位得到不断提升,成为国家的保护神。而稷神仍然只作为谷神,相对社神来说,其地位处于下降的状态。

河流海洋,曾给人们带来富足和幸福,也曾给人们带来灾难和痛苦,它们的变化多端仿佛有喜怒无常的神灵在背后主宰着,因此,先民对河海也充满了畏惧和崇拜。在商代"河"神受到隆重的祭祀礼仪,有关卜辞不下五百条。这里的"河"是指黄河。卜辞中也有关于祭祀其他河流的记载,但在次数上远远不能与黄河相比。周代河神的数量增多,长江、黄河、淮河、济水被称为"四渎",列于天地神位之旁享受祭祀。河神不仅可以祈雨,《左传》中有祭祀河川祈求战争胜利、救灭大火等记载。

古人认为巍峨峻峭的高山是接近天的地方,因而对山也产生了神秘的崇拜。先秦时期的山崇拜本身是一种民间信仰,随着国家政体的介入和祭祀行为的产生,逐渐有了原始宗教的雏形。人们向山祷告,希望得到自己所需要的东西,并将这种期望寄托在神明身上。《山海经》有许多这样的例子,几乎每一座山都有自己的山神,即便没有,那么同一地区的几座山也有同一山神。人们要用牺牲、美玉、美酒等祭祀山神,祭品是先民向鬼神虔诚祝祷的象征,先民正是希望以祭品讨鬼神的欢心,以求得庇护,进而达成自己的心愿。

先秦时期的山崇拜往往与巫术、巫觋联系紧密。何为巫术?弗雷泽在《金枝》中将巫术划分为顺势巫术和接触巫术。弗雷泽还举了许多例子来说明这两种巫术,如一位奥基波维印第安人要加害某人时,就会制作某人模样的小木偶,用针刺木偶的心脏等部位,这样某人的身体就会受到同样的伤害[1];脸上有粉刺,那么就看天上的流星,流星落下时就拿布擦粉刺,这样粉刺就会掉落[2]。这些例子表明了人们会将自身的意愿寄托在所见到的事物的功能上,以期自身的疾病消除或愿望实现。胡新生《中国古代巫术》认为弗雷泽、马林诺夫斯基等西方学者对巫术的划分虽具有经典意义,但并不完全适合中国古代巫术。中国古代巫术的情况十分复

---

[1] (英)J. G. 弗雷泽. 金枝·巫术与宗教之研究(上)[M]. 北京:商务印书馆,2017.07.
[2] (英)J. G. 弗雷泽. 金枝·巫术与宗教之研究(上)[M]. 北京:商务印书馆,2017.07.

杂，如果进行分类，则分类标准必须符合古代巫术的现实情况。胡新生认为中国古代这些巫术的本质特征是"直接打击邪祟、立刻解除灾祸和蔑视一切、妄自尊大"，这一本质特征体现在禳除类巫术上[①]。要知道，我国古代并没有"巫术"这一名词，但是有"巫"与"觋"这类职业的名称，巫觋满足了人们治病救灾、与上神沟通的愿望，巫觋可以作法祈愿、占卜灾祸，甚至与神沟通、作舞降神。巫觋的存在证明了胡新生的这种划分十分合理，可以说，中国古代巫术本就复杂烦琐，胡新生对中国古代巫术的划分较之西方学者更加符合实际情况。总之，中西方的巫术虽然划分方式不尽相同，但总结下来，巫术就是"由术士进行的、动员非人力所能及的神秘外力以影响人间事物或自然事物的仪式或活动，包括法器的使用和咒语的念诵等"[②]。人们对山的崇拜，是对山的自然力、社会力和神力的崇拜，山体本身、山中的动植物、虚构的山神形象和由此衍生的神话都是山崇拜的具体表现。

商代祭祀的名山很多，往往数山同祭，称为"十山""五山"等。从卜辞记载来看，商代祭祀频率和规模最大的是华山，山川之中，华山的祭祀频率仅次于"河"。在《尚书·舜典》中已经有东、西、南、北四岳，到战国时，把中岳与四岳合称五岳。即东岳泰山，南岳霍山（后改称衡山），中岳嵩山，西岳华山，北岳恒山。五岳之中，在东岳泰山举行的祭祀天地的封禅大典最受重视，相传在三代时已经有到泰山封禅的祭礼，此后历代天子都不敢怠慢。在《左传》中就有关于望祭的记载。所谓望祭是向本国境内的山川河海所在方向拜祭，祈求吉祥平安。在周代，溥天之下，莫非王土。因此周天子可以对天下的山川进行望祭，而诸侯王则只能对境内的山川进行望祭。《礼记·王制》称"天子祭天下名山大川，诸侯祭名山大川之在其地者。"望祭本身表明当时的人们认为高山、河、海可以影响其所在的国家的命运和某个人的健康。

另外，《礼记·祭法》云："山林川谷丘陵能出云，为风雨，皆曰神。"这是说，山谷河流能够生云成雨，因此被奉为神灵。而风雨对农业有很大的影响，因此山川河流当然要受到顶礼膜拜。《尚书》记载虞舜巡狩四岳，"望于山川，遍于群神"。后世关于帝王祭祀名山大川的记载比比皆是。据《左传》哀公六年记载，楚昭王

---

① 胡新生. 中国古代巫术 [M]. 济南：山东人民出版社，2005. 06.
② 詹鄞鑫. 心智的误区 巫术与中国巫术文化 [M]. 上海：上海教育出版社，2001. 05.

患病，卜官占卜认为是"河为祟"，这说明，在古人心目中山川还有为祟使人得病的神力。

根据《礼记》记载，周代的贵族有"五祀"，即祭祀五种神灵，具体五种神灵包括哪些，说法不一。其中一种说法中包括门户神和灶神。从《礼记》来看，周天子到王公士大夫，都有祭祀住宅门神的习俗。

（三）鬼魂信仰与祖先崇拜

在距今一万八千年的山顶洞人的洞穴中，曾经发现有埋葬的尸体，死者身边摆有随葬品，并撒有赤铁矿粉末。这些迹象表明，早在旧石器时代已经有灵魂观念产生。而史前时期同一墓葬区死者埋葬时的头向大多一致，则与当地人关于死后幽冥世界的方向的共同认识有关。人死后离开肉体的灵魂被称为鬼或鬼魂。西安半坡仰韶文化遗址发现的儿童瓮棺葬，其上盖往往留有小孔，研究者认为，这是供灵魂出入的地方。

《礼记·祭法》曰："人死曰鬼。"古人认为，人死后魂魄没有形体可附着而归于天地间，成为鬼。从训诂学的角度说，"鬼之言归也"。人死精神升天，骸骨归土，故谓之鬼。一般认为鬼魂观念的产生与做梦、幻觉等有关。原始氏族时期的人们对包括自身在内的许多现象多不能做出正确的理解，他们认为在梦中人的灵魂可以暂时离开肉体，而人的死则是灵魂永久地离开了肉体。

人死后埋葬时，要有随葬品，这些随葬品最初多为死者生前常用的工具、生活用品等，这表明，古人认为，人死后变成鬼魂，在另一个世界仍然有像人世间那样的日常生活的需要。古人认为，鬼魂对人世间的人们具有祸福的不同影响，可以在暗中帮助保佑某件事的成功或某人的平安，也可以使某人有疾病灾难降临。因此，当人们遇到灾祸或者是祈求吉祥时，都要对鬼魂进行祭祀。在商代卜辞中有关于鬼魂作祟的占卜祭祀的记录。

可以说，祖先崇拜是在鬼魂观念产生的基础上形成的，祖先崇拜本身就是一种特殊形式的鬼魂崇拜。人们对于祖先的祭祀，并不像对一般鬼魂的祭祀那样功利化，遇到灾难或者期盼吉祥才想到祭祀，而是有固定的时间方式。原始先民认为祖先死后的鬼魂对本氏族、部落的吉凶祸福有更直接的关系，因此祈求崇拜的重点就转到祖先神上。对祖先的崇拜祭祀，除了祈求保佑以外，还包括对先祖的缅怀追思。

祖先崇拜的产生不晚于母系氏族社会。如在仰韶文化遗址中发现很多妇女的面部塑像或画像，这表明女性在当时受到尊敬与崇拜，可以说是母系氏族社会祖先崇拜的反映。到了父系氏族社会，结束了"知其母不知其父"的时代，男性家长祖先取代女性成为氏族崇拜的对象。在这一时期的原始遗址中有很多类似发现：如浙江河姆渡遗址的七千多年前的陶塑神像；甘肃礼县高寺头、秦安县大地湾和寺嘴、天水县柴家坪等地，均出土了仰韶文化时期的彩陶瓶，瓶口塑成人头偶像，这些陶瓶都是祖先神的偶像。

《礼记·祭法》说："夫圣王之制祀也，法施于民则祀之，以死勤事则祀之，以劳定国则祀之，能御大蓄则祀之，能捍大患则祀之。"在氏族社会，氏族首领往往就是这个氏族的族长，他们往往具备强壮勇猛和聪明果敢的个性，在险恶的生存环境下和与异族的冲突中才能带领整个氏族生存下来。这样的祖先才会被崇拜祭祀，认为他们死后也具有神秘伟大的力量，能够保佑本氏族逢凶化吉，子孙繁衍壮大。因此，他们成为氏族崇拜的祖先神，享受本族的祭祀。

在我国的古代神话传说中，原始祖先都是立下惊天动地伟业，为人类的生存和文明进步做出杰出贡献的英雄。盘古开天辟地，女娲造人补天，大禹治水，后羿射日，伏羲作八卦，神农尝百草，黄帝发明指南车等等神话传说都是如此。此外，有许多传说中祖先神的形象是半人半兽的，有的是鸟身人首，有的是蛇身人首，还有的是牛面人身等等，表现了图腾崇拜和祖先崇拜的混合。

《礼记·祭法》说："祭法：有虞氏禘黄帝而郊喾，祖颛顼而宗尧。夏后氏亦禘黄帝而郊鲧，祖颛顼而宗禹。殷人禘喾而郊冥，祖契而宗汤。周人禘喾而郊稷，祖文王而宗武王。"根据神话传说，商代人的祖先契是由于仙女吞食鸟卵而生，周人的祖先后稷是其母姜嫄踩巨人的脚印交感而生。古代的宗庙大祭主要有禘、郊、祖、宗四类。所谓禘，是指祭祀祖先最远的所出，以始祖配祀；郊，是指祭天，以始祖配祀；祖，是指祭祀开创王国事业传给后世子孙的祖先；宗，是指祭祀因德高望重而不迁毁庙的祖先。四代的氏族始祖、远祖等祖先都有着不平凡的壮举的神化或传说。

随着氏族、部落的发展分支，又形成新的氏族、部落。许多氏族部落有着共同的远祖，但因为祖先众多，不能一一祭祀，于是有关于始祖、远祖和近祖的划分，古代称太祖、祧祖和祢祖，各有相应的祭祀制度。在上引《礼记·祭法》中可以看出，殷人和周人在郊祭时都以帝喾作为始祖陪祀，这是因为殷人的祖先契和周人的祖先后稷都出自帝喾，因此可以说他们有共同的始祖。

在父系氏族社会中，一个氏族通常由按男子计算的五代以内的家庭成员组成的，他们的直接的祖先有四代，高祖，曾祖，祖父，父亲。到了第六代男子成人后，根据这一代人的高祖的不同，又分成许多新的氏族。这样原先的高祖就成了远祖。在部落和后来的国家中，只有本族的嫡系子孙才能够继承部落或国家的权力和财产，他们的姓氏名号不变，而且享有祭祀始祖和远祖的权力，称为"大宗"，其他旁系氏族受到大宗的领导和保护，称为"小宗"。小宗平常只能祭祀四代以内的近祖，只有在整个胞族共同祭祀祖先时，才能参与祭祀始祖和远祖的活动。

考古工作者根据发现推测，在属于夏代的河南二里头三期遗址中，已经存在宗庙，而且在建筑格局上开启后代"右社稷、左宗庙"的先河。

《礼记·表记》云："殷人尊神，率民以事神，先鬼而后礼。"在商代的诸神中，祖先神是最受重视尊崇的神灵，在殷商甲骨卜辞中，关于祖先的卜辞最多，有15000多条。根据卜辞记载来看，殷人祭祀祖先有著名的周祭法，即以每旬十天为单位，对先祖轮流祭祀的方式，足见祖先崇拜在当时的重要性。值得指出的是，商人对于女性祖先神也很崇拜，这表明当时的祖先崇拜还保有原始时期的痕迹。根据商人向祖先神祈求和贞问的内容来看，殷人祖先神神力广大，涉及自然、社会、军事等很多方面，他们可以左右或预知年成的好坏、牲畜的盛衰、风雨的顺逆、身体的安恙、甚至后代的生育等等。当时的人们认为，祖先神不仅可以带来福祉，也可能带来灾难。因此，当遇到灾年或商王室成员有疾病等其他灾祸时，商王都要占卜一番，看看是哪位祖先在作祟，占断出结果后，就对该祖先进行祭祀祷告，祈求消除灾祸。

卜辞记载表明，商人祭祀祖先的祭品主要有羊、猪、狗等，祭品的数量远远多于祭祀其他神灵，祭祀的方法有燎、升等。燎祭是将牺牲放在柴上焚烧，通过烟雾上达，使祖先歆享。升祭是将要祭祀的祖先神迁至宗庙中特定的祭所"升"中单独祭祀。

到了西周时期，祖先崇拜仍很重要，周人深信人死之后"骨肉归复于土，若魂气则无不之也"，肉体虽然消失，但灵魂却无处不在。与殷商相比，西周时期祖先神的自然职权逐渐消亡，社会职权逐渐扩张，祖先崇拜与王权政治逐渐结合。

先秦时期文化的发展探究

周代礼制对于宗庙祭祀也有明确的规定。《礼记·王制》曰："天子七庙，三昭三穆，与太祖之庙而七；诸侯五庙，二昭二穆，与太祖之庙而五；大夫三庙，一昭一穆，与太祖之庙而三；士一庙，庶人祭于寝。"祖先崇拜祭祀的严格界限实际上是为了保护嫡系子孙的宗族和国家权力。这种规定和界限在周代以"礼"的形式确定了下来，实现了政治权力和祖先祭祀权的密切结合。这种礼制对祖先崇拜规定了严格的等级制度，从祭祀祖先的范围到规模，都根据地位的高低而不同。这实际上从一个方面确立了等级制度的严肃性。从周代以后，历代统治者都把宗庙祭祀权与政治权力等同看待。宗庙的消亡或迁移象征着国家的灭亡。

春秋战国时期，诸侯争霸，表现在祖先崇拜上，就是纷纷吹捧抬高自己的祖先，为自己的政治野心提供证据，甚至将祖先神上推，追溯到远古时代传说的英雄。同时，由于战争频繁，祖先神成了各诸侯国战争前祈求胜利的对象。另一方面，由于以孔子为代表的儒家提倡遵奉周代的祭祀礼仪，在"敬德""明德"等人文观念的影响下，对祖先的敬畏和祈求逐渐被对祖先的思慕和崇敬所补充甚至替代。

对祖先的崇拜祭祀和祭祀天地同为古代最重要的三种祭祀礼仪。虽然祖先祭祀的地位不如祭祀天地，但祖先崇拜的观念的影响却是非常大的，以至至高无上的皇天崇拜和象征领土的后土崇拜也不能降低祖先崇拜的地位，而只能形成天、地、祖宗三足鼎立的局面。儒家学派的创始人孔子曾经说过："郊社之礼，所以事上帝也；宗庙之礼，所以祀乎其先也。明乎郊社之礼，禘尝之义，治国其如示诸掌乎？"[①]"万物本乎天，人本乎祖"，天是万物的源头，而祖先则是一个家族种姓的开始。因此，祖先崇拜和祭祀是关系到治国安邦的大事。

（四）天神崇拜与天命思想

《山海经·大荒西经》曰："开上三嫔于天，得《九辩》与《九歌》以下。"有的研究者认为，虽然其中有后世增饰之处，夏代天神是否称"天"也无实证，但夏代已有天神宗教观念当是没有疑问的。

商代的天神称为"帝"。对于商代是否已经出现了作为至上神的"帝"，学者们有不同的见解。较早期的观点认为，殷人卜辞中的"帝"就是上帝，是至上神。随着材料的增多和认识的深化，现在很多学者倾向于认为，商代的"帝"或"天"，

[①] 张紫光. 中国全史1[M]. 呼和浩特：内蒙古人民出版社，2002. 02.

只是众神之一，还不是至上神。他们认为，支配各种气象，产生风、雨的能力，在殷人眼里并不是帝的专利，社神、河神和山岳之神也有这种神力。并且，帝不是适应人间的需要安排风雨，而是盲无目的，从这一点看，帝实际上是自然之"天"。与其他自然神和祖先神相比，帝的降祸降福并不是根据人世君王行为的好坏，而是有很大的随意性。据统计，在殷人祈求丰年的四百多条卜辞中，多是向社神、河神、和山岳神以及王亥、上甲等祖先神的祭祀祷告，帝和年成有关的卜辞仅占三条。此外，殷人遇事只是向帝提出问题，如会不会刮风下雨，会不会干旱等等，而没有奉献祭品，这也是与其他自然神和祖先神的不同之处。我们认为这种根据和解释是比较扎实可信的。从上面的几个方面看，帝并不处于高出其他神灵，统摄一切的地位，而只是众神之一。

真正作为至上神的"帝"或"天"，出现在周代。以祖先神配属于天帝，是周代才有的事情。如《诗经·文王》说："文王陟降，在帝左右。"《诗经·大明》又说："维此文王，小心翼翼，昭事上帝，聿怀多福。"周人认为，祖先的道德与天帝相配，所以能够在天帝左右。这也表明，到周代祖先神已经不能和天帝平起平坐，而是处于从属的地位。

既然天帝在周人那里成为至上神，那么必定受到周人隆重的祭祀礼遇。当时祭天是周天子的特权，每年分春、冬两次郊祭。春天祭天是为了祈祷丰年，而冬天祭天则是为了报答天神的恩德。祭天的礼仪非常隆重，但祭品却不像祭祀祖先那样丰富，《礼记·礼器》说："有以少为贵者，无子无介，祭天特牲。"

在商代及以前的时期，虽然当时的人们还没有产生作为至上神的天，但他们对主宰命运的诸神的敬畏和崇拜却是非常普遍的。从殷人对祖先的祭祀最为频繁的事实，以及祭祀的内容来看，他们认为个人和邦国的命运更多地是由祖先神决定的。

《尚书·西伯戡黎》记载："西伯既戡黎，祖伊恐，奔告于王曰：'天子，天既讫我殷命，格人元龟，罔敢知吉。非先王不相我后人，惟王淫戏用自绝，故天弃我。'……王曰：'呜呼！我生不（否）有命在天。'祖伊反曰：'呜呼！乃罪多参在上，乃能责命于天。'"从中我们可以看出，商纣自恃天命不可改变，而祖伊则认为，天命是可以改变的。这段文字虽然不一定是殷人手笔，但却反映出天命观念在商周之际的演变。

在周代，天成为总揽一切、决定一切的至上神，周人对于命运之天充满了虔诚和敬畏。《诗经·维天之命》就说："维天之命，於穆不已。"《诗经·我将》又说："我其夙夜，畏天之威，于时保之。"周人开始称国王为"天子"，上天是最高主宰，天子是人间的主宰，而天子的命运也是由上天决定的，因此周天子对上天更是充满敬畏之情。

周人认为商王朝是上天赐予的，但天命并不是一成不变的，文王、武王推翻商纣统治是上天的旨意，是上天奖善惩恶的体现。在《尚书》《诗经》以及当时的青铜器铭文中充满了这样的表述。如《诗经·大雅·大明》云："有命自天，命此文王"，《大盂鼎》的铭文云："文王受天佑大命。"《诗经·昊天有成命》又云："昊天有成命，二后受之。"《尚书·康诰》则云："天乃大命文王，殪戎殷，诞受厥命。"在《尚书·多士》中周公对商代的遗民说："昊天大降丧于殷，我有周佑命，将天明威，致王罚，敕殷命终于帝。"在《尚书·牧誓》和《逸周书·克殷》等篇中一再强调周人克商是"恭行天之罚"，是"受天明命"。

在周人天命思想中，天命并不是专断和不可改变的。如《尚书·君奭》说"天不可信"，《尚书·西伯戡黎》说"惟命不于常"，《尚书·伊训》说得很明白："惟上帝不常，作善，降之百祥，作不善，降之百殃。"这样，我们再来理解"天不可信"，实际上是说，不能像商纣王那样，自信负有天命，任意妄为，而必须小心谨慎。周人认为天的最主要权威即在于天命予夺，这种天命的予夺并不是随意和没有根据的。这种根据就是统治者的政德和人民对统治者的反应。殷人之所以失掉了天下，正是由于商纣王暴虐不仁，失去人心。因此说，"皇天无亲，惟德是辅"，"天视自我民视，天听自我民听"。因此周人提出了"敬德保民"的思想。

那么天的意志怎样体现呢？根据天人感应说，上天对君主的善政，就奖赏给风调雨顺和吉祥的征兆；对于恶政，就通过自然灾异，进行惩罚警告。历来统治者对吉祥和灾异的征兆都很重视，反映了他们对天命的敬畏和重视。关于天人感应的文献资料最早当为《尚书·洪范》，在这篇相传为殷商遗民箕子为周武王陈述的"天地之大法"中，有"庶征"专述众多应验之象。在西周设有专门掌管记录自然界吉祥或灾异之象以备天子询问的官员。如《周礼·春官》所记的专门负责观察"日月暗淡无光""白虹弥天"等异常云气、辨明吉凶的"眂祲"以及职掌记录星象的反常变动、预言吉凶的"保章氏"，都属此类。《左传》桓公十七年说：

"天子有日官诸侯有日御"来观测记录日食等反常天象。

二、不同时代的宗教特征

（一）古代宗教形成

中国古代宗教的形成经历了漫长的发展历程，它是在原始宗教的基础上，经过不断的政治洗礼而逐渐形成的。中国古代宗教转变过程的一个标志事件是颛顼时绝地天通的宗教改革。《五帝本纪》中说，颛顼"依鬼神以制义"，这句话指明，颛顼就是鬼神的代表，即是说他是宗教主了。这是原始宗教里未曾有过的事情。关于这件事，《国语·楚语》有详细记载，其内容大致是说黄帝时代对宗教已有一定控制，那时已有专职事神的人员，而一般人则从事其他社会职业，不参与事神的活动，也就是说民神不杂，民神异业。我们知道这已不是原始宗教的本然状态，这时的宗教已有一定发展。但"及少皞之衰也，九黎乱德，民神杂糅，不可方物。夫人作享，家为巫史，无有要质。民匮于祀，而不知其福，烝享无度，民神同位。民渎其盟，无有威严，神狎民则，不蠲其为，嘉生不降，无物以享，祸灾存臻，莫尽其气。颛顼受之，乃命南正重司天以属神，命火正黎司地以属民，使复旧常，无相侵渎，是谓绝地天通。"根据这一记载，导致少皞之世宗教改革的直接原因是"九黎乱德"。众所周知少皞之世是我国历史上的族邦联盟时期，那时黄河两岸万国林立。当时的社会结构分为族邦、华夏联盟和蛮夷戎狄三层结构，而少皞部落属于主盟族邦，及其衰世，蛮夷戎狄族邦占据上风，即所谓"九黎乱德"，其较落后的原始宗教也占据主流，造成混乱，而导致了帝颛顼实施宗教改革。改革后帝颛顼命南正黎总管宗教事务，还规定担任专门教职人员要符合很高的条件，各级宗教事务职官必须是历史上著名的氏族的后代。这种规定成为制度，形成一个巫觋阶层。王权通过巫觋阶层垄断宗教事务。一般人与鬼神交通的自由被剥夺了，所以叫作"绝地天通"。宗教改革的结果，政治与宗教相结合，王权垄断了宗教事务。只有颛顼自己和南正重才管得天下的事情，把群神的命令集中起来，传达下来，此外无论何巫全不得升天，妄传群神的命令。而火正黎只能管理地上的群巫，使他们给万民治疾和祈福。

然而，一定的宗教形式的形成并非一朝一夕的事情。在这次宗教改革后，情况又有反复。《尚书·吕刑》记载，帝尧时，蚩尤作乱，造成社会混乱，酷刑泛滥，杀戮不止，互相欺骗，没有忠信。苗民"弗用灵"，不愿采用华夏联盟的宗教。民人无法忍受疾苦，哀告于上帝，帝尧因此施威，惩处作虐的苗民，令重、黎之后羲、和再次实施绝地天通的宗教改革。这次宗教改革的原因、经过、结果几乎是上次历史的重演，连人物也是上次实施改革者的后代，这也是上次宗教改革形成垄断的结果。这次改革事件说明了中国古代宗教的形成经历了不断的政治斗争的风雨，走过了曲折的历程。事实上，以宗教改革为契机实现的政治与宗教之结合在此之前已经历了漫长的发展历程。史载禹征三苗的战争，就是由大巫高阳氏在玄宫向禹下达上天的命令进行的，禹受命时有人面鸟身之神勾芒捧着玉圭侍立在大巫身旁，这个大巫高阳氏是颛顼氏族的后代，玄宫是颛顼之庙。这个场面的最高权威就是这个颛顼氏族的大巫高阳氏。这时神权已完全掌握在氏族贵族手中并为氏族贵族政治服务了，自然宗教的色彩几乎消失殆尽。自然神虽仍然保存着，但也被纳入了新宗教体系，成为政治化的古代宗教的一部分。考古资料也为我们提供了这方面的证据，如众所悉知的红山文化的女神庙和众多积石冢，特别是良渚文化瑶山祭坛和周围绕祭坛的十几座巫师墓葬。这类宗教遗址的规模和布局，至少可以反映当时宗教与社会公共事务和政治发生了密切关系，说明巫觋已成为社会的一个特殊阶层，是宗教政治化的反映。

考察历史，制度文明的产生，即国家形成，或叫政治权威形成、王权的形成，乃是促成宗教改革、宗教与政治结合的深层原因。五帝时代实行著名的"禅让"制的政治制度，这一时期，政府组织从黄帝到舜有很大发展。史载黄帝"以云命官"，少皞"以鸟命官"。黄帝"置左右大监，监于万国"，"举风后、力牧、常先、大鸿以治民"。舜时政府组织发展为九个部门，组成相当完善的政府机构。据《五帝本纪》舜的政府有主管农业的后稷，主管手工业的司空（工），主管山林的虞，还有一个"共理百工之事"的共工，这四个属于经济主管部门；有主管刑法的士，主管尊卑之礼的秩宗，主管民众教化的司徒，这三个属于政治主管部门；有一个专管音乐教育的典乐，还有一个相当于秘书长兼礼宾事务的纳言。各部门职官"三岁一考功，三考绌陟"。另外，从尧时起就有"四岳"，既是管理社会事务的机关名称，也是这个机关四位长官的职名。他们分别独当一面，掌管广阔的区域，同时是帝王的最高顾问。由此可知，五帝时代的社会组织已有很完善的管理机构。

支配当时全部社会意识的宗教出现混乱，这是统治者绝对不允许的，因此，进行宗教改革，是政治的需要，也是统治者垄断宗教统治人民的需要。最终宗教与政治结合，成为统治人民的精神工具。

徐旭生先生的研究也为我们指出了中国古代宗教的改革是因社会组织的扩大、社会政治需要而发生的。他说："社会的组织逐渐扩大，社会秩序的问题也就成了宗教的重要内容。可是魔术师的巫觋太多，人杂言庞，社会秩序就难有相当长时的安定，极为不便。高阳氏的首领帝颛顼就是一位敢作大胆改革的宗教主，他'命南正重司天以属神，命火正黎司地以属民'，就是使他们成为脱离生产的职业宗教服务人。有人专管社会秩序一部分的事，有人专管为人民求福免祸的事。"① 更重要的是，他还认为，宗教改革的契机是华夏集团与苗蛮集团间的冲突，冲突的原因是苗蛮集团不愿采用北方的高级宗教，冲突的结果是南方的驩兜、三苗、梼杌各氏族被完全击败而分别流放，北方的大巫长祝融深入南方以传播教化。② 可见，古代宗教改革是由政治冲突引起，改革的结果二者结合，正是这种结合奠定了中国古代宗教的雏形。

（二）夏商宗教的发展

夏商时期的宗教，在原始宗教和五帝时代宗教的基础上又有很大的发展。虽然这一时期的宗教总体上仍是多神教的自然宗教形态，但在许多方面都有了新的发展，出现了新的要素。至上神的出现，是夏商宗教最显著的新特征；祖先神的信仰在夏商宗教中占有重要地位；有史以来的自然神也发生了人格化的变化。此外，夏商宗教与政治的结合也更加紧密，宗教仪式成为国家典礼，宗教制度成为国家制度不可分割的组成部分。事实上，夏商宗教的发展与夏商社会进步、特别是夏商成熟的国家政府机构的建立有着密不可分的关系。

夏商宗教的突出变化是出现了至上神的观念。至上神是神灵信仰中的核心，是宇宙的主宰，神系内的最高神，因此是一个民族、国家最高的精神寄托。这一重要角色的塑造不可能是原始先民凭空想象出来的，必定与现实有着千丝万缕的联系，其塑造过程也一定与当时的社会背景息息相关。在中国古代文献中，至上神的形象不一，有无特指的"天""帝""上帝"等表述方式，也有在《山海经》

---

① 徐旭生. 中国古史的传说时代 [M]. 北京：文物出版社，1985. 10.
② 徐旭生. 中国古史的传说时代 [M]. 北京：文物出版社，1985. 10.

等文献中出现的帝喾、帝俊、颛顼、太一等人格神。随着时代的发展，两种至上神的表述形式呈现出各自的发展路径：前者被赋予伦理、哲学意义，除了原有的天神之意又分化出一种褪去神性，代表最高道德或历史发展客观规律的新意涵。后者被宗教信仰所利用，形成了特定群体的最高信仰。"帝"是夏商人信仰的最高神，他不但管理着自然界，管理着人类事务，甚至还管理着神事，具有最高权威。由卜辞可见，"帝"首先是天时的主宰，掌管降雨、风、云和收成（年），也可以降旱、降馑、降灾给人类。卜辞中有关"帝令雨足年—帝弗令雨足年""今三月帝令多雨""羽癸卯帝其令风——羽癸卯帝不令风""帝其降我英——帝不降我英"等等记载，虽然很简单，但在殷人生活中确有十分重大的意义。自然条件的好坏对当时人的生活乃至国家安危有着十分重要的作用，管理自然之神的"帝"的地位便可想而知。帝不仅主宰天时，也掌管人间祸福，可以保佑人王，也可以降祸人间。如卜辞中常有"帝其乍王祸——帝弗乍王祸"等，可见帝不仅能降祸福，甚至连作邑征伐等等也要由帝来管。正是由于帝的这一功能被人王利用，而使宗教思想服务于现实政治，或者说二者相辅相成，现实政治需要促进了宗教的发展。启在发动征罚有扈氏的战争中以天命为借口，他发布誓词时说："有扈氏威侮五行，怠弃三政，天用剿绝其夏多罪，天命殛之""予畏上帝，不敢不正"。盘庚迁殷时，为说服那些贪图安逸或出于狭隘私利的反对派，多次声明"天其永我命于兹新邑"，应该遵行天意，"予迓（迎）续乃命于天。""肆上帝将复我高祖（汤）之德，乱（治理）越我家"国。启、商汤、盘庚都借助"天命"实现自己的政治抱负和政治目的。盘庚还反复说，你们这些贵族的祖先曾辅佐我的祖先建功立业，现在你们如果违抗天意破坏迁都大计，我就要报告你们的祖先，你们的祖先会惩罚你们。由此可见商代观念中上帝已超出族类界限具备了全民神的性质。

夏商至上神的出现和其成熟的国家政权组织形式的建立有着十分密切的关系。卜辞中的帝已经相当人格化，他不仅像人间帝王一样发号施令，而且有帝廷、有工臣为之施行号令。殷人的祖先亡灵也可以上天到帝廷或帝所，即"宾"于帝所，转达人间对上帝的祈求。这是绝地天通以后，沟通天地的权力被夏商统治者垄断的表现。这样，所有神灵组成了一个具有上下统属秩序的神灵世界，"帝"是这个神灵王国的最高神。这种神权特征和机构显然是夏商帝王专权及夏商的政治权力阶层在神界的反映。

夏商时帝不享受祭献，卜辞中没有祭祀帝的记载，说明夏商的帝的观念不是从祖先神灵发展来的，而是从"天"体崇拜发展来的。詹鄞鑫先生曾对这一问题进行探讨，他认为：《礼记》中说帝有"生育之功"，而天也有生育之功，所以上帝是天的别名。[1] 我们上面引用的《甘誓》、《汤誓》、《盘庚》也是证据，《甘誓》称"天"，《汤誓》也称"天"，《盘庚》则同时称"天""上帝"，可见"天"发展为"上帝"的迹象。中国古代宗教的上帝由"天"体崇拜发展而来，不享受祭献，表明没有完全人格化，对于中国宗教思想的特质和发展可能有着非常重要的意义，因为，正是这样一个由"天"体崇拜发展起来的至上神实体才能顺理成章地在周代发展为"天命论"，形成后来中国文化与中国哲学的基本特色的根源。

夏商宗教中祖先崇拜占有特别重要的位置。夏商人把他们的先公先王神灵化，并使他们可宾于帝廷转达人间对上帝的请求，表现了祖先神地位的空前提高，在某种程度上已侵占了至上神。夏商人如此抬高祖先神，是因为他们对建立功业的祖先的崇敬和对其历史经验的珍视，尤其重要的是他们对祖先创立的国家政权的珍爱。希冀通过神权来巩固政权，而祖先崇拜则是神权与政权进一步结合的最佳方式。夏代统治者把夏代国家视为祖先的遗产，称少康复国为"复禹之绩"，祭祀自己的祖先与祭祀天结合——"祀夏配天"，祖先神地位在天之上。《国语·鲁语上》："夏后氏禘黄帝而祖颛顼，郊鲧而宗禹；商人禘喾而祖契，郊冥而宗汤；周人禘喾而郊稷，祖文王而宗武王。幕，能帅颛顼者也，有虞氏报焉；杼，能帅禹者也，夏后氏报焉；上甲微，能帅契者也，商人报焉；高圉、大王，能帅稷者也，周人报焉。"说明夏、商、周三代崇祀祖先的典礼有禘、祖、郊、宗、报五种，被称为"国之典祀"。祭祀祖先都是英雄人物，或"法施于民者"，或"以死勤事"者，或"以劳定国者"，或"能御大灾"者，或"能扞大患"者等。足见被祭祀的都是在历史上有显著功劳的祖先，没有显著功劳者则不在国家祭祀之列。可见是因古圣先王有功于人民而对他们由崇敬和怀念而加以祭祀。《甘誓》有"用命赏于祖，弗用命戮于社"的记载，"祖"就是宗庙，说明夏代已有了宗庙。宗庙既是祭祀、献俘的场所，也是赐命、授禄的场所。《礼记·祭义》说："爵禄庆赏，成诸宗庙，所以示顺也。"《礼记·祭统》说："古者明君爵有德而禄有功，必赐爵禄于太庙，示不敢专也。"可见祖先崇拜中浓烈的政治色彩。由于同样原因，

---

[1] 詹鄞鑫. 神灵与祭祀：中国传统宗教综论[M]. 南京：江苏古籍出版社，1992.06.

祭祀权力也是分等级的，最高统治者王有权祭祀列祖列宗，诸侯"及其大祖（开国祖先）"，大夫、士"及其高祖"，而"民不与焉"。不同等级祭祀权力的划分与现实政治权力范围大小相应，体现着宗教与政治结合互为强化的功用。商代后期，祖先祭祀更加繁复，也进一步制度化。综合文献和殷墟卜辞材料，有独祭（单独祭祀某一祖先）、合祭（同时祭祀多位祖先），还有周祭。周祭的对象是通祭上甲微以下历代祖先，包括先王、先公以及有子为太子的先妣。周祭完全以王族血统为标准，王族祖先完全列为祭祀对象，与王族没有血统关系的祖先（如没有儿子立为太子的先妣）不列为祭祀对象，反映了通过宗教强化了王权。

　　夏商还继续着原始社会以来的自然崇拜。但不同的是，夏商的自然神祇都接受祭祀，说明它们已人格化。夏商自然崇拜中有天文、天气、山川诸种自然神，其中日神、风神、雨神等崇拜较为重要。羲和御日、天有十日的神话在文献中见到较晚，而考古材料反映，它们可能在商代已经产生，《尧典》记载，尧时有祭日出日入的仪式，每年的二分二至之日在特定地点祭日。卜辞中祭日的记载有数十条，并有商王亲自祭日出、命大臣祭日入的内祭。《尚书·胤征》还有"奏鼓"救日的记载。关于风神，卜辞中有四方风之说，称"东方曰析，风曰脅；……西方曰夷，风曰彝……"。卜辞中有祭四方风祈求丰年和举行祭祀祈求"来风""止风"的内容。日神、风神之所以成为较重要的自然神，是因为这类自然现象与社会生活关系密切，而旱涝对社会生活影响更大。"禹七年水""汤五年旱"国，禹治水十三年，汤亲祷于桑林，表明旱涝与农业生产以至国家安危关系至大，因此风神地位非常突出。卜辞中"求雨""止雨"的记录很多，大旱之时举行大规模求雨祭祀连续多天，由王亲自主持，不仅以三牛、五牛等作祭品，还以人为祭品。不过，夏商自然崇拜中的自然神已纳于"上帝鬼神"体系之中，不仅已人格化，而且具有明显的政治性。如汤克夏后七年大旱，汤乃以身祷于桑林之社，曰："万方有罪，罪在朕躬。朕躬有罪，无及万方。无以一人之不敏，使上帝鬼神伤民之命。"说明殷人已将自然神纳入"上帝鬼神"的宗教体系之中，并使之具备了政治色彩。

　　夏商宗教的最大特征和最大进步是其已实现制度化，这在占卜方法和都邑建制两方面都有反映。这两方面的资料也反映了夏商宗教中已渐渐地重视人们的理性判断而不仅仅仰赖于神灵，同时反映宗教与政治的结合也更加紧密。商代的占卜有所谓三卜制度，就是同时就同一件事由王和左、右卜官进行占卜。三卜以王卜为主，左、右卜官应和王占卜的结论，但不一味追求与王占卜的结论相同，当王的占卜结论与人们的意识明显违背时，左、右卜官也对王占卜的结论做出修正。虽然这种修正是为了维护王的权威，但也反映了在决定事物中重视理性理智的一面。《洪范》说："龟筮共违于人，用静吉，用作凶。"就是说，某事可不可做，在人们有一致看法，龟卜与蓍占也有一致的答案，但龟筮的答案与人们的看法相反的情况下，还是以不做为好。反映出商代宗教制度中不完全盲从龟筮，而重视人类判断的事实。其次，夏商都邑成为神权政治中心，宗教建筑建于都邑中部，有着显赫的地位，也使都邑不同于一般聚落的功能。《左传·庄公二十八年》说："凡邑，有宗庙先君之主曰都（都邑），无曰邑（村落）"。显示了都邑与村落区别的关键在于是否有宗庙建筑，也就是说，宗教在城邑中的地位决定了该城是否具有神圣性和权威性。可见，宗教在政治中占有相当重要的位置，它与政治结合，牢牢维护着国家政权。据考古发掘知，二里头遗址中发现两处宫殿遗址，其中二号宫殿即为宗庙建筑。殷墟遗址由宫殿宗庙区和王陵区组成，前一区有 57 座大型建筑，其中几个已确定为某几个殷王的宗庙。

综上，夏商宗教有了极大发展，至上神的出现和神统的建立，祖先祭祀的日常化（殷王在一年三百六十日中几乎无日不举行祭祀，祭祀的对象主要是祖先神），宗教的制度化，都标志着夏商宗教已经成型。商代的一切社会生活皆已宗教化，一切唯神意是从，宗教在生活中占有极其重要的地位。正如《礼记·表记》所说："殷人尊神，率民以事神，先鬼而后礼。"夏商宗教本质上仍是"自然宗教"形态。侯外庐曾指出，卜辞中没有一个关于道德智慧的术语，[①]表明夏商人的天神与人世伦理无关。但是商代宗教中已渐渐发生了一些人间智慧的萌芽，甚至有一些民本的道德思想出现，这些都为西周宗教向伦理发展提供了思想基础。

（三）西周宗教伦理化

西周宗教思想有许多创新，其最大创新则是宗教向伦理化发展。西周天命神学思想体系中，要求统治者"敬天孝祖"，而且要求统治者以德"保民"，因为天意取决于民情，这是夏商宗教不曾有过的新思想。西周宗教进入了一个新的阶

---

① 侯外庐. 中国思想通史 第 1 卷 [M]. 北京：人民出版社，1995.

段——伦理宗教阶段。

与商王朝的"帝"相比，西周的天帝与人王的关系更加紧密。商代的"帝"与其先祖有关，先公先王可上天宾于"帝"，这代表着上帝同商王存在血缘上的关系，也正是这层血缘关系，才保证了先王逝去后可在上帝左右，保佑商民接受上帝恩赐。商周两族存在姻亲关系，《列女传》所记周文王之妻太任为挚任氏之女，《诗经·大明》："挚仲氏任、自彼殷商、来嫁于周、曰嫔于京"。又证明了太任来自殷商，也就是说，文王之后不仅延续着振兴周族的大业，同时身负"上帝血统"的光环。至于周代，周王有了"天子"的称呼，似乎将上帝与周王拉近为父子关系，但在以祖配天的先秦至上神观念下，这种解读显然是有问题的。"天子"最早可追溯到西周初年，现存于台北的献簋铭文中已有"朕辟天子献""受天子休"的语句，其记录的周人贿赂帝辛以解救周文王可与《史记》相印证。"天子"意为"天之元子"。《尚书·召告》中太保对周成王说："呜呼！皇天上帝，改厥元子兹大国殷之命"。至上神具有造物主的性质，人类也是由其创造的，所以天下之人无论贵贱都可将自己的诞生归结于上帝，"元子"即上帝众子之首，自然就是人间的统治者。这样的表述，拉近了至上神与周王间的距离，将血缘与王位捆绑在了一起，超越了代际的束缚。周王借"天子"之名，垄断了祭天权，巩固了宗法制下周天子作为天下大宗的神圣地位。正如彭林先生所说："在宗法社会中，主祭权与政治权力成正比，只有在国家重大祭典中享有主祭权，才能拥有国家最高统治权"。[①]

周代的至上神逐渐褪去了原始巫术的色彩，理性之风逐渐凸显。一方面，西周自建国之前就开始对天和天命产生了思考，伐纣之时细数帝辛罪状，阐明天命转移的缘由，以图师出有名，建国后又大发赞扬文武之功德，以证周人承接天命理所应当。在天命的轮替中，周人有感"天命靡常"，这并非是对上天的怀疑，而是周人在汤武革命的历史教训下对"天命"新的认识，即用施政者的政治德行感化上天，以固天命，为重民思想的产生提供了原始土壤。周人和商人一样，也利用甲骨进行占卜、记事，从20世纪发掘出的周原甲骨来看，周人对占卜的热情明显低于商人，所卜之事均是国之重事。并且，周原甲骨的叙事用途要大于占

---

① 彭林编.《周礼》主体思想与成书年代研究（增订版）[M]. 北京：中国人民大学出版社，2009. 11.

卜用途，其上记录了许多重大历史事件，如文王和武王的去世。这与商代频繁占卜的神文宗教氛围产生了鲜明的对比。另一方面，周原甲骨中用来占卜的图形画被认为与《周易》八卦相符，与商人以"兆"辨吉凶的卜法相比，周人的筮法反映了其更加富有哲学意义的宇宙观。[1]周人对上帝与天命的理性认识还体现在对"天"的维护方式上，周公制礼作乐，创造了一整套旨在稳定国家秩序的礼仪规范，涵盖了统治阶级政治生活的方方面面，抛弃了商人"先鬼而后礼"的行事风格，自此，礼乐征伐自天子出。在礼乐文明的规范下，无论是统治者还是臣子，都必先从家庭伦理中的"亲亲"出发，发展到政治伦理中的"尊尊"。天子幼时以孝待先王，继位后以敬尊天，臣子们以孝事父，以忠尊君，国家秩序井然，百姓安居乐业，使得"天命"可以长期庇护周王室，国家长治久安。

西周的天命神学思想承认天的主宰作用。《洪范》所载的"九类大法"被认为是上帝所赐。周公论政权及政权更替的合法性都归之于"天命"。王取得国家统治权叫"受命"，得到贤能的辅臣叫"受屏"，把政权维持下去叫"永保天命"。凡天下大事皆取决于天的意志。个人生死寿夭、贵贱贫富也都是天决定的。但周人观念中上帝的意志不再具有随意性，而是受人间特别是统治者道德状况制约。这一特点在《尚书·周书》中有集中反映。周人总结夏商灭亡和周人取得天下的历史经验，反复论证天命与统治者的德行有密切联系。统治者实行德政，便能得天命，否则上天将收回其统治权，如周公说："惟命不于常"，"天惟时求民主"，即是说，天随时都在寻找适合当君主的人。最初选中了夏人，后来夏人"大不克明保享于民，乃胥惟虐于民"，所以天抛弃了它，命令商汤"简代夏作民主"。商代开始时"罔不明德恤祀，亦惟天丕建保乂有殷，殷王亦罔敢失帝，罔不配天其泽"。成汤到帝乙诸王亦"罔不明德慎罚，亦克用劝，要囚殄戮多罪，亦克用劝"。他们能阐明德教，勤于祭祀，慎用刑罚，敬重上天赐予的授命，因而得到上天的佑护。但祖甲之后的历代殷王"不知稼穑之艰难，不闻小人之劳，惟耽乐之从"，"罔顾于人显民祇，惟时上帝不保，降若兹大丧。"而周文王具有"克明德慎罚"的功德，这些功德"闻于上帝，帝休，天乃大命文王已殪戎殷，诞受厥命越厥民"。周人总结历史经验，为自己统治的合理性寻找根据，将人世间的"德"作为天命转移的终极依据，使天命增加了伦理内容，人间伦理成为天的确定内涵，从而使

---

[1] 徐锡台. 周原甲骨文综述[M]. 西安：三秦出版社，1987.09.

天变为伦理之天，以天为至上神的宗教迈向了伦理宗教。历史提供了素材，经过周人总结为伦理化的宗教思想。

这一思想也成为周人维持长治久安必须遵循的法则，周公认为，周王朝要祈天永命，维持长久统治，最重要的和必须做的是"敬德"。其"德"是处事得宜的意思，包括敬天、孝祖、保民三项内容。敬天即敬服天所授的权命，保民即统治者受民后子孙世享，要保民需"敬德"。如《康诰》说："用康保民，弘于天，若德裕有身，不废在王命。"告诫康叔"敬哉！天威渠忱，民情大可见"。诸如此类的词语、句子。都是说用德来保民，使人民安定康宁，这样才是实现了天授予的权命。而天也会传达人民的愿望，人民的愿望则取决于统治者的德行。周公处处强调德治的统治思想，认识到德治保民是周王朝巩固统治和实现长治久安的根本。这是他深刻的地方，也是他总结历史经验和致力于国家治理而得出的结论。他不过分仰赖于天命，而是强调人的行为的主动性，强调统治者的政治行为的主动性与人民安康的关系，进而揭示这种关系的状态导致的政治后果。但周公还不能彻底摆脱天命观念来直接论述统治者与人民及政权之间的关系，而是把天命看作统治者与人民之间的关键环节。这样天意、民情政德就形成了循环制约，天意决定于民情，民情决定于王之敬德与否。在这种解释中，天意被赋予了伦理性格。这种天意、民情与政治相互关联成为一个整体的思维方式，就是"天人合一"的思维方式。在这种思维方式下形成的天命的伦理性格不仅是在大的王朝变动中获得的，而且在巩固新王朝的统治中又得到了加强。由此可见，西周时代由自然宗教发展为伦理宗教是历史发展推动意识变化的必然结果。当然，这一过程离不开人的理性，周公的历史理性和他的政治影响在这个过程中起了决定作用。正是基于这样的思维，周公反复强调统治者要明察和宽厚。康诰说："若保赤子，惟民其康"，主张君主要像保护孩子一样保护臣民，统治才能安定巩固。还说"人无以水监，当以民监"，要重视人民的反映，体恤"小人"的艰难，"小人"若有怨言，统治者应更加敬德慎行。与"明德"相辅相成，周公还强调"慎罚"，指出在处罚罪犯时，要区分是否故意犯罪和犯罪的性质。对于不是故意犯罪而又悔改的人要从轻处罚或赦免，只有对故意犯罪的人和不孝不友及违犯国家大法的人，才可以从严治罪。对悔改态度的强调和对犯罪事实量刑的慎重，都与周人对德政的重视有关。

周人在进一步探究人如何才能影响天命的问题时，提出了"孝"的重要伦理范畴。"孝"字在金文中写作"𥟖"，是祭祀祖先时有所奉献的形象。周人认为"追孝""享孝"祖先，对祖先"继序思不忘"，可以祈福长寿，使族类获得幸福。这是夏商祖先崇拜思想的继承和发展。祖先神灵和现实政治有着特殊重要的关系，"享孝"祖先，既是希望从祖先神那里得到天命永安的福佑，也可以为各级统治者制订一套道德的规范。周人孝的对象不仅局限于祖先，还有祖父母、父母，也包括宗室及兄弟、朋友、婚媾（有婚姻关系的宗室诸侯）。这样"孝"的范围扩大到整个统治集团，成为一个重要的伦理范畴，如果说"敬德"主要是西周的高层统治集团必须遵守的伦理规范，那么"孝"则是各级统治者都要遵守的伦理规范，这两者是周人永葆天命的两把利剑。

周人的伦理宗教与宗法制度有密切关系。宗法制度下，周王到大夫的各级统治者，都是嫡长子继承父位，诸子分封为次一等级的统治者，整个国家形成一个以血缘维系的统治网。血缘成为政治的纽带，维持宗法关系就是维持政治秩序。那么如何才能维持宗法关系呢？"德""孝"是最好的切入点。正如《诗·大雅·板》说："大邦维屏，大宗维翰，怀德维宁，宗子维城。"施行德政，就使国家安宁，大诸侯就是王室的屏障，百姓（各级大宗贵族）就是国家的栋梁，宗子所到之处就是城疆。周公正是在对西周社会治理的认真检讨和缜密思考基础上，提出了"德""孝"的宗教伦理观。这种思想最易为人接受、为人信服从而更易产生实效和更具凝聚力，它能够完全融入社会里层的血亲关系中，成为社会群体的价值取向，它有着较广泛的社会基础，容易为社会众多层面，尤其是统治阶级各层面所接受，甚至周边的部族对这种温和的统治也心向往之。因而伦理化的宗教适应了社会发展的需要，成功地维系了周王室的统治。它在思想方面影响了历史上许多朝代。

（四）春秋时期的宗教特征

西周末年以来，随着政治的危机，周天子权力的旁落，宗法制的国家政治体制发生了动摇。天命神学遭到普遍怀疑，中国思想走出古代宗教，向诸子学说过渡。

西周末到春秋初，周王室衰微，无力控制局面，宗族等级制度的社会结构受到冲击，诸侯国分封贵族的世系已乱，一些有实力的大国屡屡僭越旧制，"尊神""敬天"的传统观念也相应地发生动摇。一向受人敬畏的天，受到某些人的诅咒，失掉了从前的权威。国家统治权力及人间一切休咎祸福均自天降的传统观念受到了挑战。怀疑上帝、祖先神的情绪发生在社会生活中。由于自然灾害和政治混乱造成人间苦难加深，"变风""变雅"大量出现，抱怨神对人间灾难的冷漠，怀疑神的公正，已成为社会思潮。在人神关系上也出现了重人轻神的思想，怀疑天命神学已经从社会情绪深化为理性思考。在一些社会精英思想中出现了民是"神之主"的观念，认为"民和"神就会降福，"民各有心"神就不知所从。这些思想虽没有超出天命神学的神的作用与人的作用相统一的观念，但将侧重点从神的一面转移到人的一面。

随着天的地位的动摇，春秋时代出现"天道"与"人道"分开的思维倾向，冲破天命神学"天人合一"的思维模式。出现了人事与天命无关，天命不能影响人事，人的行为也不能对天有丝毫影响的思想。如子产说："天道远，人道迩，非相及也，何以知之？"晏婴认为，"天道不谄，不贰其命"，他们都注重从"人道"方面处理现实事务，而将天道置之不论。说明他们的思想已走出古代宗教，迈上了新的台阶。

春秋时期天命神学的动摇使西周以来以"德""孝"治国的思想也遭到了怀疑。"礼"本是德治思想在制度、仪节层面的体现。西周实行礼乐制度，是将礼乐包括在德治中的，作为德治的一个部分。春秋时期，"礼崩乐坏"；"何以为治"成为政治家和思想家必须回答的问题。时代提出的问题，历史性地落到了"诸子"身上，他们顺应时代潮流，对这些课题做出了解答。其中最具代表性的是孔子和老子的学说。孔子针对"礼崩乐坏"的时代病症，其致思的方向始终在社会政治伦理方面。他从礼出发，把礼与仁结合，创立了以政治伦理为中心的仁学体系。孔子"礼"的思想是在西周礼制思想上发展出来的，但他突出了现实政治的含义，崇敬鬼神的色彩淡化了。孔子继承了西周孝和德的观念，进而把孝与为政联系起来，认为"为政"就是要把孝的精神推广于政治，在家孝亲也就是"为政"。他还突出了德的政治含义，古公亶父的长子"三以天下让"，孔子称道他有"至道"；周文王"三分天下有其二，以服事殷"，孔子称他有至德；崇德尚文，反对武力征伐，是孔子对霸道盛行的春秋社会提出的政治方案。而老子则针对春秋天命神学的动摇，以"道"的观念探究整个宇宙，寻找包括人类社会在内的宇宙的总体规律和本质，他完全否定了宗教世界观，使中国思想发展到极高的认识水平，进入了真正的哲学领域。但是，由于春秋时代旧的社会结构依然存在，新的社会力量还没有成长起来，思想界也不能与古代宗教彻底决裂，他们之间还有着千丝万缕的联系。如孔子就没有完全摆脱传统天命思想，他说"获罪于天，无所祷也"，"天之将丧斯文也，后死者不得与斯文；天之未丧斯文也，匡人其如予何！"。孔子对天命的态度是模棱两可的，对鬼神也持"敬鬼神而远之"的态度，说明西周宗教思想对智者孔子还有影响。而老子"无为而治"的思想则是对"以德保民"思想反思超脱而得出的结论。不惟如此，西周宗教思想在中国历史上还有着深远的影响，如汉代朝廷的神灵祭祀与巫蛊活动，如历代帝王都打着"奉天承运"的旗号愚弄人民等等，而中国传统道德人文气质也与西周"敬德保民"思想有渊源关系。

参考文献

[1] 方言. 先秦文学文献学的性质、特征及研究方法探究 [J]. 中国文艺家, 2021（12）: 66-68.

[2] 艾君. 聊聊我国先秦哲学思想的形成和观点 [J]. 工会博览, 2021（23）: 36-39.

[3] 闫咚婉. 黄帝神话传说研究 [D]. 太原: 山西大学, 2021.

[4] 李思洋. 先秦儒家祭祖思想研究 [D]. 长春: 东北师范大学, 2021.

[5] 段鎏. 先秦诸子经解体研究 [D]. 长春: 东北师范大学, 2021.

[6] 冯思敏. 先秦两汉美术对现当代油画创作的启示 [D]. 北京: 北京林业大学, 2020.

[7] 陈雄. "礼坏乐崩"与老孔分途 [D]. 长沙: 湖南大学, 2019.

[8] 党岱. 春秋至两汉音乐文化内外交流与传播 [D]. 南京: 南京艺术学院, 2019.

[9] 尹文. 中国艺术史料学 [M]. 南京: 南京大学出版社, 2019.

[10] 魏义霞. 先秦哲学与中国哲学的源头 [C]. 首届"中华传统文化与华夏文明探源"国际论坛论文集, 2018: 221-236.

[11] 沈立岩. 先秦文学思想史研究之反思 [J]. 文学与文化, 2018（02）: 60-67.

[12] 王晶. 先秦儒家礼教思想研究 [D]. 长春: 东北师范大学, 2017.

[13] 杨东晨. 中华文明探源 [M]. 西安: 陕西三秦出版社, 2017.

[14] 喻仲文. 先秦艺术思想史 [M]. 武汉: 武汉大学出版社, 2017.

[15] 刘永利. 先秦文学的水意象刍议 [J]. 青年文学家, 2014（29）: 58-59.

[16] 李炳海. 先秦文学史著述有待强化的三条线索 [C]. 全球化视野下的中国文学史观国际学术研讨会论文集, 2013: 57-66.

[17] 钱广荣. 先秦文学之道德意蕴及伦理学意义 [J]. 安徽师范大学学报（人文社会科学版）, 2013, 41（01）: 49-54.

[18] 王爱青. 先秦"文化与文学"关系形态流变疏论 [J]. 芒种, 2012（14）: 125-126.

[19] 周伟. 对先秦哲学整体的分析和反思 [J]. 学理论, 2009（28）: 85-86.

[20] 韩高年. 先秦文学研究的新收获——以《周秦文学编年史》的编撰为中心 [J]. 宁夏师范学院学报, 2008（04）: 48-53.

[21] 傅璇琮.《先秦文学编年史》序 [J]. 长江学术, 2007（01）: 161-164.

[22] 陈蓉蓉. 秦文化——中国传统文化的基石 [J]. 株洲工学院学报, 2006（01）: 140-142.

[23] 刘凤泉. 论先秦文学研究之科学观念 [J]. 济南大学学报（社会科学版）, 2005（03）: 37-44, 91.

[24] 王锺陵. 寻找先秦文化与文学研究新的突破点 [J]. 中州学刊, 2005（01）: 167-168.

[25] 匡钊. 先秦哲学与中国上古神话的关系 [J]. 甘肃社会科学, 2000（03）: 3-7.

[26] 曾昭式. 从先秦文化特点看《墨辩》的"故、理、类"[J]. 南都学坛, 1999（02）: 47-49.

[27] 方立天. 先秦哲学：中国古代睿智之光 [J]. 高校理论战线, 1998（10）: 41-49.

[28] 翟锦程. 先秦名学研究 [C]. 1996 年逻辑研究专辑, 1996: 137-138, 141.

[29] 杨建华. 先秦文化精神论 [J]. 浙江学刊, 1989（06）: 58-64.

[30] 包临轩, 张奎志. 论先秦哲学对人的认识 [J]. 齐齐哈尔社会科学, 1985（04）: 30-34.